题　记

屈原诗："路漫漫其修远兮，吾将上下而求索。"屈原大夫为了寻找一条救国救民的道路，与旧势力进行了坚决的斗争，最终付出了自己的生命，并启发后人去继续"求索"。中国共产党人经过近百年的艰辛探索和实践，终于找到了一条符合中国国情、时代特点的正确的中国特色社会主义道路，这是一条为人民谋幸福、为民族谋复兴、为世界谋大同的康庄大道。

陈钦凤

2018 年 8 月

探索
TANSUOJI

探索集

陈钦凤 ◎ 著

暨南大学出版社
JINAN UNIVERSITY PRESS

中国·广州

图书在版编目（CIP）数据

探索集/陈钦凤著 . —广州：暨南大学出版社，2018. 12
ISBN 978 - 7 - 5668 - 1343 - 5

I. ①探… Ⅱ. ①陈… Ⅲ. ①社会科学—文集 Ⅳ. ①C53

中国版本图书馆 CIP 数据核字（2018）第 276971 号

探索集
TANSUO JI
著者：陈钦凤

出 版 人：徐义雄
策划编辑：黄文科
责任编辑：亢东昌 陈俞潼
责任校对：朱良红
责任印制：汤慧君 周一丹

出版发行：暨南大学出版社（510630）
电 话：总编室（8620）85221601
 营销部（8620）85225284 85228291 85228292（邮购）
传 真：（8620）85221583（办公室） 85223774（营销部）
网 址：http：//www. jnupress. com
排 版：广州市天河星辰文化发展部照排中心
印 刷：广州市穗彩印务有限公司
开 本：787mm×960mm 1/16
印 张：18. 25
字 数：320 千
版 次：2018 年 12 月第 1 版
印 次：2018 年 12 月第 1 次
定 价：65. 00 元

（暨大版图书如有印装质量问题，请与出版社总编室联系调换）

在母校南方大学叶剑英校长铜像前留影（2007 年 11 月）

武汉大学经济系 6111 班毕业照。其中第一排左起第 6 位是老校长李达教授，作者在第二排左起第 2 位（1961 年 7 月 1 日）

拜访母校武汉大学恩师谭崇台教授时留影。左起：陈钦凤、谭崇台、涂礼忠（1993 年 11 月）

春节聚会留影，右起：暨南大学经济学院老院长、广东老教授协会会长赵元浩教授，华南农业大学魏双凤教授，暨南大学经济学院陈钦凤副教授（2008 年正月）

在评审《综观经济学专题讲座》一书时，部分评委合影，左起：陈钦凤、涂礼忠、邓志阳、方绪源、黄灼明、陈庆（2004 年 11 月）

辽宁舰前身"瓦良格"号，刚购进时曾放在深圳盐田港供旅游参观。与张子其同志（左）合影留念（2002年7月18日）

与兄弟妹妹母亲在一起（1999年8月3日）

与妻子、儿子、儿媳合影（2003年春节）

在粤北曲江县公安局
工作时留影（1952 年 5 月）

初到暨南大学时留影
（1961 年 9 月）

大哥陈钦龙在复旦大学
（1956 年 11 月）

与大哥陈钦龙在武汉大学留影（1959 年
7 月）

与四弟陈钦凰在武汉大学留影（1960
年 7 月）

兴宁石马区共青团支部部分团员合影（1950年5月22日）

曲江县公安局团支委合影（1953年1月）

在曲江县公安局工作时与同事范华春（左）合影（1952年7月）

在珞珈山与战友合影。左起：第一排缪理智、陈钦凤；第二排何蒸云（柳子）、曾省吾（1959年9月）

参加在庐山召开的全国房地产研讨会时在仙人洞留影（1985 年 6 月）

儿子、儿媳、孙子合影

党的十九大隆重召开时，刚好是陈尚楠九周岁，爷孙合影以示庆祝（2017 年 10 月）

在马克思 200 周年诞辰之日，爷孙合影向革命导师马克思致敬（2018 年 5 月 5 日）

作者像，摄于 2006 年 1 月 18 日

序　言

我与陈钦凤同志共事多年，彼此比较熟悉。陈教授于 1949 年 9 月 1 日参加革命工作，1950 年 9 月进入南方大学学习，毕业后从事多种革命工作。1956 年 8 月响应党和国家"向科学进军"的号召，考进武汉大学经济系政治经济学专业深造五年，具备比较扎实的马克思主义政治经济学理论基础。陈教授曾在基层工作，作风踏实严谨，实事求是，不断探索，与时俱进，后长期在高校从事教学、科研和编审工作。退休后的 30 年，他也一直在坚持学习，坚持工作，坚持探索，动脑子，写文章、写诗作。他是在广东社科界有一定影响的经济学家。《探索集》大体上可以反映出中国社会主义改革开放 40 年来的经济社会发展变化，是改革开放一系列方针政策措施的产物。

《探索集》的特点是：第一，坚持以马克思主义的立场、观点和方法分析处理改革开放中的热点难点问题，如在改革开放中遇到的地租和房地产业发展问题，城乡地区的经济体制和农业发展道路问题，农业剩余劳动力的转移问题等；第二，坚持以调查研究为基础来分析处理问题，理论联系实际，实事求是，这些文章都是经过深入城乡和山区进行调查研究写成的，不是闭门造车的产物；第三，在坚持马克思主义经济理论的基础上，运用综观经济学纵横交错以及全面性、系统性、协调性、可持续性的原理分析处理问题，如经济管理问题、区域经济协调发展问题、建设节约环保型社会问题等；第四，在涉及国内外大局的问题上也有所阐述，如海峡两岸问题、日本军国主义侵略中国问题、中华民族伟大复兴的"中国梦"问题等；第五，在结构上是分散的，但是每一个单元联系起来又是一个整体，横向可以看到不同产业、不同领域的不断扩大和发展，纵向又可以看到不同产业、不同领域在发展过程中不断进步或更替，看到发展变化的全貌。《探索集》的出版，对在以习近平新时代中国特色社会主义思想的指导下，坚持和发展新时代中国特色社会主义，开展伟大斗争、伟大工程、伟大事业、伟大梦想的奋斗，特别是在乡村振兴战略中，有一定的理论价值和实践意义。

作者今年已90高龄了，恰逢马克思200周年诞辰，《共产党宣言》发表170周年，《资本论》第一卷出版151周年，中国共产党成立97周年，中华人民共和国成立69周年，社会主义中国改革开放40周年，党的十九大后新时代中国特色社会主义新征程的开局之年，依据作者本人的意愿，特将这本《探索集》交付出版，献给党，献给国家，献给人民，以作纪念和敬仰，更好地贯彻落实习近平新时代中国特色社会主义经济思想。我很乐意向社科界同行推荐《探索集》一书。

特以为序。

黄灼明

2018 年 6 月 6 日

（黄灼明，经济学家，中共广东省委党校、广东行政学院教授、硕士研究生导师，广东经济学会副会长，广东老教授协会副会长。主要研究方向为《资本论》、社会主义市场经济、综观经济）

自　序

我出生于1929年1月，广东省兴宁市人。毕业于武汉大学，暨南大学经济学院副教授、硕士生导师，《经济与发展》杂志主编。1937—1948年，先后在鹊岗学校、石马联小、宁东中学、梅县二中、兴宁一中读书，1948年暑期在兴宁一中高中毕业。兴宁解放之后，于1949年9月1日参加革命工作。1950年9月进入以叶剑英同志为校长的南方大学学习（国家承认为大专学历）。南方大学结业后，于1950年12月被派往粤北地区参加土地改革工作。1951年5月至1956年8月，先后在曲江县公安局、粤北行署民政处、粤北区贸易公司等单位工作。1956年8月响应"向科学进军"号召，考进武汉大学经济系政治经济学专业学习。1961年毕业后，由国家统一分配到暨南大学经济系任教师。"文革"期间，暨南大学被迫解散，整个经济系迁到中山大学，1978年暨大复办时，经济系又从中大迁回暨大，1980年暨大经济系扩大为经济学院。我先后在暨大经济系、中大哲学系、暨大经济学院经济系以及特区港澳经济研究所、经济发展研究中心等单位从事教学和科研工作，并兼任经济学院主办的《经济与发展》杂志主编。

在社会活动方面，参加了中国城市经济学会、中国土地学会、中国农村外向型经济研究会、广东经济学会、广东农经学会、广东劳动学会、广东土地学会、广东文化学会、广东国际综观经济研究会、广州市房地产学会、广州市人口学会等学术机构；先后担任广州经济社会发展研究中心特约研究员，广州市房地产学会、广东省土地学会、广东省文化学会、中山大学校友会诗词社的常务理事，广东国际综观经济研究会的常务理事、副秘书长、副会长和顾问，以及《综观经济》杂志主编，"东方之子"系列丛书特邀编委等职。

由于长期从事教学和科研工作，特别是从1982年起，我转到暨大经济学院所属的特区港澳经济研究所、经济发展研究中心等单位工作之后，主要从事科研工作和编审工作，对改革开放和社会主义现代化建设过程中出现的实际问题和理论问题接触较多，所思考和研究的问题也离不开这方面。同时，由于在研究部门工作，当时研究课题大多数是集体或集体承接的课题，主要靠各成员通力协作来共同完成研究任务。我参与写作的主要著作有：①《经济学常识》（政治经济学社会主义部分），1981 年 6 月，中国青年出版社；②《中国特区经济》，1984 年 8 月，科学普及出版社广州分社；③《"软科学"研究报告集》，1985 年，广东省科委编印；④《广东经济发展战略研究》，1986 年 5 月，广东人民出版社；⑤《国外及粤港台农村商品经济现状和发展》，1987 年 6 月，农业经济技术文集编辑部出版；⑥《2000 年广东农村专题研究》，1987 年 12 月，《农村经济》专刊；⑦《中国特区经济学》，1987 年 12 月，科学普及出版社广州分社；⑧《珠江三角洲经济科技模式》，1988 年 7 月，广东科技出版社；⑨《梅州市（地区）社会经济科技发展战略》，1990 年，中国展望出版社出版的"生存·改革·发展丛书"第三册；⑩《广东省连南瑶族自治县经济科技发展战略》，1990 年 6 月，广东人民出版社；⑪《海南大特区屯昌县经济发展战略研究》，1992 年 2 月，暨南大学出版社；⑫《珠江三角洲经济社会文化发展研究》，1993 年 6 月，上海人民出版社；⑬《综观经济与市场经济》，1994 年 12 月，广东高等教育出版社；⑭《国际综观经济与企业综观管理》，1997 年 10 月，广东经济出版社；⑮《综观经济学理论与应用》，2000 年 1 月，广东人民出版社；⑯《21 世纪经济科学主流与综观经济学》，2002 年 11 月，中国新闻出版社；⑰《综观经济学专题讲座》，2005 年 3 月，香港中国文化馆出版；⑱《综观经济学与建设节约环保型社会》，2007 年 8 月，广东经济出版社。此外，先后在有关报刊发表的研究报告和论文有 100 多篇，研究内容主要围绕农业和农村经济、特区经济、城市经济、房地产经济、区域经济发展战略、综观经济学以及其他一些问题。现在这本《探索集》，就是从中挑选出来的各个时期的一些文章。

这个选集所论述的问题中，绝大部分都是关于改革开放前沿阵地在社会主义现代化建设过程中所遇到的新情况和新问题，是必须从理论上和实践上给予回答的问题，反映了自党的十一届三中全会以来，在邓小平同志建设有中国特色社会主义理论指导下，中国所发生的又一次巨大变革。作为经济理论战线上的普通一兵,应该在理论与实际相结合的基础上将当时所遇所思的问题,通过在全省城乡和地区进行调查研究,综合分析,提出自己的观点及相应的对策,供理论界和实际工作部门参考,以便进一步深入研究和有效地解决实际问题。

一、关于社会主义地租和房地产业发展的研究

党的十一届三中全会提出改革开放之后,大批外商和投资者进来,首先在经济特区提出了必须解决的地租问题。我早在 1982 年就写了《我国经济特区的地租问题》一文,阐明了经济特区地租的性质、绝对地租、级差地租和地租标准,肯定了经济特区的地租是纯属社会主义性质的地租。

我研究房地产业,最早是从研究经济特区的房地产业开始的。邓小平同志从 1979 年起提出试办经济特区后,我国先后设置了深圳、珠海、汕头、厦门和海南等五个经济特区,因我特别关注特区房地产业的迅速崛起,1984 年上半年,我就写了《中国经济特区的房地产业》一文,论证了房地产业在特区建设中的地位和作用、经济特区的地产业、经济特区的房产业;后于 1985 年发表了《广州市房地产业发展的思考》、1989 年 5 月发表了《房地产业的地位作用及其产业政策》、1993 年 10 月发表了《把广东房地产业引向健康发展的轨道》三篇论文。在 1989 年的论文中提出了房地产业是基础产业的观点,并被理论界所接受,阐明了房地产业在现代化建设中的基础性地位及其带动作用,第一次提出了我国房地产业政策的初步构想。在 1993 年的论文中着重剖析了当时房地产业发展过程中所存在的问题,提出了应把房地产业引向健康发展轨道的措施,指出房地产开发工作的经营指导思想应该是为改善在居民总数中占绝大多数的、收入在中下水平的居民的居住条件,而发展方向则应该按照实际需求能力发展多层次、多种形式的住房,这对推动全省全国房地产业的健康发展起到了一定的积极作用。

二、关于农村经济体制改革和农业发展道路的研究

我国经济体制改革,首先是从农村开始的。农村经济体制改革是我国经济体制改革的突破口。早在改革开放前的 20 世纪 50 年代后期,我在武汉大学念书时,就结合教学实践对人民公社时期的农村家庭小副业做过调研,与

另两位同学一起写了《关于人民公社家庭小副业的调查》一文，发表在《人民日报》，肯定了农村家庭小副业的地位和作用，肯定了给农民自主经营权对调动他们生产积极性的重要意义。到了改革开放初期，农业生产责任制问题在当时既是老问题，又是新问题，引起各方面的关注，议论纷纷，于是，我们于1981年4月到惠阳地区对这一问题进行了实地调查，写出了《关于惠阳地区农业生产责任制的调查——包产到户、包干到户问题之释疑》一文，肯定了包括包产到户、包干到户等形式在内的农业生产责任制都是社会主义性质的一种经营形式。接着又于1983年写了《家庭联产承包责任制的性质及其发展趋向》一文，系统地阐明了家庭联产承包责任制的性质和发展趋向，肯定了它是中国农村发展生产的好形式。1984年应广东省农垦总局的邀请到当时的海南地区农垦国营农场考察，提出了对当时农垦国营农场产业结构调整的观点和意见。1992年又写了《海南屯昌县农业发展战略研究——关于农产品市场分析部分》，阐明农产品发展市场问题。1997年写了《借鉴国外经验走有中国特色的农业产业化道路》一文，发表后于1998年获得首届研究中国农业农村工作问题优秀奖。1998年10月，党的十五届三中全会通过了《中共中央关于农业和农村工作若干重大问题的决定》，这是一个纲领性的文件，经过学习后我又写了《从〈决定〉看我国农业发展的道路》一文，提出了统分结合的双层经营体制、高新科学技术、产业化经营管理相结合的我国农业现代化道路。

三、关于区域经济发展的研究

区域经济发展问题是当前国内外经济研究的一个热门课题，也是宏观经济研究的一个重要课题。在这里，分为广州地区、珠江三角洲地区、广东山区、论"南中国经济圈"以及论我国东、中、西部地区区域经济协调发展问题等五个层次加以阐述。

（一）广州地区

广州既是沿海特大港口城市，又是华南地区的中心城市。从我所接触的范围来说，重点在广州农村经济方面。1988年1月写了《广州与珠江三角洲开放区的经济关系——兼论广州中心城市的作用问题》一文，阐明了广州与珠江三角洲开放区之间相互依存、相互制约的关系，以及进一步相互协调的必要性和可能性。接着就着重对广州市农业发展战略的理论、模式、趋势和对策提出了一系列相应的构想。

（二）珠江三角洲地区

对珠江三角洲经济发展战略的研究，我们开展得比较早，从 1982 年冬就开始了，到 1985 年完成了《论珠江三角洲开放区经济发展战略》报告，1993 年出版了专著《珠江三角洲经济社会文化发展研究》一书，比较全面系统地分析论证了珠江三角洲经济社会文化发展的特点和战略。

（三）广东山区

我们从 1986 年冬开始研究广东山区经济发展战略，经过深入调查研究，先后完成了《广东贫困山区脱贫路子研究的综合报告》《梅州市（地区）社会经济科技发展战略》《广东省连南瑶族自治县经济科技发展战略》等研究报告，以及《广东山区产业结构的现状及其调整方向》《兴宁县产业结构调整的基本对策》《把贫困山区的开发与沿海发达地区的发展结合起来》《加速现代化的前提之一：打好扶贫攻坚战》等几篇论文，对广东山区经济发展的现状、特点与进一步发展的战略措施等做了比较系统的研究和论证。

（四）论"南中国经济圈"

1994 年 9 月，我与陈庆合写了《论"南中国经济圈"》一文，发表在《经济与发展》杂志 1994 年第 4 期，此文论述的"南中国经济圈"可以说是后来"泛珠三角区域经济合作区"和"粤港澳大湾区"的雏形。

（五）论我国东、中、西部地区区域经济协调发展问题

2005 年 3 月，在写《综观经济学专题讲座》一书时，我负责写的是"综观经济学理论与区域经济协调发展战略"。现将相关部分放在这里，即：一、综观地看待我国的地区差距问题；二、实施"区内统筹协调，区际互补联动"战略，加快实现全国区域经济协调发展；三、建议。解决好这些问题，有利于加快我国区域经济的整合和提升，促进我国区域经济的全面、系统、协调、可持续发展。

四、关于农业剩余劳动力转移趋势的研究

1987 年 3 月，广东劳动学会召开年会，我写了《对珠江三角洲开放区大量输入外来劳动力的看法和建议》一文，对省内外农业剩余劳动力纷纷向珠三角聚集，逐步形成"孔雀东南飞"的态势做了分析，提出了相应的对策。1989 年春节前后，我国沿海地区第一次出现了"民工潮"，这是我国农村存在大量农业剩余劳动力的反映。当年 7 月又写了《把"民工潮"导向有组织的劳务市场》一文，对这种现象做了分析，并提出了疏导、分流、控制的对策。接着又于 1989 年 11 月写了《论我国农业剩余劳动力的转移问题——兼评"向城市转移是主要战略方向"的观点》、1994 年 8 月写了《再论我国农业剩余劳动力的转移问题》、2004 年 1 月写了《三论我国农业剩余劳动力的转移问题》三篇论文，就农业剩余劳动力的转移趋势问题做了比较详细的分析，提出了相应的对策。农业剩余劳动力的转移具有其历史的必然性，其发展趋势是走向城乡一体化的城镇化和大中小相结合的城市群，这是中国社会主义现代化发展的必然结果。

五、关于综观经济学发展的研究

我先后作为广东国际综观经济研究会的常务理事、副秘书长、副会长、顾问和《综观经济》杂志的主编，参与了这门新学科的活动和研究工作。先后写了《综观经济学创始人魏双凤教授》《综观经济学具有强大生命力》《对综观经济学研究的思考》《综观经济学与现代经济管理》《"综观管理"——迎接知识经济时代知识化管理挑战的有力武器》《综观经济学与发展现代庄园经济》《树立"综观人才观"，培养博而专的高级人才》《运用"综观发展观"，实现全面、协调、可持续发展》《综观经济学创建 20 年来的回顾与展望》《要更加重视繁荣发展哲学社会科学》《综观经济学——21 世纪的主流经济学》《在科学发展观的统领下，充分发挥综观经济学的经济理论支柱作用》和《努力把我国建设成为一个节约环保型社会》等文章，阐明了我对综观经济学的基本认识、观点和发展研究思路。同时，作为副主编参与了《国际综观经济与企业综观管理》《综观经济学理论与应用》两书的编审和出版工作，作为主编之一参与了《21 世纪经济科学主流与综观经济学》《综观经济学专

题讲座》《夕阳红似火——综观经济学创始人魏双凤》《综观经济学与建设节约环保型社会》等书的编审和出版工作。

综观经济学是由华南农业大学魏双凤教授于 1982 年创建的，它是在邓小平理论指导下，从中国的国情出发，在建设有中国特色社会主义过程中建立发展起来的一门现代系统科学意义上的综合性理论经济学。广东国际综观经济研究会在魏双凤教授的带领下，广东各高等院校、科研机构及少数省外的学者参与了综观经济学的研究工作，为综观经济学的研究和发展奠定了坚实的基础。2006 年中共广东省委党校黄灼明教授出版了《综观经济学研究》一书，将综观经济学的发展推上了一个新的高度。综观经济学是在坚持马克思主义经济学原理的基础上，从我国的国情省情和当时时代的特点出发，吸取世界各国经济学研究的成果，坚持与时俱进、走自己的路的原则，通过调查研究、综合分析建立起来的一门新的经济学科，是广东地区社科界学者一项具有真正原创性的经济学科，是解决当代中国经济问题的一把有效的钥匙，对实现"两个一百年"的目标、共圆中华民族伟大复兴的"中国梦"具有重大的现实意义和深远的历史意义。

六、关于其他问题的研究

其他文章还有《"和平统一、一国两制"：解决台湾问题的最佳选择》《警惕日本军国主义卷土重来——纪念中国人民抗日战争暨世界反法西斯战争胜利 60 周年》《毛泽东主席永远活在我们的心里——为庆祝中华人民共和国成立 65 周年而作》《团结全体中华儿女为实现伟大的"中国梦"而奋斗——为庆祝中国共产党成立 93 周年而作》和《思想感言》等，这是有代表性的几篇论文和思想感言。

"路漫漫其修远兮，吾将上下而求索。"回顾中国共产党走过的九十多年，中国发生了翻天覆地的变化。在中国共产党的领导下，一个正在崛起的社会主义中国，让全世界都感到震撼。

在中国的近现代史上，从 1842 年鸦片战争战败始，中国逐步沦为半殖民地半封建国家，沦落到受帝国主义列强侵略、压迫、剥削，民穷国弱甚至被瓜分、被宰割的地步。一百多年来，中国人民一直在追求富民强国、振兴中华的梦想。无数有识之士苦苦思索和寻求救亡图存的真理，无数革命先烈为之抛头颅洒热血。他们先是向西方学，曾先后选择过多种"主义"，以期作为振兴国家的武器，但均告失败。"十月革命一声炮响，给我们送来了马克思列宁主义。"只有到了"五四"时期，以李大钊等为代表的中国先进知识分子选择了马克思列宁主义，并在其指导下建立了中国共产党，自觉运用马克思列宁主义来重新观察中国的命运，中国革命的面貌才焕然一新。在长期的革命实践中，在以毛泽东同志为代表和核心的第一代中央领导集体的正确领导下，中国共产党人把马克思列宁主义的基本理论与中国实际相结合，形成了中国化的马克思列宁主义——毛泽东思想，并在它的指导下，走出了一条具有中国特色的以农村包围城市、最后夺取城市来建立新的人民政权的革命道路，领导中国人民取得了新民主主义革命的胜利，建立了新中国。中华人民共和国成立后，在共产党的领导下走出了一条具有中国特色的从新民主主义和平过渡到社会主义的道路，逐步建立和完善了我国社会主义的经济、政治和文化制度，取得了社会主义革命和社会主义建设的辉煌胜利，使中国真正站起来了，并为探索中国特色社会主义道路奠定了坚实的基础。党的十一届三中全会后，中国进入了改革开放和社会主义现代化建设的新时期。在以邓小平同志为核心的第二代中央领导集体、以江泽民同志为总书记的党中央和以胡锦涛同志为总书记的党中央领导下，经过艰辛的努力，中国的社会生产力、综合国力、人民的生活水平和国际地位都有了显著提高，中国真正富起来了，从总体上达到了小康水平。

党的十八大以来，在以习近平同志为核心的党中央坚强领导下，我国进入了中国特色社会主义新时代，这是使中国强起来的时代。党的十九大胜利召开，确立了习近平新时代中国特色社会主义思想，提出了新的行动纲领和奋斗目标，具有深远的划时代意义。"不忘初心，方得始终。"中国共产党将以全党近9 000万党员带领全体中华儿女为完成十九大提出的任务和目标，为民族复兴献身，为世界发展献智，奋力走好中国新时代的长征路。

当前，我国正为"两个一百年"奋斗目标，实现中华民族伟大复兴的中国梦而不懈奋斗。在"两个一百年"奋斗目标中，到2020年实现全面小康的第一个百年目标已无悬念，关键是到2049年实现第二个百年目标，建设成为社会主义现代化强国。从2020年到本世纪中叶又分为两个阶段来安排，第一阶段，从 2020 年到 2035 年，在全面建成小康社会的基础上，再奋斗 15 年，基本实现社会主义现代化；第二阶段，从 2035 年到本世纪中叶，在基本实现现代化的基础上，再奋斗 15 年，把我国建设成富强民主文明和谐美丽的社会主义现代化强国，中华民族将以更加昂扬的姿态屹立于世界民族之林和世界东方。半个多世纪以来，在社会变革和经济建设中，在社会实践和理论研究中，经历过许多的磨炼，经历过许多的风风雨雨，其中有成功的经验，也有失败的教训；有在顺境时的喜悦，也有在逆境时的烦恼。但我对此生无悔，因为毕竟踏踏实实地为实现强国富民，实现中华民族伟大复兴的"中国梦"尽了自己一份绵薄之力。这部《探索集》，作为对我国特别是广东改革开放发展中若干问题的思考与研究，是一部从实践中吸取经验教训和力量的历史记录，对今天和明天的社会主义现代化建设和发展，仍然会有一定的参考价值。

我长期从事农业和农村经济、特区经济、城市经济、房地产经济、区域经济发展战略、综观经济学的研究与教学以及经济类杂志的编审工作，具有比较扎实的经济理论基础和丰富的实践经验，是新中国自己培养起来的新一代经济学家，为研究宣传和发展马克思主义经济学，为改革开放和社会主义现代化建设作出了一定的贡献。但是，作为中国共产党党员，离党和人民对自己的要求，还相差很远。作为马克思主义的信仰者，希望青年一代要坚持马列主义，要有理想、有本领、有担当，要将中华民族伟大复兴的中国梦在一代代青年的接力奋斗中变为现实；要在习近平新时代中国特色社会主义思想和十九大精神的指导下，在以习近平同志为核心的党中央领导下，继续高举中国特色社会主义的伟大旗帜，坚定不移地走中国特色社会主义道路，锐意进取，埋头苦干，做中国新时代的奋斗者，为实现推进现代化建设、完成祖国统一、维护世界和平与促进共同发展这三大历史任务，为决胜全面建成小康社会、夺取新时代中国特色社会主义伟大胜利、实现中华民族伟大复兴的"中国梦"、实现人民对美好生活的向往继续奋斗。

陈钦凤

2018 年 7 月 1 日

目录
CONTENTS

关于社会主义地租和房地产业发展的研究

我国经济特区的地租问题

地租是土地所有权在经济上的实现形式，要使用土地，就得交纳一定的地租，这在社会主义国家的经济特区也不例外。特别是像深圳特区这样一种工、商、农、渔、住宅、旅游等多种行业的综合性特区，是市场经济体系高度发达的地区，地租问题就显得更为重要。

一、经济特区地租的性质问题

目前对特区地租性质的看法，基本上有两种，一种意见认为是社会主义性质的地租，另一种意见认为是国家资本主义性质的地租。笔者同意前一种意见，因为经济特区的地租是建立在社会主义公有制基础上的地租，就其本身的性质来说，应该是纯属社会主义性质的地租。马克思指出："地租的占有是土地所有权借以实现的经济形式，而地租又是以土地所有权……为前提。"（《资本论》第三卷，第714页）这就是说，地租不仅是所有权借以实现的经济形式，而且地租的存在还必须以一定的土地所有权的存在作为前提。地租的性质是由土地所有权的性质决定的，有什么性质的土地所有权，就有什么性质的地租。我国经济特区的土地是公有的，即城市的土地是社会主义全民所有制，农村的土地是社会主义集体所有制。对集体所有制的土地，国家可以根据建设的需要，依照有关法令的规定，对它实行征购、征用或者收归国有。因此，对外来说，经济特区的土地都归社会主义国家所有。

首先，经济特区的土地所有权属于代表劳动者的社会主义国家，这就决定了经济特区的地租是社会主义性质的。在经济特区的土地关系中，主方是代表土地所有权的社会主义国家，客方是代表希望取得土地使用权的企业或个人，无论哪一种性质的企业或个人作为客方要取得特区土地的使用权，都必须而且只能与作为主方的社会主义国家打交道。经济特区的地租只是社会主义公有制的土地所有权在经济上借以实现的形式，而不是别的什么形式，它只与社会主义公有制的土地所有权相联系，而与经济特区以国家资本主义为主的多种经济成分并存的情况无关。因为地租的性质只是取决于土地所有权的性质，而不是得到土地使用权的企业的性质。

其次，我国经济特区的地租，不管其形式如何，实质上都是特区劳动者的剩余劳动所创造的超额纯收入或者说超额利润，但它必须经过投资经营者以土地使用费的形式转交给社会主义国家。所以，就其所反映的经济关系来说，对外方面在形式上是代表劳动者的社会主义国家与客商之间的一种商品买卖关系（或者说租赁关系），但实质上是经济特区的劳动者为国家创造超额纯收入、体现了社会主义国家与劳动者之间的一种社会主义的生产关系。对内方面（指内联企业也应该交纳地租来说的）所反映的经济关系则是社会主义国家内部的国家、企业和劳动者三者之间的一种社会主义的物质利益关系。

此外，我国经济特区的地租取之于民，用之于民，不是归任何集团或个人所私有的。

因此，我们认为，我国经济特区的地租是社会主义性质的地租。

与此相反的意见认为，经济特区的地租是国家资本主义性质的地租，它具有社会主义和资本主义两重属性。其理由是：第一，从地租的归属来看，一方面土地所有权属于社会主义国家，特区地租就是社会主义的财富；另一方面使用特区土地的客商，通过土地使用权的转让，或通过产品出售权的垄断，或在特区投资住宅建筑，可以从中得到高额的中间地租。第二，从地租的来源来看，一方面地租来源于特区劳动者所创造的超额利润；另一方面地租还来源于多种途径，例如房地产、旅游业的地租，是港澳和国外购房者与旅游者的一种消费支出，我方向他们收取地租，实际上就是参与了港澳地区剩余价值的分配。第三，从所反映的生产关系来看，特区地租反映的是社会主义国家、客商和特区劳动者的关系，这种关系具有两重性：从社会主义国家与特区劳动者的关系来看，劳动者以地租形式为国家创造纯收入，反映的是社会主义生产关系；从客商与特区劳动者的关系来看，客商获得的利润是特区劳动者的剩余劳动所创造的价值，反映的是资本主义生产关系。我们认为这种看法的不妥之处，有如下几点：

（1）不能离开土地所有权的性质来谈地租的归属问题。首先，所谓客商通过土地使用权的转让和产品出售权的垄断，从中得到中间地租的问题，是客商钻了我们的空子，纯属有关合约和立法手续完备与否的问题，不是土地所有权本身的问题。其次，客商在特区投资住宅建筑，从他们的主观愿望来说，当然希望能够从中取得高额的中间地租；但是他们首先要向我方交纳正常的地租额，并不准非法炒卖住房，同时还规定每隔三年调整一次，也可以把这部分提高的地租额转移到我方手上来。不然，还可以通过征收土地税的办法，把这部分由于特区建设发展所带来的级差地租吸取过来。所以，客商要在特区取得高额的中间地租是不可能的。即使能够从中得到一部分中间地租，也只能占地租总额的一小部分，不能改变特区地租的社会主义性质。

（2）不能离开马克思主义的价值理论来谈地租的来源问题。按照价值理论，经济特区的地租只能来源于特区劳动者所创造的超额利润，说地租来源于多种途径是不妥的。就拿特区的商品住宅和旅游业的地租来说，这笔收入仍然是特区劳动者在建筑住房和各种旅游设施的生产过程中所创造的价值的一部分。而港澳和国外购房者与旅游者的支出，则是属于流通领域内发生的商品等价交换关系，我方并不是向他们收取地租，而是向在特区投资经营这些部门的客商收取地租。这种等价交换关系，不过是使特区劳动者在生产过程中所创造的超额利润得以实现罢了。

（3）不能把特区地租所反映的生产关系理解为具有两重性。特区地租是使用特区土地的客商以土地使用费的形式交给社会主义国家的超额利润，而这个超额利润则是特区劳动者在生产过程中所创造的，所以，它所反映的经济关系，在形式上是社会主义国家与客商之间的租赁关系，实质上是社会主义国家与特区劳动者之间的社会主义生产关系。至于说客商获得的利润是特区劳动者的剩余劳动所创造的价值，反映的是资本主义生产关系，那是与特区地租这个范畴无关的另一个问题。因此，不能说特区地租反映的社会生产关系，具有社会主义和资本主义两重性。

可见，把我国经济特区的地租看作是国家资本主义性质的地租，不仅缺乏足够的根据，而且将事物的本质和现象混淆起来了。

二、经济特区的绝对地租

绝对地租是指凭借土地所有权所取得的地租，即不论租用好地还是坏地都必须交纳的地租，它是由农产品价值超过一般的社会生产价格之间的余额构成的。马克思指出："在任何情况下，这个由价值超过生产价格的余额产生的绝对地租，都只是农业剩余价值的一部分。"（《资本论》第三卷，第861页）在资本主义制度下，农业中的资本有机构成低于社会的平均资本有机构成，从而在农业上一定量的资本，同有社会平均有机构成的同等数量的资本相比，会生产较多的剩余价值，这是在农业中能够产生超额利润（绝对地租的实体）的基础；而土地所有权的垄断，则是使这个超额利润不进入利润平均化过程而保留在农业部门并使之转化为绝对地租的原因。那么，在我国社会主义制度下，由于农业部门的资金有机构成仍然低于社会的平均资金有机构成，同等数量的资金在农业部门所创造的价值仍然会大一些，从而仍然会形成一个超额利润；不过，在公有制下，由于土地私有权被取消了，农业中的超额利润是参加社会的利润平均化过程，还是继续保留在农业部门并转化为绝对地租呢？这涉及社会主义制度下存不存在绝对地租的问题，这里暂且存而不论。但是，对我国的经济特区来说，绝对地租的存在是肯定无疑的。因为经济特区的土地是公有的，土地所有权属于社会主义国家，而且仍然存在着土地所有权与土地使用权相分离的情况，所以，同样存在着土地所有权的垄断，不过这种垄断权不属于私人而属于社会主义国家。这样，客商要使用特区的土地，不论是好地还是坏地，都必须向社会主义国家交纳一定的地租。这种由于对经济特区的土地所有权的垄断而带来的地租，就是特区的绝对地租。但是，正如马克思所指出的："单纯法律上的土地所有权，不会为土地所有者创造任何地租。"（《资本论》第三卷，第 853 页）因为土地不出租，丢弃不用，土地所有权就没有任何收益，在经济上就没有价值，从而也就不能带来任何地租。可见，经济特区的绝对地租也是农产品价值超过一般的社会生产价格的余额，它同样是农业劳动者在生产过程中所创造的超额利润。那种认为土地是特殊资本，从而地租是由土地本身所产生的观点，是完全错误的。

这里，有的同志会提出：建筑地段和农业用地不同，建筑业中的资金有机构成不一定低于社会的平均资金有机构成，建筑用地是否也存在绝对地租呢？关于这个问题，马克思曾经指出："至于建筑上使用的土地，亚当·斯密已经说明，它的地租的基础，和一切非农业土地的地租基础一样，是由真正的农业地租调节的。"（《资本论》第三卷，第 871 页）这就是说，建筑地段和其他非农业用地的地租是由农业地租决定的，因此，只要特区农业中存在绝对地租，特区的建筑地段和其他一切非农业用地也就存在绝对地租。

根据深圳市房地产公司的资料，截至 1982 年 2 月底，商业楼宇（包括宾馆、餐厅、商品住宅等）方面已签订合同的共有 29 家，其中：合作企业 20 家，占地面积 638 160 平方米，投资额 30.7 亿港元，按每平方米折合 5 000 港元计，可收取地租约 32 亿港元（合作企业以利润分成的形式取得地租）；外商独资企业 9 家，占地面积 37 600 平方米，投资额 9 亿港元，按每平方米折合 5 000 港元计，可收取地租约 2.26 亿港元。两项合计，占地面积 675 760 平方米，投资总额约 40 亿港元，可收取地租约 34 亿港元。在这些地租中，绝大部分应属于由土地所有权的关系所带来的绝对地租，只有一部分是属于由土地位置等差别所引起的级差地租。

三、经济特区的级差地租

经济特区的地租，主要是建筑地段地租，一部分是农业地租，因此我们在分析特区的级差地租时，主要是分析建筑地段的级差地租。级差地租与生产条件的等级有关，是个别资本利用特殊的生产条件而产生的，它包括级差地租 I 和级差地租 II。把等量资本投在等面积的各级土地上时，由于土地肥力和土地位置的不同而引起的生产率不同所形成的级差地租，称为级差地租 I；把等量资本连续投在同一块土地上时，由于各次投资所引起的生产率不同所形成的级差地租，称为级差地租 II。

马克思指出："凡是有地租存在的地方，都有级差地租，而且这种级差地租都遵循着和农业级差地租相同的规律。"（《资本论》第三卷，第 871 页）农业中的级差地租是指由于经营较好的土地所获得的超额利润转化而来的地租；它是农产品的个别生产价格低于由劣等地的生产条件所决定的社会生产价格之间的差额构成的。城镇建筑地段的级差地租与农业的级差地租是相似的。土地不是劳动产品，它本身是没有价值的，但在资本主义条件下，由于土地已经商品化，土地成了买卖对象，它就有了价格。所谓土地价格，不过是资本化的地租罢了。因为各个建筑地段的条件不同和由连续投资所引起的生产率不同，它们的个别生产价格亦各不相同。但是，由于建筑用地有限，优等的建筑用地更有限，从而在地产业中同样存在着资本主义的经营垄断（这是产生级差地租的原因），这就使土地的社会生产价格也必须由劣等生产条件建筑地段的个别生产价格来决定。这样，经营优等和中等生产条件建筑地段的个别生产价格，就会低于社会生产价格，从而经常保持一个超额利润，并转化为建筑地段的级差地租。

产生级差地租的条件，在社会主义的经济特区是同样存在的。首先，从形成级差地租 I 的条件来说，可概括为如下几个方面：①不同的地区和位置，其中包括距离市场的远近、交通运输条件的好坏、接近热闹市区与否、环境风景的优劣、地形地质情况等；②不同的部门和行业，其中包括行业的性质（不同行业对土地有不同的要求，如建筑地基要求土质坚实和承载力大、农业要求土质松软肥沃、商业楼宇要求建在热闹市区，医院、科研、学校则要求建在僻静之处)、行业在特区所处的地位和作用、行业的周转时间等；③不同的空间和时间，不同的空间是指建筑物所占空间的大小，不同的时间是指土地使用年限的长短；④随着经济特区建设的发展和对土地需求量的增加，级差地租也会提高。土地本身虽没有价值，但通过"七通一平"等，对土地进行投资和劳动加工，土地就变成有价值的东西了。因为各个建筑地段的条件各不相同，从而它们的个别生产价格是不同的。不过，这些差别只是产生级差地租的条件，但还不是产生级差地租的原因。产生级差地租的原因是：第一，由于生产仍然是商品生产，价值规律继续在起作用；第二，由于建筑用地的有限性，优等建筑用地尤为有限，仍然存在着土地经营的垄断。这样，建筑地段的社会生产价格就不决定于中等生产条件的土地，而决定于劣等生产条件的土地。所以，具有优等生产条件和中等生产条件的建筑地段，就能经常得到一个超额利润，并转化为建筑地段的级差地租。不同的只是，在我国经济特区，土地是社会主义公有制，从而建筑地段的级差地租是归社会主义国家所有，而不是归任何集团或私人所有的。

其次，从形成级差地租Ⅱ的条件来说，产生级差地租Ⅰ的条件也就是产生级差地租Ⅱ的条件，因为级差地租Ⅰ是级差地租Ⅱ的出发点和基础，级差地租Ⅱ的运动是在级差地租Ⅰ由以形成的领域内出现的。所以，级差地租Ⅰ提高了，级差地租Ⅱ也会跟着提高，产生级差地租Ⅰ和产生级差地租Ⅱ的条件是一致的。但是，在级差地租Ⅱ上，除了这些共同的条件，还要受投资规模（投资额大小）的影响。马克思指出："大于平均资本量的资本会提供额外利润，而小于平均资本量的资本就得不到平均利润。"（《资本论》第三卷，第762页）这一点，同样适用于我国经济特区。例如，客商在特区投资经营商品住宅，其投资规模不同所引起的生产率也是不同的，一般来说，在占地面积相同的情况下，投资额小建筑面积就小，投资额大建筑面积就大，建筑面积大的高层建筑比建筑面积小的低层建筑具有更高生产率，能够带来更多的额外利润。这个增加的额外利润，就是投资规模较大的高层建筑在同一块土地上连续投资的结果所产生的级差地租Ⅱ。因此，即使地基相同，但投资规模不同，收取地租的标准也应有所不同，高低层建筑用地之间的地租标准，应根据不同的建筑楼比来确定。另外，在同等条件下，企业经营管理水平的高低，对超额纯收入或超额利润也有明显的影响。

目前，深圳经济特区的建设还只有三年的时间，级差地租体现得不明显。

从罗湖区已签订的合同来看，地租都是折合每平方米 4 500 港元至 5 000 港元的幅度，差别不大。但是，随着特区市区建设的发展，级差地租问题将突出起来。所以，应以特区建设规划为依据，在充分调查研究的基础上，按照不同的地区、位置、地基、空间、时间、行业情况和投资规模等，分类确定合理的级差地租标准，使经济特区的级差地租能比较客观地反映出来。

此外，在经济特区那些自然条件特别优异的地段，还存在垄断地租。

四、经济特区地租的标准对外资应具有吸引力

马克思在谈到建筑地段的地租时指出，"对建筑地段的需求，会提高土地作为空间和地基的价格"，"不仅人口的增加，以及随之而来的住宅需要的增大，而且固定资本的发展（这种固定资本或者合并在土地中，或者扎根在土地中，建立在土地上，如所有工业建筑物、铁路、货栈、工厂建筑物、船坞等等），都必然会提高建筑地段的地租"。（《资本论》第三卷，第 872 页）地租的数量，除了前面已经阐明的各项条件外，还受多种因素的影响，如特区本身土地的供求状况、港澳地区地产市场的变化情况、特区建设的发展和要求等。此外，在特区的土地使用费中，除了真正的地租即绝对地租、级差地租Ⅰ、级差地租Ⅱ、垄断地租，还应包括征地补偿费、土地投资利息、特区土地主管机关的行政费用等，这些虽然不是原来意义上的地租，但都是凭借土地所有权应该征收的必要项目。正如马克思所说的："从经济学上来说，无论这个部分或那个部分都不形成地租；但实际上它们都形成土地所有者的收入，是他的垄断权在经济上的实现，和真正的地租完全一样。"（《资本论》第三卷，第 705 页）可见，确定经济特区地租标准是相当复杂的。

深圳特区处理地租问题有一个原则——"略高于广州，低于香港"，目的在于能够更好地吸引外资进来，以利于特区本身的发展和促进我国"四化"的建设。特区地租受多种条件和多种因素的制约，牵涉到各个方面的关系，应把它作为一个综合性指标来理解和运用。不能单纯从地租收入多少着眼，而应把地租水平与整个特区建设的全局联系起来考虑，要算总账。如果片面强调提高地租水平，不利于吸引外资进来，就失去了办经济特区的意义，表面上地租收入多些，实际上失去的更多。相反，只要能吸引更多的外资进来，使特区的生产建设迅速发展壮大起来，就能大大增加利润、税收、劳务费的收入，就能实现我们办经济特区的主要目的，这样，即使地租低一些，我们能够得到的却会更多一些。这就是所谓"失之东隅，收之桑榆"。总之，经济

特区的地租标准要定得合理，对外要有竞争力和吸引力，应以能够大量吸引外资进来为原则。

五、在社会主义现代化建设中必须认真学习和运用马克思主义的地租理论

党的十一届三中全会提出了实行改革开放的总方针，在当前深化改革、扩大开放、加速发展的新形势下，必须以邓小平同志建设有中国特色的社会主义理论为指导，认真学习和运用马克思主义的地租理论，这对经济特区建设和整个社会主义现代化建设都具有特殊的意义。

（一）地租来源于劳动，而不是来源于土地

马克思指出："劳动并不是它所生产的使用价值即物质财富的唯一源泉。正像威廉·配第所说，劳动是财富之父，土地是财富之母。"（《资本论》第一卷，第57页）因此，要生产使用价值，就必须把生产资料和劳动力结合起来，也就是把自然物质和劳动力两种要素结合起来，否则，就不可能创造出物质财富。正是从生产使用价值即物质财富的角度来说，马克思才肯定了威廉·配第所说的论断："劳动是财富之父，土地是财富之母。"也正因为这样，马克思在《哥达纲领批判》中才严厉地批判了拉萨尔关于"劳动是一切财富和一切文化的源泉"的观点，并指出："劳动不是一切财富的源泉。……只有一个人事先就以所有者的身份来对待自然界这个一切劳动资料和劳动对象的第一源泉，把自然界当作隶属于他的东西来处置，他的劳动才成为使用价值的源泉，因而也成为财富的源泉。"（《哥达纲领批判》单行本，第7页）但是，从价值的生产或价值增殖的角度来说，却是另一回事。马克思指出："如果把商品体的使用价值撇开，商品体就只剩下一个属性，即劳动产品这一属性。……它们剩下的只是同一的幽灵般的对象性，只是无差别的人类劳动的单纯凝结，即不管以哪种形式进行的人类劳动力耗费的单纯凝结。这些物现在只是表示，在它们的生产上耗费了人类劳动力，积累了人类劳动。这些物，作为它们共有的这个社会实体的结晶，就是价值——商品价值。"（《资本论》第一卷，第50－51页）因此，从商品价值的角度来说，劳动就是它的唯一源泉。具体讲，价值的生产过程与使用价值的生产过程是同时进行的，在这一过程中，生产资料（包括土地和凝结成物化劳动的劳动资料、劳动对象）只是把它本身原有的价值转移到新的产品中去，而劳动者的劳动力（活劳动）

才能给新的产品带来新的价值，从而使价值增殖。所以，劳动者的劳动力（活运动）才是价值增殖的唯一源泉，而土地等自然物质只不过是价值增殖过程的载体。所以，地租只能是来源于劳动者的劳动，而不是来源于自然界的土地。

（二）地租产生于土地所有权，而不是产生于土地价值

马克思指出："地租是土地所有权在经济上借以实现即增殖价值的形式。"（《资本论》第三卷，第698页）这就是说，地租是由于土地所有权的存在，土地所有权的垄断而产生的，谁占有土地，谁就有权通过收取地租来实现其土地所有权。在这里，要搞清楚两个不同层次的问题：第一个层次的问题是，土地不是劳动产品，因而土地本身是没有价值的。马克思主义的地租理论就是严格地建立在这种土地没有价值的基础之上的。不管这种土地有无价值，是处于自然状态还是已被开垦，都不会影响这一理论的正确性。第二个层次的问题是，土地经过人类的劳动加工，才会有一定的价值，即所谓土地价值。但是，土地有没有价值，都不会影响地租的产生。地租不等于土地价值。现在有的同志把地租与土地价值等同起来，片面强调土地价值观念，把土地价值作为实行土地有偿使用（包括有偿承包）的理论依据，似乎没有土地价值就没有地租，这是完全错误的。这在理论上是背离了马克思主义的地租理论，在实践上是"捡了芝麻，丢了西瓜"，自己把自己的阵脚搞乱了。地租只能是土地所有权在经济上的实现形式，它是农业以及有关产业的劳动者创造的剩余价值或者说超额利润的一部分，是剩余价值或超额利润的转化形式。因此，地租只能产生于土地所有权，而不是产生于土地价值。

（三）全面实行城乡土地的有偿使用

充分发挥地租这一经济杠杆的作用，达到加强土地管理和合理而有效地保护、利用、改造、开发的目的。我们要在正确理解的基础上，努力运用马克思主义的地租理论为社会主义现代化建设服务，为此，要求逐步做到：

（1）城乡土地都要实行有偿使用，明确土地所有权与使用权的关系，牢固地树立社会主义土地公有制的观念。

（2）采取配套措施，坚持综合治理，植树造林，保持水土，整治江河，防治污染，保护环境，维持生态平衡，从宏观上保护好国土，保护好耕地。

（3）严格控制非农建设用地和农村住宅用地，切实保护现有耕地；实行用地与造地相结合的原则，保证做到占用一亩地必须复垦一亩地。

（4）有计划有步骤地改造现有中低产耕地和合理开发新的耕地，其中包括海涂、荒地、丘陵、草坡、山地、水面等。

（5）依靠科技教育兴农，运用现代科学技术，提高地力，提高土地的利用率和产出率，实现生产专业化、耕作机械化、服务社会化、农艺科学化、产品商品化，使我国农业从传统的粗放农业转到现代的集约化农业轨道上来。

（6）强化农村双层经营体制，实行区域分工和适度规模经营，提高专业化生产能力和规模经济效益。

（7）在严格保护耕地的同时，要严格控制人口的增长。

（8）统一机构，强化管理，奖惩结合，依法治理，做到开源节流，保护、利用、改造、开发并重，使我国的土地管理工作逐步走上有序的良性循环轨道。

（原载于《经济研究参考资料》1982 年第 19 期）

中国经济特区的房地产业

依据笔者在《我国经济特区的地租问题》一文中的基本观点，现将我国经济特区的房地产业分析如下：

一、房地产业在特区建设中的地位和作用

从 1979 年起，我国先后迅速地设置了深圳、珠海、汕头、厦门四个经济特区。特区的房地产业，在特区建设中起了重要的作用。经济特区的房地产业，指的是特区土地和房产两个部分。地产业指的是在特区范围内，通过对土地的开发，主要是搞"七通一平"（即通道路、通水、通电、通电讯、通煤气、通排污、通排洪和平整土地），提高土地的使用价值，把土地这个自然物商品化，从而使我方以土地折价入股与客商合资经营企业，或由我方提供土地、客商提供资金合作经营企业，或向在特区兴办独资经营企业的客商收取土地使用费，它是以经营和利用土地为对象，从中取得一定收入的经济部门。房产业是指在特区范围内经营商品房产，即经营中外合资企业、合作企业或客商独资企业兴建的用来进行买卖、出租的住宅、工商业楼宇（包括写字楼、宾馆、酒家、旅店、商场、标准厂房、仓库、停车场等）以及其他房屋，它是以经营商品房屋或建筑物为对象，从中取得一定收入的经济部门。

据统计，从 1979 年至 1983 年底，深圳特区与客商签订房地产业的项目 65 项，占总项目的 2.60%，其协议投资额为 88.6 亿港元，占协议投资总额的 62.53%，居于第一位；实际投资额 7.89 亿港元，占实际投资总额的 26.5%，仅次于工业而居第二位。可见，房地产业在目前的经济特区建设中占有十分重要的地位。

房地产业在经济特区建设中的作用，具体表现在如下几方面：

（一）发展房地产业是提供良好投资环境的一项重要措施

在特区发展房地产业，首先是为了提供一个良好的投资环境，使投资者

不仅能在生产经营上获得经过开发的便于投资设厂和兴办企业的土地，而且能在生活上获得一个吃、住、娱乐等舒适的环境，这是办好经济特区的必要条件之一。例如，深圳旧城区原来只是一个 3 平方千米的小镇，街道简陋狭窄，住宅建筑面积只有 10 万平方米，人均居住面积只有 2.7 平方米，这种状况如果不加以改变，显然是不可能吸引客商前来投资的。

（二）发展房地产业有利于解决建设资金不足的问题

通过"七通一平"开发过的土地，收取土地使用费和税收，一般五年内就可以收回全部基础设施投资，不用国家追加投资，或者只要追加少量投资，就可以把所开发的地区建设起来。同时，通过经营商品房产，还可以为特区建设提供很大一笔外汇。例如，开发较早的深圳罗湖小区，截至 1983 年底，深圳特区房地产公司所辖的施工面积达到 112.79 万平方米，竣工面积 26.27 万平方米，收取土地使用费 0.935 亿港元，上缴的利润 1.945 亿港元，两者合计收入共达 2.88 亿港元，把死的土地变成了活的财富。

（三）发展房地产业有利于引进建筑业的先进技术设备和科学管理方法

通过与客商合作开发土地或兴建商品房屋，引进了一批先进的技术设备和科学管理方法，加速了特区建筑业的发展。例如深圳特区，近两年，先后引进了适应高层建筑的施工新工艺、新技术，以及一大批先进建筑机械设备和新型的建筑材料，提高了我国建筑施工队伍的装备和建筑工人的技术、经营管理水平。如深圳特区建筑高层楼宇，由于采用了国外先进的技术设备，并在经营管理方法上实行设计选优、工程招标、层层承包、落实到人、职责分明、奖罚分明的办法，平均七天就盖一层楼，不久前已封顶的国贸大厦已达到三天盖一层楼的先进水平。

（四）发展房地产业有利于解决劳动就业问题

随着经济特区的建立，房地产业得到迅速发展，吸引了大批劳动力进入建筑部门。例如，深圳特区建立以来，通过招聘、商调、合作方式，从全国调入了数以千计的工程技术人员和数以万计的建筑工人，组织了 90 多个施工企业和 40 家设计院进入深圳特区，总人数达十几万人。

（五）发展房地产业有利于加强对华侨和港澳台同胞的联系

我国在海外的华侨和华裔有 5 000 多万人，港澳同胞有 500 多万人，台湾同胞有 1 800 万人，合计起来共有 7 300 多万人。他们当中的绝大多数都是心向祖国、热爱家乡的，都愿意为祖国的"四化"建设贡献一分力量。我们不但欢迎他们前来特区投资，而且欢迎他们在特区购买房产，可以自己居住，也可以让国内的亲属居住，便于他们与国内亲属团聚和联系。截至 1983 年底，已在深圳特区购买房屋迁入居住的有 2 300 多户。1984 年还将迁入 4 400 户，合计将有 6 700 多户在深圳安家落户。这样，不仅极大地促进了当地经济繁荣，增加外汇收入，也必将大大加强对华侨和港澳台同胞的联系，密切感情，有利于台湾回归祖国和收回香港、澳门主权。

二、经济特区的地产业

（一）经济特区的土地所有制

我们设置经济特区，能给客商的优惠待遇，第一是土地（地租比较低），第二是税收（税收上给予减免），第三是劳动力（工资比较低），第四是产品销售（可以适当让出一部分国内市场）。在这些优惠中，首先是土地方面的优惠，因为土地是人类生产和经营活动的基本条件。在农业中，土地是基本生产资料，是自然物质直接参与农产品形成的生产要素；在工商业中，土地是生产和经营的场地；在建筑业中，土地是建筑的地基和空间条件。因此，客商到特区来，不论办什么企业，都要使用特区的土地。

但是，使用土地是受土地所有权限制的，也就是受土地所有制限制的，所谓土地所有制，就是在一定的社会条件下人们占有土地的形式。不同的社会，有不同的土地占有形式。例如，原始公社的土地为全体公社成员所共同占有，奴隶社会的土地为奴隶主阶级所占有，封建社会的土地为地主阶级所占有，资本主义社会的土地为大土地所有者所占有，社会主义社会的土地为社会主义国家或集体所占有。此外，自原始社会末期以来，与此同时并存的，各个社会都还有少量的个体土地所有制。

我国经济特区的土地，原来城镇的土地属于国家所有制，农村的土地属于集体所有制，都是社会主义公有制。设立经济特区后，特区建设所需要的集体所有制土地，都由国家征收了。所以，对外来说，经济特区的土地都是国有土地，都是属于中华人民共和国所有的土地。任何单位和个人（包括外商和国内的内联单位）需要使用特区土地，都得先向特区政府或管理委员会提出申请，经批准后按章缴纳土地使用费，才能使用特区的土地。

（二）经济特区的土地开发方式及其经济效益

土地开发是基础性的建设，目前我国各特区的土地开发任务艰巨，投资大，但工程进度快，方式多，经济效益有的也较好。土地的开发方式，概括起来，有如下几种：

（1）深圳罗湖小区的开发方式：由经济特区自筹资金进行小区成片开发。罗湖小区2平方千米，规划发展为12万人口，将新建近百幢18层以上的高层楼宇，要求建设成为集金融、商业、电信、旅游服务、住宅的现代化市区。其中，首期开发工程0.8平方千米，由深圳经济特区发展公司直接投资兴办，1980年向国家贷款3 000万元，开始搞"七通一平"。总面积80万平方米，当时按每平方米需要投资100元计算，总共需要投资8 000万元。除去道路、绿化、公共设施用地外，可拿出40万平方米作商品用地，若平均按每年每平方米收取土地使用费100港元计，一年可收回4 000万港元，折合人民币约1 340万元。这样，只要六年时间就可以收回全部8 000万元的基础工程建设投资。实际上，深圳特区先后总共投入6 000万元进行土地开发，到1983年已收回土地使用费2.25亿港元和人民币80万元，折合人民币约6 830万元，提前两年收回了全部投资。这就是说，通过"七通一平"开发出来的土地，引进外资，收取土地使用费和税收，不用国家增加投资，或者只要增加少量配套投资，在几年内就可以把这个地区建设起来。现在，罗湖小区2平方千米中余下的1.2平方千米，"七通一平"基础工程的建设费用，按每平方米上升到120元计，共需人民币1.44亿元，主要是用"滚雪球"的办法，从经营特区房地产本身的收入中解决的。

此外，深圳大罗湖区（包括罗湖、上埗、八卦岭一带）24平方千米，1982年由深圳市人民政府投资兴建道路和排水系统，共修筑城区主干道（柏油路）55条，全长84千米，总面积280万平方米，计划投资4亿元。到1983年9月底止，已完成主干道27条，长50多千米的工程。新城区内小区道路总长80千米、道路面积120万平方米，也将在1983—1984年两年内陆续完成。

（2）蛇口工业区的开发方式：蛇口工业区2平方千米，由交通部所属香港招商局直接开发经营。招商局在蛇口工业区投资，于1981年搞好"七通一平"基础工程建设以后，先建好标准厂房，地租按每平方呎（平方英尺）一年2至4港元，批给客商使用，使用年限最长为30年。据统计，开发土地平均每平方米需要人民币100元。如按工业用地的下限每平方呎一年收取2港元，即每平方米约收取 22 港元，折成人民币 7 元左右。所以，单纯从经营土地开发一项来说，是要亏损的。但是，由于蛇口工业区是一个有较大独立自主权的经济实体，从土地开发到引进外资、兴办企业，均由工业区自主经营，虽然土地开发方面要亏一些，但从整个工业区引进外资的综合计算，对我方是有利的。同时加强了基础工程建设的施工管理，采取突出重点、分片开发的办法，开发一片，收效一片，从而避免资金积压，争取尽快取得经济效益。比如，第一年，集中资金建设港口，修筑与广深公路相接的公路，用 6~8 个月时间，完成首期码头工程 150 米，主要公路干线 8 千米，把水陆运输搞通，保证工程原料的运输，使成本降低。第二年，集中建设其他基础工程，使之具备投资设厂的条件。在施工方面也采用投标的方式，使建设投资成本降低 30% 左右。由于开发资金使用做到有的放矢，合理投放，因而有部分土地很快就形成设厂开工生产的条件，开发的第二年（即 1981 年），就引进项目 11 个，开始了资金的回收。近三年来，回收额逐年增加，效益良好。按目前蛇口工业区的经营效益来分析，预计十多年的时间，就可收回全部基础工程设施的投资。蛇口工业区的做法，看来是比较活的，经济效益高的，值得认真总结其经验。

（3）厦门经济特区的开发方式：联合开发。1983 年 7 月，厦门经济特区与中国银行总行国际咨询信托部、香港集友银行、南洋商业银行、宝生银行、华侨商业银行、澳门南通信托投资公司等组成"厦门经济特区联合开发公司"，开发厦门湖里加工区。这是我国特区建设的实践中所创立的一种新的开发方式，从而为厦门特区加速建设提供资金保证。1983 年湖里加工区，竣工面积为 1.2 万平方米；由于有了港澳金融界的支持，1984 年计划完成 23.6 万平方米的建筑面积，比 1983 年增加 18 倍多。同时，为了适应把厦门特区的范围扩大至全岛的需要，联合开发公司已集资兴建 20 层的"国际金融中心大厦"，将于 1984 年 6 月动工，建筑面积为 2.5 万平方米，采用玻璃幕墙，计划投资 1 400 万美元。同时，这种联合开发的方式也必将更有效地增进厦门特区建设与港澳金融界的联系，扩大对外影响，可以有效地利用海外资金，加快厦门特区建设。有人形象地把厦门东渡港和高崎国际机场比为厦门特区起飞的两只翅膀，而联合开发公司，则将是推动厦门特区建设发展的发动机。

（4）福田新市区的开发方式：与客商合作进行成片大面积开发土地。深圳特区福田新市区与香港合和企业有限公司合作进行开发，原议定我方提供土地 30 平方千米，客方提供资金 20 亿港元，合作年限 30 年。深圳特区的文锦渡、珠海特区的西部工业区，也采取过这种与客商合作进行成片大面积开发土地的方式。但是，均只是签订了合同，尚未付诸实行，还没有实践经验。

（三）经济特区的地租水平

马克思在谈到建筑地段的地租时指出："对建筑地段的需求，会提高土地作为空间和地基的价值"，"不仅人口的增加，以及随之而来的住宅需要的增大，而且固定资本的发展（这种固定资本或者合并在土地中，或者扎根在土地中，建立在土地上，如所有工业建筑物、铁路、货栈、工厂建筑物、船坞等等），都必然会提高建筑地段的地租。"（《资本论》第三卷，第872页）地租的数量，除了前面已经阐明的各种条件，还受多种因素的影响，如特区本身土地的供求状况、港澳地区地产市场的变化情况、特区建设的发展和要求等。此外，在特区的土地使用费中，除了真正的地租即绝对地租、级差地租Ⅰ、级差地租Ⅱ、垄断地租之外，还应包括征地补偿费、土地投资利息、特区土地主管机关的管理费用等，这些虽然不是原来意义上的地租，但都是凭借土地所有权应该征收的必要项目。正如马克思所说的："从经济学上来说，无论这个部分或那个部分都不形成地租；但实际上它们都形成土地所有者的收入，是他的垄断权在经济上的实现，和真正的地租完全一样。"（《资本论》第三卷，第705页）可见，确定经济特区的地租水平是相当复杂的。

1981年11月17日，广东省第五届人大常委会第十三次会议通过了《深圳经济特区土地管理暂行规定》，规定中确定了深圳经济特区土地使用费的标准。后来珠海经济特区也参考这个规定，制订了珠海经济特区的土地使用费标准。现将这两个特区的土地使用费标准列出，以供参考。

深圳和珠海两个特区土地使用费对照表

年元/平方米

项目	深圳		珠海	
	金额	最长年限	金额	最长年限
工业用地	10～30	30	6～30	30
商业用地	70～200	20	50～200	20
商品住宅用地	30～60	50	20～60	50
旅游建筑用地	60～100	30	40～100	30

（续上表）

项目	深圳		珠海	
	金额	最长年限	金额	最长年限
种植业养殖业 畜牧业用地		20		20
科技教育 卫生等用地		50		50
备考	两个特区还规定，土地使用费每三年调整一次，调幅不超过30%。			

　　由于制订《暂行规定》时，正值香港地价高涨时期，现在香港的地价下降，就显得我们特区的土地使用费标准偏高了。1982年10月，深圳市人民政府根据经济特区条例的有关条款和《暂行规定》的精神，在制订《深圳经济特区土地使用费（暂时）缴纳办法》中做了适当调整，按《暂行规定》第十六条确定的土地使用费标准，在1985年之前的四年内，将使用费起点数按三类不同收费区域，分别减收30%（罗湖小区、蛇口工业区）、40%（坺区、水库区、沙头角）、50%（除上述两类区域及联合成片开发小区外，均属这类区域）。珠海经济特区也相应地规定，在1985年之前的四年内收费起点数减少40%～50%。另外，两个特区凡是使用荒坡、丘陵、沼泽者，按其用途分别免收一至五年的土地使用费。这样，就使经济特区的土地使用费的水平，随着港澳地产市场情况的变化而调整，以利于吸引大量外资进来设厂或兴办企业。

　　深圳特区毗邻香港，这种地理位置对我们是特别有利的。因为港英当局利用香港人多地少的特点，对土地实行高度的垄断，攫取高额的垄断地租或高价出售土地，使香港的地价高得惊人。比如，1981年香港本岛内47幅官地面积11万平方米，售价达24亿多港元。非工业用地每平方呎售价为5 000～8 000港元，最高的是尖沙咀，每平方呎高达11 553港元，那真是"尺土寸金"，甚至是"寸土尺金"。仅1980年4月至1981年3月的一个财政年度，港英当局从卖地取得的收入就达107.7亿港元，占当年财政收入的37%，成为其财政收入的主要来源。因此，我们在深圳设立经济特区，由于地价比香港低得多，就能吸引更多的港澳资本、华侨资本和外国资本到特区来兴办工厂和企业。在这种情况下，就有可能相应地提高经济特区的地租水平。据有关资料，1980年深圳特区的住宅用地每平方米为160港元，而香港的尖沙咀每平方米为 2 311 港元，大埔与元朗为 700 港元，新界为 416 港元。
深圳比尖沙咀低 14.6 倍，比大埔、元朗低 4.4 倍，比新界低 2.6 倍。1981 年
深圳特区的工业用地地租为每平方米 30～100 港元，而香港为 400 港元左右，
深圳比香港低 4～13.3 倍。再从更大一点的范围来看，1980 年每平方呎工业用
地的地租水平：香港 40～80 港元，深圳 3～10 港元，蛇口 2～4 港元，珠海
1.8～10 港元，台湾 0.72 港元；外国如新加坡为 0.17 港元，韩国为 0.015～
0.02 港元。深圳、蛇口、珠海的工业用地地租水平，比香港低得多，却比中
国台湾、新加坡、韩国高。不过，应该看到这两个经济特区的地租水平，主
要是受香港和澳门地租水平的影响。所以，深圳和珠海两个特区的地租水平，
在比港澳地区低得多的情况下，随着特区建设的发展，就有可能使级差地租
比内地提高得更快，从而可收到一种特殊的经济效益。

深圳和珠海两个特区处理地租问题有一个原则，叫作"高于广州，低于
香港"。其目的在于更多地吸收外资进来，以利于特区本身的发展和促进我国
"四化"的建设。特区地租受多种条件和多种因素制约，牵涉到各个方面的关
系，应把它作为一个综合性指标来理解和运用。不能单纯从地租收入多少着
眼，而应把地租水平与整个特区建设的全局联系起来考虑，要算总账。如果
片面强调提高地租水平，不利于吸引外资进来，就失去了办经济特区的意义，
表面上地租收入多些，实际上失去的更多。相反，只要能吸引更多的外资进
来，使特区的生产建设迅速发展，就能大大增加利润、税收、劳务费的收入，
就能实现我们办经济特区的主要目的。这样，即使地租低一些，我们能够得
到的却会更多一些。总之，经济特区的地租水平要定得合理，特别是对外要
有竞争力和吸引力，应以能够大量吸引外资为原则。

至于经济特区国营企业和事业单位，甚至党政机关，我们认为也应收取
土地使用费，以利于特区土地的合理使用。这虽是个复杂的问题，但应在体
制改革中统筹研究。对于土地使用费标准，原则上应与中外合资企业、合作
企业和外商独资企业一样，但可以根据具体情况给予适当的照顾。目前深圳
特区国营企业和事业单位，对收取土地费，普遍存在两个问题：一是缺乏思
想准备，在使用土地上也存在着"吃大锅饭"的现象，没有将这项开支算进
企业成本中去，而想从企业上缴的利润中扣除，这样做对企业起不到促进改
善经营管理和节约用地的作用；二是有一部分国营企业，特别是那些保证居
民基本生活资料供应的部门，如粮油、布匹、煤炭、蔬菜、副食品等，利润
低微，甚至要亏补，因而无力交付土地使用费。因此，对经济特区的国营企

业和事业单位收取地租，原则上应一视同仁，但又要根据不同情况区别对待，给予必要的减、缓、免照顾，这样做既有利于增加特区的财政收入，繁荣特区经济，也可以促使各种不同所有制的企业改善经营管理，提高经济效益。

三、经济特区的房产业

（一）经济特区房产业的发展概况与经验

深圳经济特区从 1979 年至 1983 年底，累计已完成基建投资 19.114 亿元，相当于办特区前 30 年总和的 20 倍。施工面积 590 万平方米，竣工面积 328.28 万平方米。城市住宅建筑面积原来只有 10 万平方米，人均居住面积仅 2.7 平方米，现在竣工面积已达到 137 万平方米，人均居住面积已上升到 7.5 平方米。商业楼宇，已建起 6～17 层楼房 800 多幢，18 层以上的高层楼宇，已开工 59 幢（1 414 层），建筑面积 80 万平方米，其中已竣工的 11 幢（216 层），还有 14 幢已完成了主体工程。另外，已建起了 200 多间新厂房，其中上埗工业区 32 万平方米土方工程一个月就建完了，20 幢标准厂房（20 万平方米）中，已动工 18 幢，已竣工的 5 幢；八卦岭工业区 100 万平方米土方工程已基本完成，44 幢标准厂房将陆续动工。截至 1983 年底，已竣工的高层楼宇有 18 幢，低层（包括住宅、厂房、仓库等）的有 130 多幢，别墅 69 幢，商场 2.3 万平方米，全部竣工建筑面积为 26 万多平方米。此外，预计 1984 年可竣工的有高层 16 幢，低层 66 幢，别墅 52 幢，商场 4 万多平方米。

深圳特区发展房产业的基本经验有以下几条：

（1）实行集资统建。为了使特区的商品房产建设能切实地按照城市建设的总体规划要求有计划地进行，各项建筑都要实行集资统建。即把建设资金集中起来，由市统一规划、统一征地、统一设计、统一施工、统一管理。1982 年以来，新建的工业区、住宅区、仓库区、办公楼宇等采用"五统一"的办法，效果较好。

（2）实行边建设、边预售的办法。尽快把投出的资金回收起来，进行再建设。如上埗工业区贷款 1 800 万元开发其中一个小区，在基本完成"七通一平"的基础上，兴建标准厂房，同时广为宣传该区的良好投资环境，吸引客商前来订购厂房。当大批客商前来洽谈购厂事宜时，我们采取香港通行的"卖楼花"的方式，与他们商定：签订合同后预付款 40%，厂房盖至三层时再收款 50%，余下 10% 则在厂房交付使用时结清。这样，我们就可以把预售第一批厂房的钱，用作建第二批厂房的投资。现在这个工业区 17 幢标准厂房还没有全部建好，便已基本售完，就是采取这种预售房屋"滚雪球"的办法，用 1 800 万元的贷款，完成了 7 500 万元的房建工程。

（3）积极引进外资和技术设备。深圳特区几年来，在房地产方面与客商签订合同 65 项，计划投资 88.6 港元，已投入使用的资金 7.89 亿港元。同时引进一批先进的施工新工艺、建筑机械设备和新型建筑材料。通过引进，获得大量的建设资金和先进技术设备，比较好地解决了高层建筑的施工问题。

（4）推行建房的招标投标制度。深圳特区对建筑施工，吸取了蛇口的经验，从设计到施工，均普遍采取招标投标方法，取得了明显经济效益。例如，建第一座外资高层建筑——国际商业大厦，两幢 20 层高的商业办公楼宇，总建筑面积 50 000 平方米。开始用老办法分配给一家建筑公司承担，每平方米造价要 580 元，工期两年整，投资者无法接受。在这种情况下，对该工程实行以包造价、包工期、包材料为主要内容的大包干，并决定公开招标，择优承包。结果第一冶金建筑公司以每平方米造价 398 元，工期一年半夺标，现已按计划完成承建任务。招标发包使工程造价降低 940 万元，工期缩短半年，工程质量也更有保证。目前，深圳已有 300 多项房建工程实行招标投标，占在建项目 90% 以上。

（5）加强施工的组织和管理。在施工过程中，注意组织好各个环节之间的紧密衔接配合，加强管理，缩短了建设周期。例如，深圳有一个新住宅区，包括 11 幢 6 层的宿舍，总建筑面积 25 000 平方米，建设时采取交叉进行的办法，结果施工前期准备工作只花了一个多月，从基础施工到竣工验收也只用了三个月，前后只花了四个多月就建成了。又如江苏省建一公司承建湖心大厦，两幢 22 层标准层，只用了 115 个工作日，平均 5.2 天建一层，建设速度超过了香港七天一层的先进水平。

（二）经济特区房产业的经营方式

（1）合作经营方式。由我方出地皮，客商集资，合作建楼销售。售楼款除支付造价和税金外，所获纯利按协议分成，一般我方占 70% ~ 85%，客商占 15% ~ 30%。这种形式营造低层建筑每平方米平均获利 925 港元。其优点是，可以调动客商积极性，用各种方式筹集较多的资金，引进先进的建筑技术，利用客商的销售渠道，扩大宣传和对外销售，对加速发展房产业有利。高层楼宇的裙楼（即底层起 2—3 层）折价归我方，更有利于发展商业。其缺点是，客商多以"卖楼花"的方法集资，由他们代理在外销售，我方没有主动权，售楼款虽存入双方指定的银行，订出双方合签提款的手续，仍然很难把资金管好，资金存在外边有一定的风险，而且所得利润被客商拿去15%～30%。

（2）自筹资金经营方式。建楼资金自筹，自建自卖（或交代理商代售），利润自得。如深圳怡景花园，就是自筹资金兴建的。这种形式，每营造一平方米房宇可获利1 181港元，较合作经营方式高。但自营高层楼宇建筑周期长，投资风险较大，而且请客商代销还要支付7%的佣金（每平方米175港元）。在外的资金管理也较困难。

（3）客商独资经营方式。我方提供土地，按不同地域，每平方米收取土地使用费4 500～5 000港元，按协议一年至一年半收齐，收益较快，我方承担风险少。但土地收益比合作经营方式低，按实际建筑面积计，合作经营每平方米获利925港元，客商独资经营每平方米我方只收入500港元，减收46%。在市场不景气的情况下，客商还往往不履行合约。

随着经济特区工业的发展以及南海油田和大亚湾核电站的兴建，深圳特区将需要更多的楼宇和住宅，房产业还要大发展。今后，房产业的发展应以自筹资金经营方式为基础，同时扩大合作经营方式，至于客商独资经营方式则只能有条件地推行。现在经济特区房地产公司已经积累了一定的资金和建筑商品楼宇的经验，对外自售楼宇的资信已经树立，只要在港、深设立售楼处，与银行密切合作，推行楼宇"按揭"，就可以自行销售，并管好用好资金。自筹资金经营方式，通过"卖楼花"集资建房，实际上是引进购房者的资金建房，自己并不需要大量的投资，所以，这种形式对我们更为有利。合作经营方式优点也不少，为了吸引更多的外资，充分利用客商的销售渠道，加速房产业发展，应该加以扩大和发展，但今后售楼款应存入在特区注册的银行，便于对资金的管理。客商独资经营方式，由于我方收益较低，弊病亦不少，只适宜在我方资金不足的情况下有条件地加以运用。

（三）经济特区的房租和住宅商品化问题

在特区经营商品房产，对外来说，主要是考虑两个方面：一是为客商前来特区投资设厂提供厂房、仓库、办公楼宇、宾馆、酒家、住宅等生产性和生活服务性的建筑物；二是为满足广大华侨和港澳台同胞希望能在特区购买到住宅的要求。对内来说，主要是考虑如何解决好特区职工的住房问题。这里所指房租和住宅商品化问题，就是解决特区职工的住房制度朝着什么方向改革的问题。房租是出租房屋的租金，它的构成应包括地租、建房投资折旧、银行贷款利息、修缮费、保险费、经营管理费和利润等。在资本主义国家和中国香港，房租是很高的，一般占工人工资收入的三分之一左右，不少工人因交不起房租而住进简陋的木屋。而目前我国的房租相当低，保证不了住房的简单再生产，甚至连修缮费都维持不了。中华人民共和国成立三十多年来，由于我们没有正确的房租概念，实行统包统分的住房制度，存在不少问题。因此，从我国实际情况出发，今后，在提高职工工资的同时，适当提高房租水平，是体制改革应研究的一个问题。

经济特区随着工资制度的改革，也应考虑职工住房制度的改革，使之符合客观经济发展的需要。但是，职工住房制度的改革，必须以工资制度的改革作为前提。目前深圳经济特区改革进展较快的是蛇口工业区，经过几年的探索和实践，现已提出了一个蛇口工业区职工住房制度改革措施的初步方案：改革由国家统包统分、"吃大锅饭"的住房制度，实行租售结合、以售为主的办法，鼓励职工购买住房，逐步推行住宅商品化，实现"居者有其屋"。职工住房采取出租和出售两种办法，具体分述如下：

（1）出租办法：按25年折旧回收建设成本，加银行贷款利息，加经营管理费等，按此计算每月租金约1.5元/平方米。但考虑到现在职工的工资收入实际情况，还不能就按每月1.5元/平方米计收，因而采取逐年按工资的增长情况而增加房租的办法。目前蛇口工业区的房租，是按每月0.50~0.90元/平方米，平均每月0.70元/平方米计收，比内地房租每月0.15元/平方米的水平高4~5倍，工业区职工的工资也相应地比内地高。这样，平均单身职工每月房租约占工资收入的5%~7%，家属住户平均每月房租则约占家庭收入的15%（每户按2人工作计）。

（2）出售办法：鼓励职工买房，实现居者有其屋。对单身职工住房，鼓励企业买房给本单位职工居住，企业向职工按月收取一定的房租，产权属各企业所有，作为企业固定资产。家属住房，鼓励职工自己买房，分期付款，职工可以按自己的支付能力，分为一次付款七折，五年付款七五折，十年付款八折，只计建筑成本和银行最低利息，不计利润。例如，91平方米的三房一厅住宅，一次付款约1.1万元可以买到。五年分期每月为2.42元/平方米，十年分期每月为1.47元/平方米。这样，按目前蛇口工业区职工收入水平，大部分职工都是可以支付的。房款付清后，房屋归己有，发给产权证。其房可以转让，中途调离工业区的，可由房地产公司统一折旧收购，或由房地产公司代理转让，所得仍归业主所有。

　　蛇口的住宅由工业区统一向银行贷款建设，以便满足总体布局要求，为投资企业节省建设工期，及时提供职工住房，保证工厂能按期投产。不论是出租还是出售，房屋单价都按住宅的远近、朝向、位置和楼层而有所不同。

　　上述措施试行以后，效果很好，再没有发生职工要求多分住房的现象和分配上的种种矛盾。每个职工都可根据自己的实际需要和经济收支情况选择住房，或租赁，或购买，均可由职工自己决定。

　　蛇口工业区所采取的租售结合、以售为主，推行住宅商品化，逐步实现居者有其屋的做法，既为投资企业及时解决了职工住房问题，又使得工业区对职工住房的投资不致负担过重，还保证了职工的生活水平，随着工资的提高而有所提高。这是从根本上改变了过去那种由国家统包统分、住得越宽补贴越多的住房制度，有利于创造良好的投资环境，有利于企业生产，有利于调动职工的积极性，比较好地解决了职工住房问题。蛇口工业区对住房改革的方向和经验，值得认真加以总结，以利今后进一步在经济特区乃至在全国范围内推行住宅商品化。

　　（收录于《中国特区经济》，广州：科学普及出版社广州分社 1984 年版。此文获广州 1985 年度房地产经济研究优秀成果奖二等奖）

广州市房地产业发展的思考

一、借鉴深圳特区的经验，加快广州市房地产业的发展

深圳特区在发展房地产业中有很多好的经验可供借鉴，广州市应结合自身的实际来运用这些经验，以加快房地产业的发展。深圳特区发展房地产业的主要经验如下：

1. 不论是旧市区的改造，还是新市区的发展，都采取小区成片的方式

深圳特区旧市区很小，原来只是一个 3 平方千米的小镇，主要的任务是开发新市区。他们的做法是，在统一规划下采取小区成片开发的方式，取得了较好的经济效益。例如，罗湖小区，首期工程开发 0.8 平方千米，从 1980 年开始"七通一平"工程，即进行土地开发和基础设施建设，实际投资 6 000 万元，到 1983 年底已收回土地使用费 2.276 8 亿港元，折人民币 6 780 万元，不到四年时间就把全部开发投资收回来了。这就是说，通过提供开发出来的土地，引进外资收取土地使用费，不用国家追加投资，或者只需追加少量配套资金，在几年内就可以把被开发的小区建设起来。这样，采取小区成片开发方式，做到开发一片，建设一片，收效一片，波浪式地向前发展，就能取得良好的经济效益。

2. 开辟多种渠道筹集建设资金

深圳特区进行了大规模的建设，到 1983 年底，投入资金累计达 19.6 亿元，其中，国家投资占 10.1%（国家直接投款占 8.7%，省财政拨款占 1.4%），利用外资占 31%，利用银行贷款占 29.3%，市财政自筹的占 9.7%，中央各部及省属单位自筹的占 7.6%，内联企业投资占 3%。这里，国家投资只占 10.1%，其余近 90% 的资金都是通过各种渠道筹集来的，有效地解决了建设资金不足问题。在筹集资金方面，广州市通过银行发行股票集资与建"广州商业城"的做法，也是一个创举。

3. 积极引进外资和先进技术设备

深圳特区从 1979 年至 1983 年底，在房地产方面与客商签订合同 65 项，合同投资额 88.6 亿港元，已投入使用的资金 7.8 亿港元；与此同时，引进了一批先进的施工新工艺、建筑机械设备和新型建筑材料。通过引进，获得了大量的建设资金和先进技术设备，比较好地解决了高层建筑的施工和高级房产的装修问题。

4. 房产建筑采取集资统建和边建边预售的办法

深圳特区为了使房产建筑能切实按照城市建设的总体规划要求有计划地进行，采取了集资统建的方式，即把需要建房的单位的建设资金集中起来，由市统一规划、统一征地、统一设计、统一施工、统一管理。1982 年以来，新建的工业区、住宅区、仓库区、办公楼宇等均采用"五统一"的办法，效果较好。此外，为了能尽快地将投出去的资金回收起来进行再建设，采取了边建边预售的办法。例如，上埗工业区，向银行贷款 1 800 万元开发其中一个小区，在基本完成"七通一平"的基础上，兴建标准厂房，同时广泛宣传，吸引客商前来订购厂房，采取香港通行的"卖楼花"方式，给客商适当的优惠，在谈判时商定：签订合同后预付款 40%，厂房盖至三层时再付款 50%，余下 10% 则在厂房交付使用时结清。这样，我们就可以把预售第一批厂房的钱，用作建第二批厂房的投资。到 1983 年底，这个工业区 17 幢标准厂房还没有全部建好，便已基本售完。就是采取这种预售房屋"滚雪球"的办法，用 1 800 万元的贷款，完成了 7 500 万元的房建工程。

5. 推行建房的招标投标制度

深圳特区对建筑施工吸取了蛇口的经验，从设计到施工，普遍采取招标投标办法，取得了明显的经济效益。例如，建第一座外资高层建筑——国际商业大厦，两幢 20 层高的商业办公楼宇，总建筑面积 50 000 平方米。初时用老办法分配给一家建筑公司承担，每平方米造价要 580 元，工期两年，投资者无法接受。在这种情况下，对该工程实行以包造价、包工期、包材料为主要内容的大包干，并决定公开招标，择优承包。结果第一冶金建筑公司以每平方米造价 398 元，工期一年半夺标，从而使工程造价降低 940 万元，工期缩短半年，工程质量也更有保证了。目前深圳 90% 以上的在建项目，都实行招标投标制度。

6. 加强施工的组织和管理

在施工过程中，注意组织好各个环节之间的紧密衔接和配合，加强管理，落实责任制，缩短了建设周期。例如，深圳有一个新住宅区，包括 11 幢 6 层的住房，总建筑面积 25 000 平方米，采取交叉施工办法，结果只用四个月时间就建成了。又如，江苏省建一公司承建湖心大厦，两幢 22 层的楼房，只用了 115 个工作日，平均 5.2 天建一层，建设速度超过香港七天一层的先进水平。

7. 逐步推行职工住宅商品化

在职工住房制度的改革方面，蛇口工业区进展较快，他们改革由国家统包统分的住房制度，实行租售结合，以售为主的办法，鼓励职工购买住房，逐步推行职工住宅商品化，实现"居者有其屋"。这样，既能较好地解决职工住房问题，又能使工业区对职工住房建设的投资不致负担过重，并能及时回收一部分资金用于再建设，有利于加快房地产业的发展。

综合起来，深圳特区经验的核心就是：抓住改革和开放两件大事，充分发挥自己的优势和潜力，以改革开路，用改革精神做好外引内联工作，树立实事求是、讲究信用、注重效率的作风，推动房地产业的迅速发展。

二、发展房地产业需要进一步研究和解决的几个问题

1. 房地产业的发展与城市建设总体规划的协调问题

今后广州的房地产业发展必须严格按照总体规划的要求来进行，土地开发和房产建筑，要由市城建规划部门集中统一规划管理，经济单位必须按照批准的规划执行和服从统一管理。违者要负经济和法律责任。否则，八仙过海，各行其是，就会破坏原有的建筑群落结构和南国古城的地方特色。例如，白天鹅宾馆的兴建破坏了沙面的自然景观，中国大酒店的兴建破坏了东方宾馆周围的美景，现在中山纪念堂附近高层建筑的发展也有破坏纪念堂周围环境的危险。如何做到房地产业的发展与城市建设总体规划的协调一致，必须进一步研究和解决，才能把广州建设成为具有中国古建筑风格和南方特色的社会主义现代化城市。

2. 土地的开发、利用、管理和土地使用费问题

今后在房地产业发展中，如何开发利用好土地资源？在管理上如何做到规划、征地、开发、审批、使用、收费一条龙？土地使用费如何确定一个合理的水平？（在社会主义条件下，土地不是商品，不能买卖。但在商品经济仍然存在的情况下，土地的所有权和使用权是可以分离的，土地所有权不变，土地使用权也可以让渡。土地使用费就是在一定时间内让渡土地使用权的报

酬，它是由超额纯收入所形成的地租转化而来的。）这些问题，也需要进一步研究和解决，才能搞好房地产业的经营和提高经济效益。

3. 房产的经营、管理和房租、房价问题

房产业应如何经营和管理？房租和房价如何确定一个合理水平？这要从广州的历史和现实出发，既要允许多成分、多渠道、多层次经营房产业，又要有一个集中统一的权威机构来进行管理；既要适当提高房租房价，又要使广大职工的基本生活不受影响；既要使经营者有利可图，又要使合作者和购买者感到舒适合算。这样，房产业才能顺利发展。

4. 推行住宅商品化问题

住宅商品化是改革住房制度的方向，势在必行。但住宅商品化在理论上和实践上，都还有不少问题需要研究和解决。在推行住宅商品化的过程中，职工的生活水平不应该降低，而是随着工资的改革有所提高。

5. 提高房地产业的经济效益问题

要提高经济效益，必须处理好以下几种关系：①长期规划与近期规划、整体规划与小区规划的关系；②旧市区改造与新市区、经济技术开发区开发的关系；③基础设施建设投资与地面房产建筑投资的比例关系；④资金投放与资金回收的关系；⑤引进国外先进技术设备与国内配套的关系；⑥实行招标投标制度、组织合理施工与降低造价的关系；⑦厂房、商业楼宇、住宅建筑与各项相应的配套设施的关系；⑧充分利用土地与高层建筑生活设施费用较高的关系，等等。只有处理好这些关系，才能兼顾到微观经济效益和宏观经济效益两个方面，使房地产业富有活力和竞争力。

（载于《房地产经济研究》"广州房地产经济理论讨论会文选"，1985 年 3 月）

房地产业的地位作用及其产业政策

一、房地产业的地位和作用

房地产业在现代化城市建设中，处于基础产业的地位，一是表现为它是以土地和房屋等不动产为基础的，离不开一定的空间地域；二是表现为它是代表社会主义商品经济发展的一种需求，离开了它，商品经济的生产、交换、分配、消费四个再生产环节就无法继续下去；三是表现为它在经济建设中起先行、带动作用。房地产业的这种地位决定了它对推动城市经济结构改革和带动经济全面发展具有极其重大的作用。

1. 房地产业的发展将推动建筑业真正成为国民经济的一大支柱产业

房地产业作为基础产业，它的发展将带动建筑业和建筑材料工业的大发展，使之逐步成长为我国国民经济的一大支柱产业。例如深圳特区，在房地产业发展的带动下，1986 年建筑业的基建投资虽然只有 2 962 万元（占全市基建投资总额的 1.55%），但是当年建筑业的产值则达到 56 579 万元（占全市国内生产总值的 15.94%），建筑业已经成为全市国民经济的一个重要组成部分，房地产业、建筑业、建筑材料工业三者是统一的，把次序倒过来就是供、产、销的关系。建筑材料工业提供各种优质的建筑材料；建筑业进行设计、施工、装修等从而生产出各种各样的住房和楼宇；房地产业则将这些经过开发的土地和建筑物通过房地产市场让渡给购买者，这样，按照"流通—生产—流量"的公式，把三者联系起来，整个再生产过程才得以实现。因此，严格地说来，应该是房地产业、建筑业、建筑材料工业三者一体化，才能真正构成我国国民经济的一大支柱行业。

2. 房地产业的发展为解决城市建设资金问题开辟了一条重要的途径

十一届三中全会以来，天津、上海、重庆、广州、深圳、珠海、汕头、佛山等大中城市的房地产业，在改革过程中出现了蓬勃发展的势头：一是土地从无偿使用变为有偿使用，按照马克思主义的绝对地租和级差地租原理，为城市建设提供了很大一笔资金；二是土地经过开发经营，搞好"七通一平"，既方便了使用者，又增加了产值和利润；三是城市房屋商品化，通过经济商品房产，为城市建设积累了相当大的一部分资金。例如广州市，从 1979 年至 1987 年底，已经开发或正在开发的住宅小区 20 个，工业小区 10 个，总用地面积达到 1 000 多公顷。从 1984 年开始在一部分企业和涉外企业中征收土地使用费和推行住宅商品化以来，房地产部门通过综合开发和经营房地产的办法，已为城市建设提供资金 5.96 亿元。

3. 房地产业的发展将有利于调整现存消费结构和抑制目前出现的通货膨胀

目前我国还处于世界发展中的穷国地位，1987 年人均国民生产总值才达到 277.5 美元，消费水平不仅低，而且呈"超前"的不合理状况。这种消费结构状况，在社会总需求超过社会总供给较多的情况下，就会助长物价的上涨。现在我国的物价指数年增长率已达到两位数，出现了中度的通货膨胀，给国民经济的发展造成了新的困难。因此，发展房地产业，积极推行住宅商品化，鼓励职工个人买房，把居民新增加的一部分购买力吸引到购买住宅方面来，逐步扩大居民住房消费支出的比重，这样，既有利于调整现存不合理的消费结构，缓解农产品和耐用消费品供应紧张的状况，又有利于回笼货币，抑制通货膨胀，推动国民经济走向良性循环的运行轨道。

4. 房地产业的发展有利于职工素质的提高

房地产业的发展，带动了建筑业的繁荣，不仅吸收安置了大批劳动者就业，而且使这些工人、技术人员、管理人员在实践中得到了锻炼和提高，培养出了一批能干的人才。

5. 房地产业的发展是搞好投资环境，增强吸引力的一个重要条件

实行对外开放政策，需要有一个对国外投资者具有强大吸引力的投资环境，而投资环境与房地产业是紧密联系在一起的。搞好土地的综合开发，建设交通、通信、供水、供电、码头、仓库、厂房等生产设施，兴建住房和商业楼宇，所有这些房地产业的开发经营项目，最后都是为了把城市建设好，创造出一个良好的投资环境，使投资者不仅能在生产经营上获得经过开发的便于投资设厂和兴办企业的土地、厂房和各种基础设施，而且能在生活上获得一个集吃、住、娱乐等于一体的舒适优美的环境。

二、房地产业的产业政策

这里说的产业政策，是指政府通过干预与调节，实现产业结构、产品结构和产业组织结构的合理化，以及各种生产要素的最优配置，以达到提高经济、社会、生态效益目标的政策体系。产业政策本身就是一个大系统，需要各个子系统的配套，才能发挥最大的作用。从房地产业的角度来说，就是要采取与实现四个现代化的远大目标相适应的产业政策，它在不同时期有不同的侧重点，当前主要应侧重抓好以下几个方面：

1. 坚持实行土地有偿使用政策和合理的低地价政策

党的十一届三中全会以后，提出了建立有计划的社会主义商品经济体制的问题，经过十年改革，已经基本上实现了从产品经济向商品经济的转变，因此，相应地也要从土地的无偿使用向土地的有偿使用转变，实行土地有偿使用的政策，使城市建设活起来，逐步走向良性循环的道路。现在的问题是要从点到面，在全国所有城镇、所有行业、所有企业单位全面实行土地有偿使用政策，做到既能充分合理地利用城市国有土地，又能为城市建设开辟重要的资金来源。

但是，实行有偿使用政策，不能搞成实行高地价政策，相反只能实行合理的低地价政策，以便保持土地使用费（税）比较低廉的优势，使之对内有利于推行住宅商品化，对外有利于增强对外资的吸引力。现在，有些地方人为地把地价抬得很高，表面上似乎从土地上多得了一点收入，实际上是破坏了投资环境和整个改革开放的格局，是短见的、得不偿失的行为，应坚决加以制止。

2. 坚决实行住宅商品化政策和合理的房租房价政策

中华人民共和国成立以来，实行职工住房由国家统建统分和低租金政策，这在一定时期内曾经起过积极作用，但随着生产的发展，职工人数的增加，这项政策的弊端越来越大。不改变现行政策，已经没有出路了。因此，必须适应改革开放条件下商品经济大发展的形势，实行住宅商品化政策和合理的房租房价政策，"住宅商品化"政策，就是要改变职工住房由国家统建统分的住房制度，把住宅作为商品出售或出租给职工个人，职工可以根据自身的经济收入情况选择住房，国家可以采取优惠政策和措施资助职工购房，还可以把出售住房后收回的资金用于建设新的住房，使房地产业活起来。"合理的房租房价"政策，就是要在改变现行低租金制度的基础上，使房租房价符合价值规律的要求，逐步做到按成本加微利的价格出售住房或出租住房。这样，一方面使经营者有一定的利润，另一方面使购买者承担得起，兼顾到经营者和消费者两方面的利益，便于全面推行住宅商品化的构想。

3. 实行宏观控制与微观搞活相结合的政策

房地产业在宏观上要严格按照城市建设的总体规划进行设计和施工，努力做到布局合理，层次分明，有利生产，方便生活。同时，在服从城市建设总体规划的前提下，房地产业还得有一定的自主经营权，在微观上把房地产业搞活，努力做到因地制宜，综合开发，合理配套，讲究效益。这样，既能在宏观上体现整体观念和地方特色，又能在微观上体现价廉实用和美观舒适。

4. 实行加速以住房为主的民用建筑产品商品化的政策

目前，要尽快推广广州等沿海开放城市房地产开发、经营、管理的经验，创造性地把房地产开发与土地有偿使用结合起来，依据自己的情况走自己的路，通过共同努力，加快我国房地产业发展的步伐。对现有的住宅，要按照不同情况，区别对待，制订出合理的价格，尽快出售给个人。对今后新住宅，要根据实际收入的差别，修建不同档次的住房，分别计价，以利于收入水平不同的个人都能选购到合适的住房。

5. 实行房地产业与金融业相结合的政策

一方面，房地产业的发展需要金融业的支持，如建立房地产发展基金，提供长期信贷或优惠信贷等；另一方面，房地产业发展起来了，金融业才能更加繁荣，才能为整个城市建设提供更多的资金。因此，必须制订具体的政策和措施，鼓励房地产业与金融业紧密结合起来。有条件的城市还可以设立专门的房地产银行，以推动房地产业的飞速发展。

6. 实行扶持房地产市场建立、发育、成长的政策

房地产业要发展成为支柱行业，就必须通过房地产市场。因为只有发达的成熟的房地产市场，房地产的各种生产要素才能实现优化组合，才能生产出价廉实用的各种民用建筑产品，才能把大量的原有住宅通过重新估价出售给消费者个人，才能把新建的住房等建筑产品通过正当合法的形式出售给消费者个人，才能更好地发挥房地产业带动建筑业、建筑材料工业和第三产业发展的作用。因此，现在的问题是要进一步完善房地产业开发经营政策，大力扶持房地产市场的建立、发育和成长，把城市房地产的生产、流通、消费的全过程纳入符合商品经济发展的市场体系及其运行机制的轨道，推动房地产业的更大发展。

7. 实行控制建筑物高度的政策

现在，城市建设的发展引起土地价格上升，建筑物有向高层发展的趋势，而向高层建筑发展又带来了一系列难于解决的问题。从我国的国情出发，除个别新兴城市外，一般不宜向高层建筑发展。深圳特区是向高层建筑发展的城市，珠海特区是保持低层园林式建筑的城市，对比鲜明，各有特色。但是，深圳特区向高层建筑发展，虽然节省了用地，却带来了消防、供水、管理等许多新的问题。因此，在发展城市房地产业方面，必须采取控制建筑物高度的政策，把建筑物的高度控制在比较合理的限度内。

8. 实行加强房地产业管理的政策

为了加快房地产业的发展，必须采取强化房地产业管理工作的政策和措施，其中包括：①建立新的精简、高效、统一的房地产管理体制；②制定出房地产的管理法规或有关条例；③保护好古文物、古建筑，保护好生态环境，保持传统风格和地方特色；④重视人才培养，加强职业道德教育，提高房地产部门职工队伍素质。

（发表于《房地产经济》1989 年第 5 期，曾获广州市 1988—1990 年度房地产研究优秀成果奖二等奖，广州市 1988—1990 年度社会科学研究优秀成果奖三等奖）

把广东房地产业引向健康发展的轨道

从 1991 年开始的我国新的一轮房地产业发展高潮，引起了国内外的极大关注。房地产业是基础产业，关系到全国人民的切身利益，在我国社会主义现代化建设中起着基础性、先导性作用，发展前景十分广阔。从广东来看，这次房地产发展高潮，是在扩大开放、允许外资参与开发的情况下兴起的。由于外资的参加，增强了活力，带动了整个房地产业及相关产业的发展。但是，房地产业是一个新兴的产业，在运作和管理上还缺乏经验和必要的规章制度，缺乏专业知识和专业人才，在高潮到来之际，难免出现这样或那样的问题。

一、当前房地产业发展中存在的问题

1. 房地产开发工作的基本目标不够明确，参与者投机成分较重

我国十年规划和"八五"计划纲要中提出，人民生活从温饱达到小康的标准之一就是"居住条件明显改善"。通过住房制度改革，促进房地产业的发展，不断改善城乡居民的居住条件，特别是困难户的居住条件，以满足小康生活对住房的需求，这是房地产开发工作的基本目标。现在的问题，就在于这个基本目标不够明确，参与者自觉或不自觉地偏离了这个基本目标，把注意力放在获取高额利润上。于是投机之风四起，炒地皮，炒房产，乘机捞一把的不乏其人。据统计，目前珠江三角洲的商品房，只有 30% 进入最终消费，有 70% 仍在炒家手中。笔者认为，在社会主义市场经济条件下，炒买炒卖是难以避免的，但要加以控制，做到兴利除弊。既要按价值规律办事，实行等价交换原则，让经营者取得合理的利润，又不允许其为所欲为，否则，就会阻碍房地产开发工作基本目标的实现。

2. 房地产结构不合理，不利于加快发展步伐

这次房地产发展高潮的到来，由于思想准备不足，带有一定的盲目性，造成房地产开发企业一哄而上、争相发展外向型房地产，忽视了房地产的最

大市场是国内市场的基本事实，加上法制不健全，管理跟不上，国家宏观调控乏力，在这种情况下，房地产业就出现冷热颠倒的现象。外销的多，内销的少；商品住宅多，商业用房少；豪华住宅和高级别墅多，适合居民购买力水平的普通住宅少。这"三多三少"的结构是极不合理的，不利于加快房地产业的发展。

3. 房地产市场发育不完备，不规范

由于社会主义市场经济体制还在建立和发展过程中，房地产市场的发育仍处于不完备、不规范的状态。具体表现为：①房地产第二、三级市场发育不健全，运转还不够顺畅；②不少地方尚未建立房地产中介机构，有的地方虽然建立起来了，但还不能适应房地产业发展的需要；③房地产金融还不配套，不利于房地产抵押贷款、分期付款等购房方式的实施；④房地产市场的法律和规章制度还不健全，不利于公平竞争，等等。

4. 房地产价格飞涨，既脱离了广东城乡人民的购买力水平，又不利于经营单位提高经营管理水平

房地产高潮的再度兴起，对广东来说，主要是由"外销热"带动起来的。一部分人乘机大炒地皮，大炒房产，引起房地产价格急速上涨。据统计，1992 年广州市区商品房价格每平方米为 7 000 ~ 8 000 元，普遍比上年涨了50% ~ 100%。一套 60 平方米的房子，1991 年只需 10 万元，1992 年底却需20 万 ~ 30 万元。这种价格，远远脱离国内广大人民的购买力水平，在国内居民中只有少数私营企业家、个体户和有"南风窗"的人才能买得起住房，而广大靠工资收入的职工则一辈子也积蓄不了购买住房的钱，这又怎能做到居住条件明显改善呢？同时，在这种房地产价格飞涨的情况下，一方面经营单位由于建筑材料价格上涨和不合理负担加重，生产成本难以降下来；另一方面经营单位又可以通过不正当的竞争手段，取得较多的额外利润，这样，必然挫伤改善经营管理的积极性，不利于提高企业的经营管理水平。

5. 房地产企业人才素质低，懂业务懂专业知识的少

1949 年以后，我国在计划经济体制下实行的是低租金、福利型的住房政策。改革开放后特别是 1985 年后，通过住房制度改革，推行住房商品化，把房地产逐步转向市场经济的轨道。但是，房地产业毕竟是一个新兴产业，现有房地产部门和企业的工作人员，大多数都是从其他单位抽调来的，缺乏专业培训，全国的高等院校也只是在最近几年才陆续开设房地产专业，培养专业人才，随着房地产业的急速发展，房地产企业的人才显得十分缺乏，素质又低，懂业务懂专业知识的人才就更少。但是，市场竞争，归根到底是人才竞争，在瞬息万变的国内外市场环境中，没有高素质高水平的人才是不可能取胜的。

房地产业发展过程中存在的这些问题，如果得不到及时解决，就可能带来相应的恶果：①房地产开发的混乱状态，将使它进一步脱离城镇建设的总体规划，在经济、社会、生态环境方面带来重大损失；②房地产结构不合理，将进一步向短期化、高档化倾斜，广大居民则买不起住房，有可能导致蓬勃发展的房地产市场走向崩溃；③房地产管理工作的落后，将使国家应得的地租，特别是级差地租，大量流失；④房地产价格的大幅度上涨，将使广东房地产价格和工资较低的优势消失，从而在宏观上削弱和破坏广东的投资环境。

二、把房地产业引向健康发展轨道的对策

要解决房地产业发展过程中存在的问题，把它引向健康发展的轨道，必须采取相应的对策：

1. 抓住当前机遇，扩大改革开放

"改革开放是解放和发展生产力的必由之路"，只有抓住当前国内外形势所提供的好机遇，深化改革，扩大开放，转变观念，拓宽思路，才能从根本上克服前进中的问题，加快房地产业的发展。一是通过改革，转变观念。住房商品化的观点已为广大群众所接受，大大加快了房地产业的发展。据统计，广东在1979—1990年的12年间，城镇住房建设的资金达220多亿元，建造住房1.598亿平方米，分别相当于改革开放前30年总和的15倍和6.5倍。广州市区在1979—1991年的13年间，建成住房总面积2 859.7万平方米，比前29年建成总数还超出2.85倍，人均居住面积从1978年的3.82平方米上升到1991年9.23平方米，解决了几十万户居民和1万多户特困户的住房问题。二是通过开放，借鉴国外经验，拓宽了思路，大胆吸引外资参与房地产开发，使房地产业更好更快地发展起来。广东是最早与外商合作开发房地产的，到1992年底，全省已有18个市有外资参与房地产业，注册登记的中外合资房地产企业有300多家，投资总额达100亿美元。可见，只要我们抓住时机，继续沿着改革开放的路子走下去，房地产业发展的步伐将会进一步加快。

2. 端正经营思想，明确主攻方向

房地产开发工作的经营指导思想，应该是全心全意为改善广大居民的居住条件服务；其主攻方向，则应该是改善在居民总数中占绝大多数的、收入

在中下水平的居民的居住条件。离开了这个经营思想和主攻方向，就会走到邪路上去。要强调的是，根据当地的具体条件，发展一部分外向型的高级住宅楼宇是完全必要的，其目的也是更好地实现改善广大居民的"居住条件"。但是，不能主次颠倒，大家都一窝蜂地去搞外向型房地产，而应把房地产业的根扎在国内市场，更不能抱着捞一把的心态去炒买炒卖。

3. 调整结构，按照实际需求能力发展多层次多种形式的住房

调整房地产结构，理顺关系，从当前来说，主要是解决"三多三少"的问题。从今后发展来说，则应该按照实际需求能力发展多层次多种形式的住房。一是涉外商品房，包括高级住宅和高级写字楼；二是商品住房；三是平价住房，包括公积金住房、优惠价住房、补贴出售住房、廉价住房、解困住房等；四是集资成本价住房；五是合作住房。国家应在保持住房市场价格相对稳定的前提下，按照住房的不同性质，实行不同价格。上海市提出将职工住房与经营性商品房分开，以便能针对职工生活水平制定相应政策，与住房制度改革配套进行的设想，值得各地参考。

4. 加速法制建设，加强规范管理

市场经济体系的正常运行，要靠完备的法律作保证。市场经济，就是法制经济。房地产经济的发展，同样离不开法制。房地产市场的发育成长，必须以完备的法律和规章制度作为规范和管理的手段。当务之急就是要加速法制建设，尽快制定出比较完善的有关房地产的各种法律和规章制度，加强规范，依法管理，形成有序的公平竞争的房地产市场新秩序，才能把房地产业引向健康发展的轨道。

5. 建立和完善中介机构，搞好社会化服务

房地产中介机构是为房地产市场体系服务的机构，集研究、咨询、顾问、经纪、代理、经营、培训、交流、评估、服务于一体，便于国内外客户、华侨和港澳台同胞了解、交流和办理有关房地产业的业务，解决相关的问题。要努力搞好这些中介服务工作，形成高速、准确、有效的社会化服务体系，更好地推动房地产业走向健康发展的轨道。

（本文与陈庆合写，发表在《中国房地产》1993年第10期，获广州市1991—1994年度房地产研究优秀成果奖二等奖）

关于农村经济体制改革和农业发展
道路的研究

关于人民公社家庭小副业的调查

一、可以增加社员收入

社员家庭小副业，作为集体经济的补充，在目前仍保留并有一定的发展，它是不断提高社员生活水平的一个不可忽视的来源。

根据我们在湖北孝感朋兴人民公社对三个生产队的三个生产小队的调查，社员家庭小副业，在社员的收入构成中所占的比重是：

单位：元

队别	1958 年社员家庭总收入	集体收入及所占比重		小副业收入及所占比重	
建光一小队	10 835.09	6 893.23	63.62%	3 941.86	36.38%
七二二小队	8 264.13	5 939.41	72%	2 315.12	28%
和平四小队	9 120.58	7 318.34	80.24%	1 802.24	19.76%

从上表我们看到，不断发展集体事业，是提高社员们生活水平的根本保证。因为社员们的集体收入，在家庭收入构成中所占的比重很大，有 63% ~ 80%。但是，仅仅依靠这部分是不够的，还必须依靠社员家庭小副业收入作为补充。因为，在目前的生产力水平下，集体经营的收入，还没达到足以使社员家庭小副业在收入构成中所占的比重变得无足轻重，对社员的收入水平不产生影响的地步。因此，在经济生活中，对这部分经济性质应给予注意。否则，将会直接影响社员们生活水平的不断提高。譬如：上列和平生产队第四小队，因为在 1958 年对社员们家庭小副业安排得不好，结果造成了部分社员 1958 年的家庭总收入低于 1957 年的不正常状况。

和平四小队，共 29 户。1958 年的集体收入是 7 318.34 元，较 1957 年提高 5.76% 。其中社员家庭小副业 1958 年收入是 1 802.24 元，较 1957 年少了 22.44% 。集体收入的增长，没有完全弥补上社员家庭小副业收入的减少。因此，这 29 户家庭 1958 年的家庭总收入比 1957 年减少了 11.4% 。如从具体户来讲，在 29 户中就有 15 户社员家庭收入减少了。

二、可以满足城市副食品的需要和支援国家出口

社员家庭小副业目前对满足城市副食品的需要，不断改善全国人民生活是不可少的，是支援国家出口的重要的组成部分。

随着社会主义工业化的发展，城市人口将不断增加，国家的出口物资也将相应地增加。因此，对副食品的需要也将随之增加。如何满足这种日益增长的需要呢？人民公社化以后，应该依赖于人民公社的商品生产的不断发展。但人民公社的商品生产，又由公、私两部分组成。所谓公，就是由公社（包括管理区）、生产队、生产小队集体经营的部分；所谓私，就是由社员个人经营的部分，也就是社员家庭小副业。根据我们在孝感肖港人民公社的调查，在目前，家畜家禽私养所占的地位，还大大高于公养的地位。如下表：

项目	1957 年	1958 年	1959 年（计划数）
出售猪总头数	4 787	11 075	15 000
其中集体饲养占	—	35%	35% ~40%
其中个人饲养占	100%	65%	65% ~60%
出售鸡鸭总只数	42 243	44 266	52 000
其中集体饲养占	—	5%	2%
其中个人饲养占	100%	95%	98%
出售鲜蛋总个数	88 424	158 129	200 000
其中集体饲养占	—	5%	3%
其中个人饲养占	100%	95%	97%

上表说明，在过去，社员家庭小副业，在保证城市需要与支援国家出口方面，起了主要作用，人民公社化以后，集体经营在这些方面有了较快的发展，但是，目前不少公社集体经营的家禽、家畜所占的比重，毕竟还小。这就是说，它还没有发展到将城市、国家及公社本身在这方面的需要全部包下来的地步。这样就决定了集体副业还必须与社员家庭小副业很好结合，也就

是要"公私并重"地来发展这部分经济。也只有这样，才能很好地满足社会主义事业对这方面的需要。

这一客观形势，是由下列因素决定的：第一，我国农业生产，经过了几年的发展，特别是经过1958年"大跃进"，粮食总产量已经大大增加。但是，在1958年的粮食总量中还有四分之一是薯类。再加上我们的农业生产，还没彻底摆脱自然灾害的危害。这就意味着我国的粮食问题还没有过关，还必须对粮食生产给予十分的注意。因此，人、畜争地的情况仍然存在，集体发展家畜、家禽所需的饲料还没有从根本上得到解决。第二，我国目前农业生产战线上劳动力是比较紧张的，通过工具改革可以解决一些，但还不能从根本上得到解决。根本上解决，要依赖于农业生产实现机械化、电气化。然而，这个问题要有待于国家工业化，是需要较长时间的。发展家畜、家禽需要一定劳力，因此，农、副业争人力的情况，在目前仍然存在。第三，几年来，集体经济大有发展，公共积累逐渐增多。但是随着农业生产的扩大和发展，这部分资金，仍然显得不够。这样就没有可能拿出较多的资金来大力发展家畜及其他副业。因此，农、副业争资金的情况，也存在着。第四，人民公社刚刚建立不久，集体饲养家畜、家禽的条件及经验都不太够，因此，不可能一下子使公养部分代替一切私养部分。在这样的情况下，公养家畜、家禽事业的发展，在客观上就受到了一定条件的限制。

但是，如果在公私并举的原则下大力提倡私养，把农民的积极性调动起来，就能很好地补充以上的不足。每家每户分散饲养家畜、家禽，因为规模小、数目少，社员们就可以利用上工前后的时间和由一些老人、小孩等辅助劳力或闲置的劳力来喂养，不必动用大批的整劳动力。这些闲置劳动力可以到湖中打湖草和宅旁、田埂及其他空闲地种些饲料。另外，发展家畜、家禽对社员来说，是一项将"小钱变大钱"和"无用钱变有用钱"的经济活动，所需资金很少，有些根本不要本钱，再加上社员们已经有了饲养家畜、家禽的经验和一定的设备。让这些有利条件充分发挥作用，无疑对家畜、家禽业的发展有着促进作用。把所有这一切因素都调动起来，就能较好地解决发展家畜、家禽事业与农业生产争地、争人、争资金的矛盾，较好克服一些客观条件的限制。这样私养同公养配合，就能使家畜、家禽等副业高速发展，就能更快地满足日益增长的需要。因此，发展社员家庭小副业，是多快好省地发展副业的"两条腿"中的"一条腿"。

此外，社员家庭小副业是目前农业生产所需要肥料的基地之一。

农业增产要靠"八字宪法",肥是八字中的一字。在目前,我国化肥工业还不能保证农业生产对肥料的需要,因此,农业的增产主要还得依靠自然肥。而家畜、家禽又是自然肥的重要来源之一。据调查,一头猪一年可积肥四十担到六十担。可见,家畜、家禽一年为农业生产可能提供的肥料是巨大的。另外,还应当看到,土地施用自然肥,对一些土质较差的田,还能起到改良土壤的作用。可见社员家庭小副业在现阶段,对农业增产也有促进作用。

由此可见,对社员家庭小副业必须很好重视,在经济活动中必须很好安排。所以党的八届六中全会《关于人民公社若干问题的决议》指出:社员可以保留"小家畜和家禽等,也可以在不妨碍参加集体劳动的条件下,继续经营一些家庭小副业"。这是十分正确的。

三、妥善解决集体经济与家庭小副业之间的矛盾

社员家庭小副业,在目前仍是一个重要问题,必须很好安排。但是,怎样才能安排好呢?我们认为,关键是正确解决它与集体经济之间的矛盾,排除彼此妨碍的一面。

根据我们在朋兴人民公社的调查,社员家庭小副业与集体经济之间表现为矛盾的地方有以下几方面:一是争肥。社员家庭小副业,有一部分是种饲料地,有少数社员为了使自己的蔬菜和饲料长得多、好,不把家里的肥料和拾的肥料卖给公社,而想全部用在"自己的饲料地"上。二是争劳力。有少数社员为了给家畜搞饲料,有时耽误了集体生产。三是有少数社员把个人副业摆到了主要的地位,偷用集体的耕牛来耕"饲料地",将主要时间用来搞个人副业。但是,这些矛盾和问题在优先发展公社的集体经济事业的前提下,在公社和生产队的统一领导和安排下是不难解决的。

根据我们在朋兴人民公社的调查,解决集体经济与社员家庭小副业之间的矛盾,首先应该积极加强政治思想工作,除此以外,可以采用以下几种办法。

总的原则是:一定要在不妨碍参加集体劳动和不影响集体事业发展的条件下,来经营和发展社员的家庭小副业。

为了保证这一原则很好地贯彻,做了一些规定:第一,将那些容易影响集体生产的副业,如下湖打鱼、外出做工等,由生产队统一经营。根据以往的经验,个人经营这些副业,很容易造成劳力外流和影响参加集体劳动。现在,将这部分归集体经营,就可以很好地全面安排,错开农忙时间,农忙不搞或少搞,农闲大搞和多搞。这样就可以做到农副都不丢,既保证了农业的

发展，又保证了副业收入的增加。第二，加强对农业生产的领导。在农业生产上定工、定任务、定质量。在一般的情况下，这样做可以首先保证农业生产对劳动力的需要，防止"只搞个人副业"的偏向。第三，将社员家庭小副业的主要项目，如家畜、家禽等，纳入生产计划。生产队已将各家各户饲养的家畜、家禽，作为商品性生产的任务，布置到个人。为了保证这种计划的完成，还拨出了一定数目的土地，让社员来种植饲料，另外在其他方面，如供应猪仔、精饲料和防疫等，公社和生产队也给予必要的帮助。这样，不仅保证了这部分副业在集体经济大发展中不被挤掉，而且通过具体帮助使它顺利发展。第四，坚决实行等价交换原则。生产队规定，社员的家肥，一律按质论价收购或者折合成劳动工分。社员们私养的家畜和家禽，种植的蔬菜，出售时优质优价，现金交易，谁经营的归谁得。这可以使社员减少不必要的顾虑，激发经营的积极性，无疑会有助于整个副业的发展。

当然，仅仅注意生产上的合理安排还是不够的，必须同时加强对社员的政治思想教育，要使得每个社员都懂得发展整个公社的和生产队的集体经济是大大增加社员收入的根本保证，是所有社员根本利益的所在，社员的家庭小副业必须在这个前提下才能存在和发展。

四、副业在社员收入中的绝对产值会增加，比重会降低

从朋兴人民公社对集体经济与社员家庭小副业的处理和安排中可以看到，这两者之间的关系，只要正确安排，它们之间的矛盾是可以解决的。

社员家庭小副业，在目前经济生活中占有一定地位，起着积极作用，应使它有所发展；但是它的发展趋势不同于集体经济。仍以所调查的几个生产小队的实际情形为例：

项目	建光队一小队	七二队二小队	和平队四小队
1958 年的集体收入	6 893.23	5 939.41	7 318.34
1958 年个人经营收入	3 941.86	2 315.12	1 802.24
所占比重	36.38%	28%	19.76%
1959 年的集体收入	11 473	9 467	11 141
1959 年个人经营收入	5 124	2 778	2 282
所占比重	30%	22%	17%

从以上的发展变化中，我们可以看到这样一种趋势，就是社员家庭小副业，在今后其绝对产值要有一定的增大，但其比重将逐渐降低。但集体经济充分发展起来之后，家庭小副业所占比重将更加缩小，虽然绝对数仍可能增大。

（这是笔者在武汉大学念书时，到湖北省汉川县（今汉川市）实习，与班上的祝文新、封绵初同学合写的调查研究报告，发表在 1959 年 8 月 24 日的《人民日报》。报告涉及的是农村经济发展的体制问题，强调了农村家庭小副业的重要地位和积极作用。在当时人民公社"一大二公"的条件下，只有农民的"家庭小副业"还保持了一些农村经济的生机和活力，对活跃农村经济发挥了重要作用。这也是改革开放初期农村经济体制改革的重要依据之一）

关于惠阳地区农业生产责任制的调查

——包产到户、包干到户问题之释疑

当前农村出现的各种形式的生产责任制，以其发展之迅速和明显的优越性引人注目，人们对此众说纷纭，褒贬不一。问题集中到一点，就是实行以大包干为主要形式的农业生产责任制是否坚持了社会主义道路，其发展的前景如何。惠阳地区是全省建立这种责任制较早、发展较快的地区，目前全区已建立这种责任制的生产队占全区生产队总数的80%以上。为了探讨实行农业生产责任制的必要性、形式、经济效益以及发展前景，我们于4月中、下旬到惠阳地区进行了调查，现将调查情况和我们的初步看法阐述节录如下。

一、基本情况及实行包产到户的经过

惠阳地区包括九县一市，地处珠江三角洲东面，属东江水系流域的土地占全区总面积的88.5%，有山有水有平原，部分毗邻港澳。光、热、水等自然条件对农作物生长都很有利。

全区总面积28 708平方千米（4 300多万亩），其中，山区和丘陵地区面积24 000平方千米，占总面积的85.6%；冲积平原面积4 000多平方千米，占总面积的14.4%。

全区耕地面积571万亩，占总面积的13%左右。其中，水田443万亩，旱地124万亩。山林地2 598万亩，其中有林面积1 970万亩，宜林面积628万亩。可养殖水面85万亩，其中已养殖26万亩。此外，区内可开荒地有76万亩，可围垦地有14.83万亩。海岸线按曲线计算长达214千米。

全区有220个公社，3 251个大队，42 917个生产队。全区总户数1 083 812户，人口5 403 419人，人均耕地1.05亩。其中农业户940 456户，人口4 687 415人，农业人口平均耕地1.21亩。农业劳动力1 809 690个，劳平耕地3.15亩。山、水、田、林等自然资源比较丰富，宜于实行多种经营、综合发展。

中华人民共和国成立以来惠阳地区农业生产虽有一定程度的发展，但由于"左"倾思想的指导，农业生产管理体制很不适应农业生产力发展水平，未能充分调动广大农民的生产积极性，农业生产的自然条件和资源亦未能充分利用，大部分地区的贫困面貌未能根本改变。区内各县经济发展水平相差甚大，发展很不平衡。比较富裕的地区是东莞县和惠阳、博罗的部分公社，以及惠东沿海地区；属于长期贫困的山区县占一半（五个县）。1979 年和1980 年各县人均收入、口粮分配如下表：

1979 年、1980 年农村人民公社生产队人均分配情况表

县别	全区人均收入分配（元）				全区人均口粮（斤）			
	1979 年	1980 年	1980 年比 1979 年		1979 年	1980 年	1980 年比 1979 年	
			增加	增长%			增加	增长%
合计	88	115.8	27.8	31.6	464	519	55	11.85
惠州	72.8	102.3	29.5	40.5	472	677	205	43.4
惠阳	69.4	123.6	54.2	78.1	478	615	137	28.9
惠东	60.3	86.5	26.2	43.3	388	487	99	23.0
东莞	186.5	252.7	66.2	35.5	609	609	—	—
博罗	121	126.4	5.4	4.5	558	564	6	1.0
河源	54.5	77.1	22.6	41.5	380	451	71	19.0
龙川	43.9	52.6	8.7	19.8	388	454	66	16.0
紫金	41.7	68.4	26.7	64.0	349	470	121	34.9
连平	59.4	67.5	8.1	13.6	426	461	35	8.2
和平	45.5	59.4	13.9	30.5	385	446	61	16.0

说明：1979 年全区绝大部分生产队尚未实行包产到户；1980 年绝大部分生产队已实行以大包干为主要形式的生产责任制。

东莞县 1980 年人民公社各项总收入达 34 470 万元，占全区总收入 48 432 万的 71.2%。

其中，农业收入 20 774 万元，占全区 31 842 万元的 65.2%。

牧业收入 1 628 万元，占全区 2 258 万元的 72.1%。

林业收入 128 万元，占全区 439 万元的 29.2%。

工副业收入 9 943 万元，占全区 11 124 万元的 89.4%。

渔业收入 829 万元，占全区 1 049 万元的 79.0%。

其他收入 1 168 万元，占全区 1 720 万元的 67.9%。

全区人均收入分配在 50 元以下的生产队占 46%，人均口粮 400 斤以下的生产队占 48%。紫金、河源、连平、和平、龙川五县人均收入分配在 40 元以下的生产队有 1 344 个，占全区同类型生产队的 92.4%；人均口粮在 300 斤以下的生产队有 564 个，占全区同类型生产队的 82.5%。五个县年末储备粮仅 63 万斤，占全区 1980 年粮食储备的 2.2%。过去十年，全区返销粮每年平均约 60 万担，1976—1977 年度高达 100 万担。五个县分配中集体提留的各项基金只有 164 万元，为全区基金总额的 5.4%。1979 年底全区社员超支款达 5 400 万元，欠国家贷款 8 400 万元，每个农业人口平均欠国家贷款 18 元。

长期以来，由于极"左"路线的推行，片面强调大集体所有制的优越性，不断进行生产关系的变革，农业生产单位越搞越大，在大集体中平均主义泛滥，主观主义、瞎指挥盛行，广大农民没有种田的自主权。大集体经济以及靠平调搞起来的各种大中型公共工程和现有农业生产力水平很不适应，四面八方向农民伸手，使农民负担过重，一年辛劳的收成经过七扣八扣，能分配到农民手上的收入和口粮已为数不多。如惠阳地区 70 年代的潼湖工程，国家投资 350 万元，农民支出 700 万元，毁了 1 000 亩耕地，受益只有几千亩，受害却达两万亩。大搞人海战术，大兵团作战，劳民伤财，仅潼、汝、永三湖工程农民平均每人负担就有 70~80 元，因工程而拖欠的大笔国家贷款长期不能归还，成了农民不堪承担的重负。有些工程完全是无效劳动，如惠东挖了一条无水的旱河，东莞搭了一座无水的旱桥。

其次是山区生产方针不明确，片面强调"以粮为纲"，限制山区经济的多种经营，对林木只砍不种，大兴"砍伐师"，搞竭泽而渔，把养蜂、割松香等农副业生产当作资本主义尾巴一起割掉，结果是"以粮为网，一网打尽"。农民生活得不到改善，山区许多生产队长期成了"吃粮靠返销，生产靠贷款，生活靠救济"的"三靠"队。辛劳一年，工分值低，超支户多，就是结余户也得不到现金，所谓"超支墙上挂，应得面向壁"，都是纸上画饼而已。农民对集体经济丧失信心，劳而无获，严重挫伤了农民的积极性。

在党的三中全会以后，农村明确了从实际出发，因地制宜，维护生产队的自主权的方针政策，广大农民和基层干部，迫切要求改变贫困落后的经济状况，他们从切身利益出发，改变经济管理体制，要求有种田的自主权，要求能得到直接的经济利益，在分配方式上越直接越简便越好，这样，各种形式的联产、包产责任制便应运而生，并迅速地发展起来。

惠阳地区搞包产到户，最初是在紫金县上义公社搞起来的。他们为了改变过去集体经济中生产"打大捞"、分配"搞平均"的局面，从 1978 年冬种开始，实行包产到户的生产责任制。这一年全社冬种小麦 4 900 亩，豌豆 1 500 亩，包产到户后效果很好，比上年增产 2 200 担。当时人们还受限于传统观念，把包产到户看成与社会主义格格不入的东西，中央有关规定也不准包"一主"（主要作物）"二全"（生产全过程，盈亏全过程），但上义公社的社员群众和基层干部，从切身利益出发，坚持实事求是地总结经验和教训，公社干部甚至表示宁肯不要"乌纱帽"，也要想方设法让农民群众吃饱肚子。他们根据 1978 年冬种取得的成果，在 1979 年春耕前就把水稻全部包产到户。消息传开，当时省委曾批评这是"单干风"，地委通报说上义公社党委带头走"回头路"，县委也先后于 1979 年 3、6、9 月分三次派工作组去"扭"，要"刹住单干风"。

但是，像任何真正扎根于群众中的事物一样，包产到户是广大农民从切身利益出发而自愿产生的。合作化以来，曾多次批过"单干风"，但不少人还是要过这座"独木桥"。归根到底，这是由这些地区的现有生产力水平决定的。各级领导干部轮番到上义公社，原想去"扭"群众，但深入下去后，从实际出发，在事实面前，不但没有能"扭转"群众，反被群众"扭"了过去，也赞同包产了。1979 年上义公社早造增产粮食 12 000 担，平均每亩增产 100 斤。丰收后，社员群众首先完成 12 700 担的公余粮任务，生油也超额完成了上交任务。他们说："让我们自己种田，三分地也能完成国家任务和吃饱饭。"1979 年底遭遇上 40 多年未见的大洪水，上报减产 7 000 担，实际并没有这么多，如交田大队上报减产 400 担，结果却实增 300 担，大灾之年群众生活过得安定，使人深深感到过去人为的政治灾害比天灾还可怕。上义公社过去每年吃国家返销粮 6 000～8 000 担，每年到了春节就要靠返销粮救济，包产到户后，1979 年春节以后返销粮减为 1 000 担，1980 年只发了返销粮 100 担，1981 年只发了返销粮 5 担。现在群众可以吃三餐干饭了。

除紫金县上义公社外，在其他县也相继出现了实行包产到户公社，如惠阳县良井公社、惠东县良化公社等。1980 年 9 月中央 75 号文件下达后，广大干群的思想进一步解放，已实行包产到户的社队迅速稳定下来，并在全地区绝大部分地方普遍实行了以大包干为主的各种形式的生产责任制。据统计，截至 1980 年底，全区实行大包干的生产队有 30 328 个，占生产队总数的

69.4%，农户有 477 616 户，占 54.4%，农业人口 2 564 016 人，占 58.3%。直到目前（1981 年 4 月）为止，已实行大包干的生产队已达 88%，以大包干为主要形式的农业生产责任制，正在不断巩固和完善。

二、包产到户是否走资本主义道路

惠阳地区实行以大包干为主的农业生产责任制表明，生产关系必须适应生产力性质和水平，任何超越生产力发展水平的人为的生产关系或管理体制、组织形式都是行不通的。

有的同志认为，包产到户或大包干与社会主义道路是不相容的。通过调查，我们认为不能这样看。因为社会主义的实质在于生产资料的公有制和按劳分配，无论哪种形式的生产责任制都没有违背或否定这两条。从生产资料的所有权来看，土地、山林等基本生产资料仍然是公有的，个人只有使用权，不能随便买卖，包干到户后仍然保留生产队的组织形式，对土地有权进行调整。从分配形式来看，仍然保留了部分的统一分配，同时又把社员个人的劳动报酬与最终产量直接联系起来，确保了国家、集体和个人三方面的利益。过去那种生产"打大捞"，分配"搞平均"的做法，只能是农业社会主义，并不是科学社会主义。

有的同志认为，实行包产到户，特别包干到户，是倒退，会引导到资本主义。我们认为也不能这样看。过去一个相当长的时期内，将集中劳动和平均分配当作集体经济的优越性来提倡，把农民的主动性和积极性都搞掉了，这种过"左"的做法，把人民公社集体经济搞成一盘死棋，使集体经济在一些地方走向反面，变成了生产力发展的桎梏。现在实行包产到户和包干到户，把农民的主动性和积极性重新调动起来，把"这盘死棋"救活了，这就前进了一大步。包产到户和包干到户这种形式，虽然带有个体经营性质，但仍然保留了土地等基本生产。资料的公有和部分的统一分配，因而仍不失为集体经济的一种管理责任制形式。可以说，它是在社会主义条件下实行的个体经营方式。要知道，个体经营方式曾经在许多社会生产方式下存在过，它并不是在任何条件下都会导致资本主义。何况，现阶段我国农村出现的包产到户和包干到户，是在社会主义公有制占绝对优势的条件下存在和发展的，更不会倒退或复辟资本主义。

长期以来，我们习惯于把社会主义大农业与"一大二公"联系在一起，唯恐分散的个体经营不是社会主义。现在看来，这种认识有片面性。对什么是社会主义大农业的认识应从原有的"一大二公""集中劳动""大而全"的概念中解放出来，从健全社会化的、协作化的、专业化的农业方面多考虑。我们看到，在发达资本主义国家也有以独家农户为单位的机械化农场，它仍然是社会化的资本主义农业，是整个资本主义农业的一个组成部分。有些社会主义国家，农业中个体经济亦占相当比重，但它也是社会主义农业的一个组成部分。我国地区辽阔，但耕地少人口多，劳力密集，各地发展又不平衡，集体经济固然是社会主义农业不可动摇的基础，但要从实际出发，因地制宜，千万不要再搞"一刀切"，在组织管理和经营方式上应有较大的灵活性和适应性。根据我国情况，精耕细作比"一大二公"更具有优越性，农业单位不要搞得太大。就目前来说，在生产力发展水平较高，集体经济比较巩固的地区应坚持发展集体经济，并改善原来的管理体制；而在那些处于中间状态的地区，亦可通过发展集体经济与扩大自留地相结合的办法，发展以联产到劳为主的生产责任制，逐步提高到专业承包；在那些集体经济失误较多，生产力水平仍然很低和农民居住分散的边远山区和贫困落后地区，则采取包产到户或包干到户的个体经营方式，给农民以更多的自主权和分配权，使每家每户自己想办法，多找门路，发展生产，增加收入，这是有利于集体经济发展的。我们要相信农民，尊重农民的选择，使农民尽快富裕起来。

实行包产到户和包干到户后，我国农业发展的前景应该是乐观的。只要农民真正富裕了，农业生产力很快发展了，大部分地区包产后的农民就会在自愿互利的基础上重新联合起来，走专业化联合的道路。现在有些地方包产后已出现几户农民联合办农场，办加工厂，办拖拉机站，而且办得很好的事例，就可以说明这一点。若少数地区，由于情况比较特殊，分散经营比集中经营更为有利，仍可允许继续下去，把吃饭问题交给农民自己去解决，耕地不再集中，社队集中力量抓好集体的工副业生产。将来国家和集体可以办一些专业公司，如种子公司、代耕公司、化肥公司、农药公司等，把分散的农户网罗在社会主义大农业中，促进农业工业化，发展农工商联合体，逐步建立和发展我国农业现代化的经济体系。

（成文于1981年5月，调查组的成员有：周治平、希浩、陈钦凤、吴兴奎、林丽琼等，经集体讨论之后，由周治平教授执笔。发表在暨南大学经济学院主办的内刊《经济研究参考资料》1981年第16期）

家庭联产承包责任制的性质及其发展趋向

近年来我国农村发生了深刻变化，就是对原来的集体经济进行了改革，也是一次生产关系的调整。最重要的是普遍推行了联产承包责任制。联产就是联系产量来分配，承包就是采取承包经营的方式。土地等基本生产资料是集体所有的，包给农户使用，使用权归他的做法，深受广大农民的欢迎和拥护。这种联产承包责任制，是我国农民在党的领导下的一种新的创造，它是在包产到户的基础上发展起来的，开始是搞包产到户、联产计工、生产队统一分配，后来就进一步发展成为按承包土地或按人口分摊上交任务，即所谓"上交国家的，留足集体的，剩下都是自己的"。据报载，"目前在中国农村已有70%以上采取了生产队统一领导和管理下的家庭承包式生产责任制，这是把集体经济的优越性同农民的生产和经营积极性结合起来的一种形式，它适合于中国人多耕地少、实行精耕细作的特点和需要。可以说，在中国农村已找到了一种发展生产的好形式"。（引自1982年9月1日的《人民日报》）这种以家庭联产承包为特点的大包干生产责任制，具有极大的优越性和生命力，十分适应我国现阶段农业生产的实际要求，既能适用于比较贫困落后的地区和生产队，也能适用于比较富裕发达的地区和生产队，有利于发挥集体和个体两方的积极性，有利于科学种田和精耕细作，有利于发展多种经营和社员家庭副业生产，有利于农业生产逐步走向专业化、社会化和商品化，现在已经成为大部分地区责任制的主要形式。但是，对于这种家庭承包责任制的性质和发展趋向，在社会上还有不少议论和怀疑。笔者想就这个问题谈一点不成熟的看法。

一、家庭联产承包责任制的性质

家庭联产承包责任制的性质是社会主义的，这可以从以下几方面来说明：

1. 家庭联产承包责任制，是在坚持土地公有制的前提下，将土地承包到户，使社员能够精耕细作，合理利用现有耕地，为社会提供日益增多的农副产品

《全国农村工作会议纪要》指出:"在建立和完善农业生产责任制的过程中,必须坚持土地的集体所有制,切实注意保护耕地和合理利用耕地。"(引自1982年4月6日的《人民日报》,下同)在农业中,土地既是土地耕种者的劳动对象,又是作为生产工具起作用的,它是人们生产食物、衣料等生活资料不可代替的生产资料,目前人们的生活资料基本上还是直接或间接来源于土地。实行家庭承包责任制,只是经营方式的改变,而不是社会主义集体所有制的变更,耕地、山林、草场、水面等基本生产资料仍然是公有的,社员对承包责任田和自留地,只有耕作的使用权,而无土地的所有权,不准买卖、出租和转让,不准毁田建坟和建房,否则,集体有权收回。同时,承包的土地,严格控制在一定的数量上,户与户之间虽有差别,但不能多占。这样,既然土地承包到户,实行分散经营、自负盈亏的经营方式,社员在保证完成承包任务的前提下,在种植的品种、面积和作物布局上就有了一定的机动性和灵活性,做到因地制宜、合理使用土地,在承包土地上加工经营、提高土地生产率,还可以得到相应的合理报酬,这就能够促使广大社员像经营自留地一样精耕细作,充分利用现有的每一寸耕地,为社会生产更多更好的农副产品。

2. 家庭联产承包责任制,是在坚持国家计划指导和集体统一管理的原则下,把集体经济的优越性同社员分户经营的积极性结合起来,使农民在生产和经营上有一定的自主权

《全国农村工作会议纪要》指出:"包干到户这种形式,在一些生产队实行以后,经营方式起了变化,基本上变为分户经营、自负盈亏;但是,它是建立在土地公有基础上的,农户和集体保持承包关系,由集体统一管理和使用土地、大型农机具和水利设施,接受国家的计划指导,有一定的公共提留,统一安排烈军属、五保户、困难户的生活,有的还在统一规划下进行农业基本建设。"这种家庭联产承包责任制,使集体统一经营和劳动者自主经营两个积极性同时得到发挥,一方面是社员分散的独立劳动,另一方面是国家和集体对生产过程的统一管理,通过联产承包的"包",把"分"和"统"很好地结合起来,做到宜分则分、宜统则统,成为当前我国农村实行联产承包责任制的典型形式。这样,就冲破了过去由于统得过死而把农村集体经济搞成一潭死水的局面,冲破了过去"规模过大""集中劳动""搞瞎指挥""评工记分""吃大锅饭"的束缚,把农村集体经济又搞活了。实行家庭联产承包责任制后,在国家计划指导下,农民真正有了一定的自主权,在保证完成国家

计划的前提下生产什么、生产多少和如何生产上可以自行安排，在生产时间和业余时间的使用上可以自由支配，使国家、集体和个人都得到经济实惠，这就真正把广大农民的积极性都调动起来了，从而极大地促进了农业生产的全面发展，广大农村在短短几年内就逐步兴旺发达起来。

3. 家庭联产承包责任制，是在坚持"三兼顾"的原则下，把集体利益和个人利益结合起来，使农民不仅实现按劳分配、多劳多得，而且做到自负盈亏、多产多得

实行家庭联产承包责任制后，经营方式改变了，劳动组织和计酬方法也跟着改变。过去集体经济由集体统一经营，采用集体劳动方式和评工记分的计酬方法，在形式上总是表现为集体先占有产品，然后再分配给劳动者个人。现在包干到户，由社员分散经营，采用个体劳动方式和交纳农业税、公共提留，以及按牌价出售一定数量的剩余产品外归己所有的计酬方法，在形式上就反过来表现为劳动者个人先占有产品，然后向集体交纳了。但是，这种由于劳动过程的改变所引起的分配过程在形式上的变化，并没有改变这种分配的按劳分配实质。这是因为：

第一，家庭联产承包责任制，依据"三兼顾"的原则，在承包产量中，一部分以农业税和剩余产品的形式上交给国家，一部分以公共提留的形式交给集体，剩下的部分以劳动报酬的形式归劳动者个人所有，确保了国家、集体和劳动者个人三方面的利益。但是，由于承包的土地按劳力或人劳比例平均承包到户的，承包的产量是在一个集体内正常年成情况下，按多数社员种一亩承包耕地所能达到的产量来计算的，实质是在这个集体内种一亩承包耕地所必须付出的平均劳动量。按照这个亩平均劳动量计算出来的劳动量，就是代表社员在承包土地上完成承包产量所付出的总劳动量，其中包括为社会生产的剩余劳动和为自己生产的必要劳动两部分。因此，如果说上交国家和集体的部分，是相当于承包社员的剩余劳动所创造的产品；那么归劳动者个人所得的部分，就是相当于由承包社员的必要劳动所创造的产品。这里，从归劳动者个人所得的那部分产品来说，正如马克思指出的，它是"在作了各项扣除之后，从社会方面正好领回他所给予社会的一切"。（《哥达纲领批判》单行本，第 12 – 13 页）他所给予社会的，就是他个人的劳动量；他从社会领回的，就是同他的劳动量相当的生产品。等量劳动领取等量产品，或者反过来说，不等量的劳动领取不等量的产品，这与承包前由集体统一分配时一样，都体现了社会主义按劳分配的原则。而且由于"包干到户"排除了集体统一

分配时的平均主义和干部多吃占的弊端，就能更好地体现按劳分配、多劳多得的原则。

第二，家庭联产承包责任制，由于采取分户经营，向上交纳农业税、公共提留和按牌价售卖一定数量的剩余产品后，剩余归己的办法，把社员个人的劳动报酬和最终产量直接联系起来，若在承包土地上加工经营，产量超过承包产量，就能增加额外收入，若不努力耕种承包土地，产量达不到包产量，就得不到正常收入，从这一点来说，也体现了按劳分配、多劳多得、少劳少得的原则，这是最基本的。但是，由于农业生产的独特性质，正如马克思所指出的："在农业中（采矿业中也一样），问题不只是劳动的社会生产率，而且还有由劳动的自然条件决定的劳动的自然生产率。可能有这种情况：在农业中，社会生产力的增长仅仅补偿或甚至还补偿不了自然力的减少。"（《资本论》第三卷，第864页）这就是说，农业生产由于受一些人力还控制不了的自然力的影响，还可能出现多劳不能多得，甚至出现少劳多得的情况。这种情况反映到家庭联产承包责任制的劳动报酬上，就不仅是多劳多得、少劳少得，而且还是多产多得、少产少得。因此，就家庭联产承包责任制的个人分配方面来说，基本上是体现了社会主义按劳分配的原则，但也不排斥多产多得、少产少得的因素。这一点，从我国目前农业生产的实际情况来说，并没有坏处，相反有很大的好处，它能更好地调动广大农民同自然灾害和各种病虫害作斗争的积极性，促使农、林、牧、副、渔和社员家庭副业生产更快地兴旺发达起来。

综上所述，家庭联产承包责任制是社会主义集体经济发展的一种很好的形式，它在生产上既保持了土地的社会主义集体所有制和集体在管理上的主体地位，又使承包社员真正有一定的自主权；在分配上既兼顾了国家、集体和劳动者个人三方面的利益，又基本上体现了社会主义按劳分配的原则。所以，这种家庭联产承包责任制的性质，无疑是社会主义性质的。过去那种认为，只有"集体劳动"和"统一分配"才是社会主义的看法，是错误的。

二、家庭联产承包责任制今后的发展趋向

全国五届人大五次会议《关于第六个五年计划的报告》指出："随着联产承包责任制的推行，专业户、重点户的大批涌现，农村商品生产的日益发展，组织经济联合已开始成为形势的需要和群众的要求。这种联合已不再是过去旧框框里面的联合，而是围绕着发展商品生产的需要，加强生产前和生产后

的服务，在技术推广、供销、加工、储存、运输、植物保护、提供信息等方面，进行专业化、社会化的合作。通过多层次、多种形式的联合，通过合同制等办法，把农民家庭或小组承包的经济活动，同国营的社会主义大工业、交通运输业、商业和国营农场、国家科研单位等挂起钩来，建立密切的经济联系。"家庭联产承包责任制，只是联产承包责任制的一种比较典型的形式，同时也是我国社会主义农业道路的一个发展阶段，它的发展趋势将逐步走向专业化、社会化、商品化，逐步走向多层次、多种形式的经济联合。下面谈几点具体看法：

1. 作为农业生产基本单位的家庭联产承包制，将长期存在并发挥重大作用

现在要进一步清除"左"的影响，把对社会主义大农业的认识，从原来的"一大二公""集体劳动""统一分配""大而全"的概念中解放出来，应把社会主义农业看作"专业化、社会化、商品化的现代化农业"。由于农业生产的特性，许多国家的经验表明，在农业中不论是公有制还是私有制，大规模经营的经济效益都比较差。我国具有人口多耕地少、适宜精耕细作的特点，农业生产单位更不宜搞得太大。应该看到，在坚持土地公有和适当提留，在国家指导和集体统一管理的原则下，实行以户为单位组织生产，是适合目前我国农村的生产力水平和群众觉悟、管理水平的，是有利于生产发展的。所以，以家庭或小组承包为特点的联产承包责任制，今后仍要长期坚持下去，在实践中不断加以完善和提高，切实解决好统、分、包的问题，推动农业承包制向林、牧、副、渔各业发展，使经营性承包向开发性承包发展，真正把它看作是走中国式社会主义农业道路的一个发展阶段，以便在长时期内继续发挥它的巨大优越性和作用。

2. 在以家庭联产承包制作为基本生产单位的基础上，将逐步形成重点户、专业户、专业组、专业联合体和少数劳动者的个体经营，同时并存、互相促进的新局面

从目前来看，农副产品由自给性、半自给性到专业化、社会化的商品生产，将是今后一个时期我国农村经济发展的总趋势。随着农业生产的发展和农民经营管理能力的提高，在家庭联产承包制的基础上，已先后涌现出一批有重点的兼业户和专业户，加速了农业内部的分工，促进了商品生产的发展。同时，已有不少重点户和专业户，开始从不同角度出现了协作或联合的要求，有的已初步建立起各种形式的联合。许多自营专业户将逐步提出联合，逐步从自给性生产转向商品性的、社会化的生产。此外，农村还需要保留一些分散的具有特殊性能的劳动者的个体经营，作为农村集体经济的必要的和有益

的补充。这样，在农村就将逐步形成以经济联合体为主的家庭承包户、专业承包户、各种形式的新联合体和少数劳动者的个体经营相结合的农村经济体系。但无论是承包户、专业户、新形成的各种形式的联合体，还是劳动者的个体经营，从长远来说都要逐步走向专业化、社会化、商品化的生产，使我国农村经济得到更快更大的发展，以适应"四化"建设的需要。

3. 实行分工分业、专业承包，农民离土不离乡，在农村逐渐形成许多作为经济文化中心的新兴小城镇

目前承包经济主要是承包土地的耕种，但今后将有越来越多的农户脱离种植业，从事种植业以外的专业化生产，并使土地种植业本身也逐步成为专业化的生产。种植业以外的专业化生产的发展，将使这部分农民的人数和所占的比重逐渐增大，他们"离土不离乡"，会逐渐集中到农村中的适当地点，因而将会形成许多作为农村经济文化中心的新兴小城镇，避免了资本主义国家由于剥夺农民土地而产生的大批农民涌进大城市和到处流离失所的痛苦过程。这一发展趋势，将在今后相当长的时期内逐步体现出来。

4. 在国营经济占绝对优势的情况下，通过发展生产前和生产后各种服务工作的经济联合，把广大分散的承包户、专业户、专业组、专业联合体，进一步网罗在社会主义大农业中

单有农业本身的联合还不行，必须有更广泛的联合和合作，这就是围绕着农业生产的发展，加强生产前、生产后的服务，在技术指导、农机修理、良种培育、供销、加工、储存、运输、化肥、农药、植物保护、提供信息等方面，都要有社会化的专业公司来服务。通过多层次、多种形式的联合，通过合同制等办法，把农民家庭或小组承包的经济活动，同强大的国营的社会主义企业和科研单位紧密联系起来，把他们的主要经济活动更好地纳入国家计划的轨道。这样，才能真正做到把千家万户农民，引上以专业化、社会化、商品化为基本特征的社会主义农业发展道路。

总之，通过家庭联产承包责任制，以及其他各种形式的联产承包责任制，沿着专业化、社会化、商品化的发展方向，在自愿互利的基础上逐步走向联合，逐步走向新型的社会主义农业合作经济。这种生产规模小而又逐步走向专业化、社会化、商品化的生产方式，是一条比较适合中国国情的、具有中国特色的社会主义农业发展的道路。

（成文于 1983 年 3 月，载于《暨南学报》1984 年第 1 期）

海南省屯昌县农业发展战略研究

——关于农产品市场分析部分

商品农业的发展离不开市场。市场就是经济战场，要打胜仗，就得了解市场，驾驭市场，开拓市场。屯昌县农产品的市场，大体上可分为四个层次：

1. 国内的本岛市场

海南是我国最大的经济特区，实行特殊政策和灵活措施，今后 10 年全岛的工业和城市建设必将有一个更大的发展。屯昌县地处海南北部中间的屋脊地位，向北至海口和海口港，向东至琼海和清澜港，向西至那大和洋浦港，均在百里之内，沿海地带城市的地理位置和工业的发展正好为屯昌农业的发展提供了市场条件，成为海口市和北部沿海工业发展起来后的农产品供应基地。屯昌县现已划入海口经济区，应积极参与，加快发展。发展城市型农业，参与海口经济区的"菜篮子工程"建设。因此，屯昌县的农业应把重点放在发展粮食和鲜活农副产品上，生产大量的粮、油、糖、肉、禽、蛋、奶、鱼、茶、果、菜、花等，以满足省会海口市和整个北部沿海工业加工区的需要。这是在比较短时期内，使广大农民脱贫致富和解决县财政困难的一条较快见效的出路，并为实现岛内鲜活农副产品自给率的提高作出应有贡献。

2. 国内的大陆市场

随着改革、开放、发展的深化和扩大，大陆 11 亿人口的市场容量是很大的。但是，海南的农副土特产品对大陆市场的开拓还处于很低的水平。海南岛是我国最大的热作基地，出产的橡胶、椰子、胡椒、可可、咖啡、槟榔、益智、砂仁、玉桂、巴戟、丁香、白豆蔻和热带水果等，在国际上所占的比重很小，竞争不过热作的主产国家和地区，但对国内大陆来说却是几乎唯一的热作宝岛。因此，屯昌县热作产品的出路，重点应放在开拓大陆市场上。热作中的橡胶、椰子、胡椒、咖啡、可可等及其加工制成品的市场容量很大，应积极去开拓市场，扩大销路。南药的需求量弹性较小，必须根据正常需求量来安排生产，不可盲目发展。此外，海南岛是我国的"天然温室"，是天然繁育基地和反季节性的瓜、果、菜生产基地，因此也可以根据本县的具体条件在这方面多下功夫，扩大对大陆市场的服务。

3. 国内与国际相互交叉的港、澳、台市场

港、澳、台是商品经济发达的地区，由于历史原因，形成了国内与国际相互交叉的港、澳、台特殊市场。现在港、澳将在 20 世纪内回归祖国，台湾海峡两岸和平统一的进程正在加快，按照中央"和平统一、一国两制"的原则，统一后的中国仍然允许港澳台地区实际资本主义制度 50 年，继续发挥国内、国际两个市场结合部的作用。目前，国内社会主义现代化建设正在蓬勃发展，国际经济形势也正在发生重大变化，特别是第三次科技革命的兴起所引发的产业结构大调整以及世界经济中心的逐步向西太平洋地区转移，为 20 世纪 90 年代我国经济的发展带来了新的动力和活力。地处我国东南沿海的广东、福建、海南和港澳台是西太平洋地区的一个重要组成部分，构成了"南中国经济圈"，发展前景是很大的。海南经济特区与港澳台地区的经济关系十分密切，一方面要利用港澳台的资金、技术、人才加速开发海南资源，另一方面要很好地利用港澳台市场把海南的产品打出去。因此，屯昌县在发展农业的设想中，必须认真考虑港澳台市场的需要和如何利用港澳台市场把农产品打到国际市场去的问题，也就是要发展比较高档的出口创汇农业，例如热带瓜果、花卉、椰子、胡椒、咖啡、可可、南药、乳猪、菜牛及其加工制品等，输送到港澳台市场去，开拓港澳台市场应作为今后 10 年发展出口创汇农业的主要目标。

4. 国际市场

国际市场的着眼点，一是日本和东南亚市场，二是西欧和北美市场，三是苏联和东欧市场，四是中东和非洲市场。根据屯昌县工农业和科学技术发展状况，开拓农产品的国际市场在短期内还不具备条件，应该作为中远期目标来对待。开拓农产品的国际市场，要以现代化的农业科学技术和农产品加工业作为后盾，在短期内办到有困难，但从现在起就要开始探索，逐步积累经验，创造发展的条件。

优势与劣势是相对的、发展变化的，而且在一定的条件下还可以互相转化。应该在党的"一个中心、两个基本点"的基本路线指引下，最大限度地利用海南的特殊地域、特殊资源、特殊政策、特殊体制的交互作用所形成的综合优势，充分利用当前国内外的有利环境，不失时机地把屯昌县的农业生产和农村经济搞上去，才能保证"八五"计划和十年规划目标的胜利完成。

（载于《海南大特区屯昌县经济发展战略研究》，广州：暨南大学出版社 1992 年版）

借鉴国外经验
走有中国特色的农业产业化道路

一、世界各国各地区农业产业化的特点

现在，全球农业已经进入产业化时代，但是，由于各国各地区的情况不同，发展是不平衡的，不同的国家和地区有不同的特点。

（一）发达国家的农业产业化

发达国家的农业，由于其经济实力雄厚，科技和市场高度发达，普遍采取跨国农业综合企业的形式实行高度垄断的多元化的产业化经营。在这种形式下，农民和消费者在购买农药和肥料、出售农产品和购买食品时，只能在少数企业中作出选择。

（1）美国的农业是建立在高度工业化基础上的完全商业化和产业化的大农业。如美国的可口可乐公司，1976 年的排名是第 135 位，与食品加工相关的销售额只有 4.85 亿美元；但是，它 1980 年兼并了生产冷冻食品的盛宴食品公司，1990 年收购了与食品加工有关的销售额高达 39 亿美元、名列世界第六位的华垂斯食品公司，一跃成为世界屈指可数的跨国农业综合企业。又如名列第二位的美国菲利普·莫里斯公司，它原是一家香烟厂，1978 年在食品行业的排名是第 62 位，80 年代相继吸收了名列世界第三位和第四位的克拉夫特公司和通用食品公司，今天已经成为美国最大的与食品相关的农业综合企业。再如美国的卡吉尔公司，它是通过实行多种经营来控制农业和食品行业的最典型例子，它在世界各地，从农业生产到餐桌，这家公司的产品无所不在；从资金供应和购买原料到运输、加工和流通，卡吉尔公司积蓄了雄厚的实力。在这种情况下，少数跨国农业综合企业在主要发达国家加强对市场的影响力，农业生产和食品消费基本上都掌握在这些企业手中。

（2）西欧的农业也是建立在高度发达的市场经济基础上的大农业。首先，

法国是个农业发达的国家，战后50年来的巨变使法国成为西欧第一农业生产国，农产品有肉、蛋、鲜奶与奶制品、干鲜蔬菜与果品、粮油饮料、鲜花盆栽等，法国现在是世界上加工食品头号出口国。法国的农产品"超市"特别发达。由于农产品市场日益国际化，进货渠道比过去大大增加了，使法国农产品市场成为买方市场，价格只能"随行就市"。在法国农产品市场体系中，供求关系决定了超级市场的主导地位，1965年，法国的前10家"超市"的营业额为130亿法郎，1993年已升至7 620亿法郎；1993年，法国"超市"所占蔬菜市场份额已达55.7%，水果市场份额已达59.3%，其实力可见一斑。但是，由于西欧农产品市场是成熟的、开放的买方市场，生产者不可能把生产、加工、销售三大程序都掌握起来搞一体化经营，比如说，你生产西红柿，当你嫌价格低而拒卖时，买主可以从西班牙和摩洛哥进口。其次，西欧其他国家在农产品的国际市场上，也是通过发展跨国农业综合企业的形式去占领市场，英国的大都会公司是以饮料制造和销售为主要业务的跨国企业，销售总额在不到20年的时间里增长了3倍以上，先后收购了5个食品公司、6个饮料公司和7个零售公司。同样，英国的希尔斯顿控股公司收购了加拿大最大的食品公司——枫叶食品公司和从事食品加工的枫叶牛奶公司。意大利费尔兹集团则通过进行农产品加工的EB公司，完全占有了美国的中央豆制品公司，自己在美国控制了30多家子公司。

（3）加拿大是得天独厚的农业大国，也是粮食生产和出口大国。几年来，由于国际市场竞争激烈，加拿大农产品出口呈下降趋势。面对严峻的挑战，加拿大政府先后制订了两项关于农业和食品的发展计划，特别是加大了农业科技投入，把农业引向科技发展道路。加拿大农业研究开发主要集中在农作物、资源、动物和食品四个方面，目的在于通过加大农业科技投入、利用现代科学技术，使农业发展顺利进入21世纪。

（4）澳大利亚农业以生产和出口羊毛、小麦而著名。目前它的细羊毛出口量占世界市场的80%（其羊毛出口的20%销往中国）。一个多世纪以来，澳大利亚的羊毛生产除了得益于自然环境之外，主要是因为建立了一条高效率的产、供、销体制分工明确的产业链，高度专业化的服务，颇具特色的销售中心，使澳大利亚的一个多层次、分工详细的羊毛产业长盛不衰。

（5）日本农业采用"植物工厂"的形式开辟农业新时代。植物工厂不受旱涝气候环境的左右，能够像工厂那样有计划地生产作物，而且基本上不使用农药，所以不仅安全，质量也有保障。在土地和劳动力严重短缺的日本农村，极受欢迎。例如高效益的兰花一条龙生产线和利用水耕栽培的"空中菜园"，将电子计算机控制技术运用到农业领域，开发出保证植物生长最佳环境的植物工厂。

（6）东欧、北欧和近东国家的农业产业化也很有特色。东欧的匈牙利农业，改变传统思维，实行纵向经营。巴博尔瑙公司是目前匈牙利规模最大的一家国营农业企业，建立了农业"连锁生产体系"，真正做到了从土地到市场、从土地到菜篮子的一体化经营模式：农作物生产——饲料加工——畜牧业——$\langle$ 肉食品加工 厩肥加工 $\rangle$——销售与出口，形成纵向一体化经营，而带动整个体系运转的龙头则是市场。

北欧的芬兰农业，则采用"农工商一体化、产供销一条龙"模式的产业化经营。芬兰最大的乳制品联合生产企业瓦利奥公司，成立于 1905 年，是一个具有大规模生产能力的专业化、社会化和集团化公司，其业务范围包括从奶牛饲养、牛奶收购、奶制品加工，直到产品销售和出口的全过程，它在全国各地拥有 33 个奶制品加工厂，加工能力占全国加工总量的 77%，产品种类多达 1 400 种，年营业额达到 18 亿美元。北欧的瑞典农业，着重发展生态农业，目前已处于世界领先地位。瑞典发展生态农业的主要目标是：生产高质量食品；保持土地的持久肥力；丰富农作物和禽畜种类；限制对非可更新自然资源的使用；减少环境污染；使经营生态农业的农民保持合理收入等。生态农业虽然产量较低，但价格较高，生产者有利可图，受消费者欢迎。

近东的以色列农业，通过政策引导，科技配合，市场支撑，在沙漠地带发展节水农业，使农业成为出口创汇的大产业，为发展节水农业开了先河。以色列的节水农业走的是知识、资本和科技密集型的发展道路，它生产的大西红柿亩产高达 20 多吨。

（二）新兴工业化国家和地区的农业产业化

新兴工业化国家和地区的农业产业化，以"亚洲四小龙"为代表，从农业的角度来说主要是韩国和中国台湾地区，其中又以韩国比较典型。

韩国地少人多，农业落后于工业，且其面积较小，只有我国的浙江省那样大。韩国曾经是个落后的农业国，从 60 年代起，由于国家推行"先工业化、后农业现代化"的战略，集中人力、物力和财力发展工业，虽然迅速实现了工业化，跃居"新兴工业化国家"之列，但农业却日益恶化，形成了迅速发展的现代化大城市与相对落后的农村并存，高速增长的工业与日益衰退的农业并存的局面。为了扭转农业衰退的局面，韩国政府先后采取了一系列加强发展农业的举措，如增加对农业的投入，依靠科技进步促进农业发展；加强农业基础设施建设，改善农业生产条件；培养农业人才，推广农用技术；形成农业规模经济，提高农产品质量；企业支援农业，开展"一村一社"运动。其目的就是要把劳动密集型农业转变为尖端技术型农业，传统农业转变为现代农业，实现农业产业化，使工农业协调发展。

（三）发展中国家和地区的农业产业化

发展中国家和地区的农业产业化，在亚洲和美洲有较大发展，在非洲则刚刚起步。

（1）印度地处南亚热带和亚热带地区，发展农业的条件优越，是个农业大国。印度政府历来对农业比较重视，特别是最近几年来印度政府执行"深化改革，扩大经营，增加出口"的农业发展新战略，在产业化经营的基础上使农业有了较大的发展，由于单位面积产量大大提高，印度已从一个纯粮食进口国变为一个纯出口国，1995—1996年度稻米出口达到400万~500万吨，仅次于泰国，小麦出口500万吨，成为世界粮食主要出口国之一。在印度的出口农产品中，虾、鱼等产品居第一位，其次是豆类、干果、水果、小麦、稻米、高粱、玉米、调味品（香料）、蓖麻油、肉类、蔬菜、鲜花、果汁等，其中水果产量占世界第一位，蔬菜产量占世界第二位。印度农业除了抓粮食生产之外，重点抓了水果（芒果、葡萄等）、蔬菜、香料、花卉、鱼虾和畜牧业的产业化生产经营。印度联邦政府农业部1995年的报告提出：印度现在可以集中力量促进农产品出口，使印度农民进入国际市场，以获取更大利益。为此，要扩大农业经营范围，进一步强调发展食品加工业、水果、渔业、畜牧业等更赢利的行业。

（2）泰国目前仍有60%的人从事农业，农业仍是泰国经济的基础，尤其是其稻米，出口居世界第一。泰国农产品的价格一直由市场供求关系调节，尽最大努力去开拓农产品的国际市场，泰国政府把加强农产品市场体系建设作为农业工作的重点之一，形成生产、加工、销售和出口协调发展的农业产业化经营体系。

（3）巴西是一个农业大国。巴西政府十分重视农业，实行扶农政策，使农业得到迅速发展。据统计，巴西1994—1995年度农业粮食产量达8162万吨，人均占有粮食 500 多千克。巴西扶农政策包括：①政府尽可能增加农业投资，保障农业贷款；②大力发展科技，培育良种，提高单产；③对农产品实行最低保护价政策，以保护农民基本利益和生产积极性；④积极开发农业落后地区，加速东北部和中西部地区农业生产的发展。目前巴西农业的单产还不高，耕作粗放，发展潜力还很大，按照农业产业化的路子走下去，前景甚好。

（4）阿根廷是一个畜牧业发达的国家，人称"骑在牛背上的国家"，肉类和奶制品是其出口的主要产品。阿根廷农牧业产业化经营的情况，塞莱尼希玛公司是一个典型的代表。该公司 1995 年的销售额达 8.9 亿美元，具有日加工鲜奶 330 万升的生产能力，产品种类 200 多种，其产品占国内市场的 60%，并打进巴西、委内瑞拉、秘鲁、智利、古巴、美国、俄罗斯、瑞典、阿尔及利亚、以色列、印度尼西亚和新加坡等国的市场。该公司运用先进技术，严把产品质量，以其高质量、低价格获得了国内外的良好声誉。

（5）墨西哥的粮食生产陷入危机，但是蔬菜、水果、养牛等出口农牧业部门，都有了较大发展，1995 年农牧业出口值达到 40.16 亿美元。墨西哥政府通过促进市场发育，实施规模经营，积极推动农牧业产业化。其具体做法是：①以销促产，以销售公司为龙头，把生产者组织起来，以形成产销结合的产业结构，一是推动生产者联合组建销售公司，一是推动生产者与批发公司挂钩，以减少中间环节，打开国内市场；②促进市场发育，兴建大型中心市场，成为农牧渔产品的主要集散地，其中墨西哥城、瓜达拉哈拉和蒙特雷三大城市的中心市场，就集中了全国蔬菜产量的 60% ~ 70%；③因地制宜，组织形成各种产品的区域性大产区，如北部和中部主要产蔬菜，南部各州主要产热带水果；④推动规模经营，在各个产区，已经形成一批规模较大的产、销、加工、仓储、运输等企业；⑤由生产者和销售者的行业协会组织协调生产和销售。随着出口农牧业产业化的发展，墨西哥已成为蔬菜、水果、牲畜生产和出口大国。据墨西哥全国蔬菜生产者联合会估计，1996 年蔬菜出口量达 80 万吨，占世界第六位，创汇 6 亿多美元；1995 年柠檬出口 11 万吨，占世界第一位；橘汁年产 160 万吨，居世界第六位，出口 50 万吨，居世界第三位；活牛出口 70 多万头。

（6）南非则正在大力发展花卉产业，实行产业化经营，将成为世界鲜花出口大国之一。

二、世界各国各地区农业产业化的共同经验

尽管世界各国各地区的国情地情不同，但是农业产业化有其共同的规律，有其基本的共同经验。

1. 市场导向，以市场作为产业链的龙头

农业产业化是市场经济的产物，发展农业产业化必须以市场为导向，生产什么，规模多大，支柱产业和龙头企业的选择，都要根据国内外市场的需要和可能来决定。总之，发展农业产业化，要以市场作为整个产业链的龙头，龙头指向哪里龙身就转向哪里，有了市场就有了生命力。

2. 科技支撑，依靠科技提高农产品的质量和产量

发展农业产业化，就是要把传统农业转移到现代农业的基础上来，这就要依靠现代科学技术，把高新技术特别是生物工程技术运用到农业领域来，贯彻可持续发展战略，生产出优质、无毒、无害、高产、低耗的农产品，提高农业的综观效益，最终解决全球人口增加对农产品需求不断增长的出路问题。总之，发展农业产业化必须依靠科技支撑，用高新技术提高农产品的质量和产量，节省资源，保护环境，开辟农业发展的新时代，满足人民日益增长的需要。例如，现在全球都在重视发展生态农业，美国正在试验用多年生作物取代一年生作物，用多年生的木本粮食取代玉米、小麦、大豆等一年生的粮食作物。

3. 形式多样，因时因地制宜

农业产业化的形式，从世界各国各地区来看，没有一个固定的模式，不同的国家、不同的地区、不同的时期有不同的形式。例如，美国和西欧的农业产业化是在高度工业化、科技化和市场化基础上采取高度垄断的跨国农业综合企业的形式；匈牙利的农业产业化采取农作物生产——饲料加工——畜牧业——〈肉食品加工、厩肥加工〉——销售和出口一体化的纵向经营形式；芬兰的农业产业化采取"农工商一体化、产供销一条龙"的产业化经营形式；墨西哥的农业产业化采取以销促产的形式，以销售公司为龙头，把生产者组织起来，以形成产销结合的产业结构，推动规模经营，在各个产区已经形成一批规模较大的产、销、加工、仓储、运输等系列化的企业。总之，有一体化的，有紧密型的，有松散型的，有综合型的，有单一型的，形式多样，因时因地制宜，灵活方便，但是最基本的形式是农工商一体化经营形式。

4. 分配合理，切实解决农民收入偏低的问题

农业产业化是以农民为主体的，必须保护农民的生产积极性。过去是农工贸、产供销相互脱节，农民发展种养业只能出售初级产品，价格低，往往是丰产不丰收，"谷贱伤农"，农产品加工增值和多种经营的收入全部落到农业部门之外去了，严重挫伤农民的生产积极性。搞农业产业化，就是要把农工贸、产供销相互脱节转变为相互结合，把农产品加工增值和多种经营的收入大部分返还给农民，做到分配合理，切实解决农民收入偏低的问题，才能从根本上保护农民的生产积极性。

5. 规模适度，通过规模经营提高农业经济效益

发展农业产业化一定要有适度规模，通过规模经营，提高农业经济效益，才能解决农业比较效益偏低的问题。现在是全球农业产业化的时代，综观世界各国各地区，凡是农业产业化比较成功的，都离不开适度规模经营，一是扩大规模，二是提高品质，三是加工增值，四是多种经营。这样，就能获取规模效益，从而大大提高农业经济效益，把农业转到能够自我积累、自我发展的轨道上来。

6. 劳力转移，通过提高农业劳动生产率，拓宽生产领域，增加就业机会，解决农业剩余劳动力的出路问题

农业产业化就意味着农业从传统的种植业扩展到林、牧、渔以至第二、三产业，不仅有效地延伸了农业产业链，而且将农产品的加工、储存、运输、销售、出口也包括进来了，这就为分流和吸纳农业剩余劳动力创造了极为有利的条件，并将成为吸纳农业剩余劳动力的主要途径。

7. 国家扶持，政府通过制定一定的政策措施保护农业生产和鼓励农产品出口

搞农业产业化，加速农业发展，离不开国家的积极扶持。在现代市场经济条件下，应该贯彻"市场调节为主，行政干预为辅"的原则，政府应通过制定一定的政策措施，大力保护农业生产和鼓励农产品出口，例如增加农业投入，培养农业科技人才，建设农业生产资料和农产品市场体系，实行农产品最低保护价，为农产品出口创造相应的条件。通过这些政策措施，扶持和保护农业的健康快速发展。

8. 龙头带动，一体化经营

搞农业产业化的关键是要有强有力的龙头企业带动，起下联千家万户、上联国内外市场的中间拉动作用。有了强有力的龙头企业就能把农工贸一体

化的产业化生产经营带动起来，充分调动各方面的积极性，从而使整个产业链动起来，活起来，发展壮大起来。

三、走有中国特色的农业产业化道路

农业产业化，就是不能孤立地就农业论农业，而应把农业放到三大产业的相互关系中去，形成种养加、产供销、农科教、贸工农一体化的生产经营体系，以促进农业生产，加快农业现代化进程。

在实现我国农业产业化的过程中，应该借鉴国外的经验，但不能照搬，必须从中国的实际出发，走一条符合中国国情的、具有中国特色的农业产业化道路。

中国当前的具体国情是：①还处在社会主义初级阶段，是发展中的社会主义大国，原来的底子薄，基础差，经济还不发达；②人口多，负担重，有大批的剩余劳动力；③耕地及其他资源人均占有量少，严重制约着经济社会的发展；④以家庭联产承包责任制为主的体制处于分散的小规模经营状态，不利于推广先进技术和实行规模经营；⑤在市场经济体制下，一家一户的小生产，不能适应社会主义大市场的需要；⑥教育和科技相对落后，实现"科教兴农""科教兴国"战略有很长的路要走；⑦环境及生态问题日益严重，实现可持续发展战略还要做大量长期艰苦的工作；⑧资金短缺以及资金使用上存在严重问题，效益差；⑨旧社会遗留下的包袱重，许多社会问题不是短期内能够解决得了的；⑩国际市场竞争激烈，要占有一席之地也不容易。归纳起来，我国农业产业化所面临的深层次矛盾不少，如小生产与大市场的矛盾，增加农产品有效供给与农业比较效益低的矛盾，条块分割与建立社会主义市场体制的矛盾，农户分散经营与提高规模效益的矛盾，提高农业劳动生产率与解决大量农业剩余劳动力出路的矛盾，等等。在这种情况下，我国的农业产业化应该扬长避短，优势互补，重点突破，协调发展，既要引导千家万户农民的小规模生产走上社会主义的统一大市场，使分散的农户经营汇合成为规模经济，做到农业增产、农产品增值、农民增收，解决农民收入偏低的问题，又要能够保障满足全国人民和出口需要的农产品的有效供给问题；既要采用高科技发展现代化的"种养加、贸工农"一体化的农业企业，提高农业劳动力生产率，取得规模效益，从根本上改变农业比较效益偏低的问题，又要能够使农业产业化过程中形成的新的农产品加工、保鲜、储存、运输、销售和出品等系列产业分流很大一部分农业剩余劳动力，解决农业剩余劳动力的出路问题，形成广大农民共同奔康致富的局面。因此，可以说，我国的农业产业化应该是连接千家万户的纽带和通向国内外市场的桥梁，是促进规模经营和社会主义统一市场的重要手段，是解决农业比较效益偏低和农业剩余劳动力出路的有效途径，是实现"科教兴农"和"可持续发展"战略的基本阵地。如果能够做到这一切，就是真正走有中国特色的农业产业化道路了。

广州，地处沿海，又是特大城市，虽然人多地少，资源紧缺，但是资金、技术和人才相对于内陆和农村来说，比较容易解决，有条件多搞一些高科技的项目和产品。关键是领导要重视农业产业化，选好支柱产业和主导产品，把科教兴国战略和可持续发展战略落到实处，按照经济规律和自然规律办事，做好各方面的相互配套和协调发展工作，把农业产业化建立在现代科学技术、可持续发展和国内外大市场需求的基础之上。

农业产业化问题，早在1984—1985年，我在南海县（现已改为南海区）进行调研时所写的《南海县蚕丝业发展前景剖析》中就提出："在蚕丝业的经营放开后，体制上应有所突破。今后，应按'贸—工—农'方针将茧、丝、绸、成衣、丝织品组成一条龙，成立地方性的丝绸进出口公司，实行专业化经营。在这种公司的统筹下，按照出口外销的需要，组织生产和加工，把贸、工、农有机地结合起来，实行联合经营；在国家宏观控制下，直接对外，自负盈亏，直接承担国家创汇任务；在分配上，应照顾到贸、工、农三方面的实际经济利益，把各方面的积极性都调动起来，共同搞好蚕丝业，多出口多创汇，为国家做贡献。"（转引自暨南大学经济学院1986年内部出版的《南海县经济研究》专辑）我在这里已经提出了一个相当完整的构想，即以外贸企业为龙头，在龙头企业的带动下，实行农、工、贸一体化经营，把蚕丝业中的茧、丝、绸、成衣和丝织品组成一条龙，实行专业化经营，在分配上照顾到各方面的实际利益。这里虽然没有提高到农业产业化的概念，但实际上就是一个相对完整的在龙头企业带动下实行农、工、贸一体化的农业产业化生产经营体系。

农业产业化问题，虽然是最近几年才提出的，但实际上，自改革开放以来在这方面已经做了大量的工作，早在1982年广州市的江高镇就提出了"公司＋农户"的农业产业化模式，人称"江高模式"。此后，在广东全省，特别是在珠江三角洲地区，在"种养加、贸工农"一体化思想指导下，进行了广泛的试验，取得了很大成果。那时，虽然没有叫作农业产业化，但实际上就是农业产业化。

农业产业化是一项大有可为的事业，在思想和认识统一之后，相信在借鉴国外经验和总结我国的实践经验的基础上，我国的农业产业化一定会得到蓬勃的发展，并取得更加辉煌的成果。

（成文于 1997 年 8 月，发表在《经济与发展》1997 年第 4 期，并于 1998 年 8 月获首届研究中国农业农村工作问题优秀奖）

从《决定》看我国农业发展的道路

在党的十一届三中全会 20 周年前夕，党中央召开了十五届三中全会，系统地总结了改革开放 20 年来我国农村经济体制改革和农业发展的经验，分析了当前我国农业和农村经济发展的新形势和新问题，坚定地贯彻落实党的十五大提出的有关战略部署。全会通过了《中共中央关于农业和农村工作若干重大问题的决定》（以下简称《决定》），这是一个纲领性的文件，对于开创我国农业和农村工作新局面，对于加快我国农业发展和农业现代化，都具有十分重大的意义。

农业发展和农业现代化的概念是一个发展的动态的概念，不是不变的凝固的概念。在不同国家、不同历史时期有不同的内容和不同的发展水平。农业发展和农业现代化的必要条件包括两个方面，一是经济体制，要有适合不同国家、不同历史时期农业发展和农业现代化具体情况的经济运行体制；二是科学技术，离不开不同国家、不同历史时期农业发展和农业现代化所需要的科学技术发展水平。经济体制与科学技术两者在各个不同的发展阶段都必须结合，但在每一个发展阶段又有不同的侧重点和不同的发展水平。因此，我国农业发展的道路，即具有中国特色的社会主义农业现代化的道路，必须认真解决好适合于现阶段社会主义中国国情的农村经济体制与我国现代科学技术发展水平相结合的问题。据我们学习《决定》的理解，从传统农业转向现代农业，我国农业发展的道路，或者说具有中国特色的社会主义农业现代化的道路，大概可分为如下相互衔接而又相互独立的三个阶段。现从综观经济学的观点和方法对这三个阶段、三个层次作个分析。

1. 建立以家庭承包经营为基础、统分结合的双层经营体制，为我国农业发展和具有中国特色的社会主义农业现代化创造必要条件

这一阶段，以改革农村经济体制为侧重点，即以建立以家庭承包经营为基础、统分结合的双层经营体制为侧重点，同时有条件的应在农业中广泛推广应用现代科学技术。

《决定》指出："实行土地集体所有、家庭承包经营，使用权同所有权分离，建立统分结合的双层经营体制，理顺了农村最基本的生产关系。这是能够极大促进生产力发展的农村集体所有制的有效实现形式。"为什么？

（1）从家庭承包经营层次来看。

《决定》指出："家庭承包经营是集体经济组织内部的一个经营层次，是双层经营体制的基础，不能把它与集体统一经营割裂开来，对立起来，认为只有统一经营才是集体经济。要切实保障农户的土地承包权、生产自主权和经营收益权，使之成为独立的市场主体。"实行家庭承包经营的具体理由和好处是：

①家庭承包经营只是经营方式的改变。土地不仅是农民的劳动对象，而且是农民的基本生产资料，没有土地农民就不能进行生产。我国是社会主义国家，土地公有化，不搞土地私有化，在农村的土地是社会主义集体所有制。实行家庭承包经营，只是经营方式的改变，而不是社会主义集体所有制的变更，承包户只有土地的使用权，而土地的所有权还是集体所有的。

②家庭承包经营，打破了过去由集体统一经营和按工分分配的旧框框，将土地承包到农户，做到"保证国家的，留足集体的，剩下都是自己的"，使农民有了充分的经营自主权，极大地调动了广大农民群众的生产积极性，解放和发展了农村生产力。

③家庭承包经营，符合农业生产自身的特点，农户可根据市场、气候、环境和农作物生长情况及时作出决策，保证生产顺利进行，也有利于农户自主安排剩余劳动力和剩余劳动时间，开展多种经营，增加收入，克服了过去集体统一经营中出现的那种"出工不出力"的弊端。

④家庭承包经营的实质在于实现了在公有制条件下的"耕者有其田"。在中国历史上，长期以来实行"以农立国"，农民的土地观念是根深蒂固的。土地对农民来说是他们的命根子，要切实稳定土地承包关系，农民有了承包地，生活就有了基本保障，农民心里就比较踏实，农村就比较稳定，国家才能比较安宁。否则，9亿农民怎能生活，广大农村怎能稳定？若不从中国的具体国情出发，随意改变农村以家庭为主的生产经营方式，这就违背了社会主义初级阶段我国农业发展的客观规律，违背了生产关系一定要与生产力发展水平相适应的客观规律。

（2）从集体统一经营层次来看。

《决定》指出："农村集体经济组织要管理好集体资产，协调好利益关系，组织好生产服务和集体资源开发，壮大经济实力，特别要增强服务功能，解决一家一户难以解决的困难。"搞好集体统一经营层次的具体理由和好处是：

①农村集体经济组织要把发展为广大农户服务的集体经济放在首要地位。集体经济的发展，不能在农民的承包地上打主意，要努力搞好为农民提供产前、产中、产后的社会化服务，发展农产品加工、销售、运输、保鲜、科技信息服务等第二、三产业，开展乡镇企业等多项工作。其中重点是要搞好基础设施建设、社会化服务体系和发展乡镇企业，增强集体经济实力，解决好一家一户难以解决的问题。例如水利、电力、交通、通信、港口、码头和各项文化设施等基础设施建设；为农民提供产前、产中、产后的信息、科技、良种、肥料、饲料、动植物保护以及农产品加工、保鲜、储存、运输、销售、出口等系统的社会化服务；大力发展乡镇企业和搞好小城镇建设，等等。

②农村集体经济组织要协调好各方面的利益关系，调动各方面的积极性。例如，把农、林、牧、副、渔各业之间的利益协调好；把地区、部门、产业、企业之间的利益协调好；把城乡之间的利益协调好；把国家、集体、农民之间的利益协调好等，才能调动各方面的力量，搞好农村建设。

③农村集体经济组织要切实贯彻"科教兴农"和"可持续发展"战略。特别要重视培养和使用人才以及提高全体劳动者的科技文化素质，以科教推动农业和农村经济的发展，以科教推动可持续发展的实现。

④农村集体经济组织必须搞好农村基层民主制度建设和法制建设工作。把社会主义的物质文明建设与精神文明建设有机地结合起来，把我国农村建设成富裕、民主、文明、安全的社会主义新农村。

将以上两个层次有机地结合起来，即将家庭承包经营与集体统一经营有机地结合起来，就构成了我国农村以家庭承包经营为基础、统分结合的双层经营体制。这种双层经营体制，既能充分调动农户分散经营的积极性，又能充分发挥集体统一经营的优越性；既能适应以手工劳动为主的传统农业，又能适应采用先进科学技术和生产手段的现代农业；既能有利于引导广大农户有序地进入国内外大市场，又能有利于实现适度规模经营和提高综合经营效益，具有强大的生命力，是我国农村集体所有制的有效实现形式。双层经营体制是我国农村集体所有制的有效实现形式的结论，是我国改革开放20年来农村经济体制改革经验的最新概括。它把"双层经营"体制上升到农村集体所有制的有效实现形式的理论高度来认识，从根本上解决了一谈农业规模经营和农业现代化，就企图否定农户家庭经营的做法，从而不仅把农户家庭经营与集体统一经营有机地结合起来，而且通过农业产业化经营把农户的小生产与国家的统一大市场有机地结合起来了，对推动我国农业和农村经济的进一步发展，对推动我国农业社会主义现代化进程，都具有重大的意义。

2. 在双层经营体制基础上实行农业产业化经营，使农业快速转到市场化、集约化、产业化的轨道上来，这是实现我国农业社会主义现代化的现实途径

这一阶段，以改革农业生产经营体系和体制为侧重点，即以建立贸工农科教相结合的产业化经营体系和经营机制为侧重点，加强现代科学技术在农业中的广泛推广应用，提高农产品的科技含量，以适应社会主义经济发展和国际市场竞争的需要。

《决定》指出："农村出现的产业化经营，不受部门、地区和所有制的限制，把农产品的生产、加工、销售等环节连成一体，形成有机结合、相互促进的组织形式和经营机制。这样做，不动摇家庭经营的基础，不侵犯农民的财产权益，能够有效解决千家万户的农民进入市场、运用现代科技和扩大经营规模等问题，提高农业经济效益和市场化程度，是我国农业逐步走向现代化的现实途径之一。"

农业产业化经营，就是不能孤立地就农业论农业，而应把农业放到三大产业的相互关系中去考察，形成种养加、产供销、农科教、贸工农一体化的生产经营体系和经营机制，使农产品加工和贸易的利益与农民共享，增强农业自身的资金积累和发展能力，以促进农业生产的发展。在双层经营体制的基础上发展农业产业化经营，就是要通过贸、工、农、科、教结合，实行产业化经营，将种养业之外的农产品加工和贸易环节的利益，一部分返还给农民，一部分保留在从事农产品加工和贸易的集体企业手上，这样，既壮大了农户家庭经营的经济实力，又增强了农村集体经济的经济实力，以推动农业和农村经济的全面发展，加快我国农业社会主义现代化的步伐。更具体来说，通过在双层经营体制的基础上发展农业产业化经营，使农业快速转到市场化、集约化、产业化的轨道上来，有利于解决农业社会主义现代化和农村经济发展中的一系列重大问题。

（1）有利于引导广大农户有序地进入国内外大市场。通过产业化经营体系，在龙头企业的带动下，可以吸引广大农户有序地共同进入国内外大市场。

（2）有利于促进现代科学技术和现代管理知识在农业中的广泛应用。现代科学技术和现代管理知识是推动农业及其相关产业发展的支柱和动力。通过产业化经营体系，可以使现代科学技术和现代管理知识在农业领域得到广

泛应用，从而增强农产品的科技含量和在国内外市场的竞争力。

（3）有利于加速生产要素在更大范围内进行优化升级。通过产业化经营体系，可以在更大的范围内促进土地、资金、设备、技术、人才、劳动力等生产要素的合理流动和优化升级。

（4）有利于优化农业和农村经济结构。通过产业化经营体系，可以按照优质、高产、高效原则和多元化发展的要求，优化农业和农村经济结构，大力发展"三高"农业、创汇农业、生态农业、旅游农业等，以及农产品加工业、家电工业、建材工业等乡镇企业和个体私营企业。

（5）有利于搞活农产品流通。通过产业化经营体系，可以大力开拓农村市场，扩大内需，增强活力，尽快形成开放、统一、竞争、有序的农产品市场体系，为农民提供良好的市场环境，解决好买难、卖难的问题。

（6）有利于实现适度规模经营和提高综合经营效益。通过产业化经营体系，可以有效地把千家万户的农民家庭经营组织起来，扩大农业及其相关产业的规模，加强管理，能更好地实现适度规模经营和提高综合经营效益。

（7）有利于培养农村人才和提高农民素质。通过产业化经营体系，可以把培养农村人才和提高农民素质放在重要位置上，抓紧抓好，才能在市场竞争中立于不败之地。

（8）有利于改善生态环境。通过产业化经营体系，可以依靠科学技术，控制人口增长，提高人口素质，合理开发利用资源，改善生态环境，实现经济和社会的持续协调发展。

（9）有利于加速农业现代化和农业剩余劳动力的大转移。通过产业化经营体系，一方面可以运用现代科学技术和管理知识，努力提高农业的劳动生产率，实现农业增产，农产品增值，农民增收，从而大大提高农业自身的资金积累能力，以解决农业现代化所急需的巨额投资问题；另一方面，在农业现代化过程中形成新的农产品加工、储存、保鲜、运输、销售等系列产业，与此同时，农村还可以进一步向生产的深度和广度进军，大力发展乡镇企业，发展农村第二、三产业，建设小城镇，这些产业将分流很大一部分的农业剩余劳动力，加速农业剩余劳动力的大转移。

3. 在农业产业化经营的基础上与"科教兴农"和"可持续发展"战略进一步结合起来，将最新高新科技成果广泛应用到农业领域中来，全面提高农业现代化的水平，以满足国内需求与迎接经济全球化和知识经济时代的挑战

这一阶段，在双层经营体制和农业产业化经营的基础上，将侧重点转移

到利用现代科学技术加快农业持续、高效、健康发展的轨道上来，运用最新高新科技武装农业，使农产品的科技含量赶上发达国家的水平，以适应国内的巨大需求与经济全球化和知识经济时代的需要。

《决定》指出："农业的根本出路在科技、在教育。实行农科教结合，加强农业科学技术的研究和推广，注重人才培养，把农业和农村经济增长转到依靠科技进步和提高劳动者素质的轨道上来。""必须加强以水利为重点的基础设施建设和林业建设，严格保护耕地、森林植被和水利资源，防治水土流失、土地荒漠化和环境污染，改善生产条件，保护生态环境。"

在建立起适应社会主义市场经济要求的农村经济体制的条件下，迫切要求农业科技、装备水平和综合生产能力有显著提高，生态环境有显著改善，农产品能够更好地满足国民经济发展、出口贸易以及人口增长与生活改善的巨大需求。我国是社会主义农业大国，在农业产业化经营的基础上，一方面要实施科教兴农，推进农业科技革命，在广泛应用农业机械、化肥、农膜等工业技术成果的基础上，依靠生物工程、信息技术等高新技术，使我国农业科技和生产力实现质的飞跃，逐步建立起农业科技创新体系，争取在动植物品种选育、农业资源高效利用、现代集约化种养技术、农业生物灾害防治、农产品储运加工技术等方面取得突破性进展；另一方面要实现可持续发展，改善生态环境是关系中华民族生存和发展的长远大计，也是防御旱涝等自然灾害的根本措施，要大力加强水利建设，大力提高森林覆盖率，严格保护耕地和水土资源，积极防治水土流失、土地荒漠化和环境污染，使生产条件和生态环境得到根本改善。

在经济日益全球化和开始到来的知识经济时代，以高新科技产业为核心的国际经济竞争日趋激烈。所谓知识经济，就是一种基于最新科技和人类知识精华的经济形态，它以不断创新的知识为主要基础，是一种知识密集型、智慧型的新经济形态。科学技术，尤其是以信息产业和生物工程为代表的高科技，将日益成为经济发展的"第一推动力"。随着世界新技术革命的蓬勃发展，知识提供的生产率将成为决定一个国家、一个行业、一个企业竞争地位的关键因素。

由此可见，我们所面临的国内外形势是十分严峻的，我们必须要有时代的紧迫感、责任感和清醒的头脑，就农业来说，一定要下大决心，花大力气，在农业产业化的基础上大力发展高新农业科技，用最新高科技成果武装农业及其相关产业，全面提高农业现代化水平，才能满足国内的巨大需求，以及在迎接经济全球化和知识经济时代的挑战中立于不败之地。

从综观经济学的观点来看，我国走农业发展和农业现代化的道路问题，就是要把宏观与微观两个层次有机地结合起来，把家庭承包经营与集体统一经营相结合，把双层经营体制与农业产业化经营相结合，把农村经济体制与现代科学技术相结合，形成一条具有中国特色的社会主义农业发展和农业现代化的道路。概括起来就是：统分结合的双层经营体制＋高新科学技术＋产业化生产经营体系＝中国特色的社会主义农业发展和农业现代化道路。

现在，我国农业发展已进入一个新阶段，不少农产品已从长期供应短缺转为相对过剩。在社会主义市场经济条件下，市场是关键，必须引导广大农民有序地进入市场，以市场为导向；在双层经营体制基础上，发展农业产业化经营，必须进一步抓好以生物工程和信息技术为代表的高新科技的开发应用，搞好农产品深加工，促进粮食和其他农产品转化增值，把工作重心迅速转到发展质量效益型农业上来；调整农业结构，发展名优新特产品，加快农村市场开发，增加农民收入；要牢固树立现代农业意识，全面提高农业生产的运行质量和效益，以稳定农村，扩大内需，拉动整个国民经济的快速发展；面对 21 世纪，我们更必须加倍努力，全面提高我国农业和农业现代化的水平，提高农产品在国内外市场的竞争能力，提高农业和农村经济的综观经济效益，全面赶上发达国家的世界先进水平，为新世纪我国国民经济的大发展和全面振兴中华打好坚实基础。

今年是《决定》通过后的第一周年，又是中华人民共和国成立 50 周年。实践证明，《决定》所总结和概括的这条我国农业发展的道路，是一条符合我国国情的、正确的农业发展道路，是新世纪实现我国农业发展和农业现代化的必由之路。

（成文于 1999 年 10 月，发表于《综观经济》1999 年 11 月号）

三

关于区域经济发展的研究

（一）广州地区

广州与珠江三角洲开放区的经济关系

——兼论广州中心城市的作用问题

　　珠江三角洲地区在历史上就是商品经济比较发达的地区，广州则一直是内贸中心和外贸城市。广州是广东、珠江三角洲、华南三个不同层次辐射圈的经济中心。广州与珠江三角洲开放区的经济关系，是中心城市与第一层次辐射圈的关系，两者紧密联系在一起。但是新中国成立后由于按照行政区划来管理经济，造成条块分割、城乡分割的局面，人为地把珠江三角洲的大部分地区与广州的经济关系分割开来。现在，两者的经济关系，既有一致的方面，也有不少矛盾。如何进一步把两者的经济关系协调起来，形成以中心城市为网顶的商品经济网络，充分发挥广州在工业、交通、科技、教育、人才、信息、金融、内外贸易等方面作为中心城市的地位和作用，使整个珠江三角洲发展成为以城乡协调为基础、以国际市场为导向、以产业结构合理化为条件、以科技进步为支柱、以经济质量效益为中心的外向型经济模式，这是本文所要涉及的问题。

一、新中国成立前后广州与珠江三角洲地区经济关系的演变

　　广州历来是珠江三角洲地区的中心城市。珠江三角洲的开发，从秦朝算起，已有2 000多年的历史。自从1840年鸦片战争以来，由于西方帝国主义的入侵，我国沦为半殖民地半封建国家，同时在客观上也加速了我国包括珠江三角洲在内的沿海地区商品经济的发展。到20世纪20年代，穗、港、澳之间已形成紧密的经济关系，珠江三角洲已成为粮、糖、丝、鱼、猪、果、菜及其加工制品的商品生产基地，广州也成为轻纺工业和加工工业比较发达的城市。到了30年代陈济棠治粤时期（从1929年至1936年），利用了当时

国内外的有利条件，引进技术设备，发展近代工业，壮大自己的实力，促使以广州为中心的珠江三角洲和全省经济有了较大发展。后来，由于日寇入侵和国民党反动政府的搜刮掠夺，珠江三角洲地区的商品经济遭到严重破坏，到1949年新中国成立前夕，整个地区的经济已处于百业凋敝、民不聊生的困境之中。

新中国成立后，在党和人民政府的领导下，广州与珠江三角洲的工农业生产有了很大发展，但直到1978年12月党的十一届三中全会之前，商品经济的发展水平还是很低的。这一方面是由于国际国内形势的变化，另一方面是由指导思想上的错误造成的。当时，不但没有把发展商品经济看作是发展社会主义社会生产力的必经阶段，反而把商品经济与资本主义等同起来，把它视作洪水猛兽，因而对内采取围剿政策，对外采取闭关锁国政策，人为地将以广州为中心的珠江三角洲地区与港澳及国外市场的联系割断，使整个地区从已经发展起来的商品经济退回到自给半自给的产品经济，从外向型经济退回到内向型经济。在这种情况下，广州与珠江三角洲地区的经济关系也发生了新的变化：①采取了对发展商品经济不利的生产方针，一方面是珠江三角洲为了解决粮食自给和保证城市供应问题，不得不大量压缩经济作物种植面积，扩大粮食种植面积，使粮食面积从原来占耕地的四五成提高到八九成，抑制和削弱了商品经济的发展；另一方面是广州市区强调变商业消费城市为工业生产城市，搞"小而全""大而全"的工业体系，把一些本来不应放在市区的工业放到市区来办，不仅恶化了大城市的"痼疾"，增加了压力，而且削弱了广州作为内外贸易和经济中心的功能及其辐射能力。②采取了对主要农产品实行统购、派购和统销的政策，扩大了工农业产品的剪刀差，造成城乡关系紧张、工农业不协调的局面，由于农产品收购价格偏低，农民对种粮种蔗、养猪养鸡和扩展桑基鱼塘缺乏积极性，对城市副食品和工业原料的供应极不稳定，那时每逢春节要解决广州市区居民一户一只鸡的供应，得费上九牛二虎之力，还难以办好。③采取了按照行政区划进行经济管理的体制，造成城乡分割、条块分割的局面。例如紧靠广州市区的南海县，其产品历来是与广州市场分不开的，新中国成立后由于在行政上划归佛山地区管辖，不属广州市管辖的范围，在很长一个时期内，南海县的蔬菜、副食品和鲜奶都进不了广州市场，人为地把珠江三角洲与广州的紧密经济联系割断了。

党的十一届三中全会以来，由于全党把工作重点转移到社会主义现代化建设上来，全面贯彻了中央提出的改革、开放、搞活的方针，实行了中央给广东的特殊政策和灵活措施，促进了以广州为中心的珠江三角洲开放区的商品经济飞速发展，"贸工农"型生产结构正在形成，内向型经济正在转向外向型经济，对中心城市广州的要求更高了。珠江三角洲开放区与广州的关系，已经从过去的农村依附城市的关系转变为平等的伙伴关系，需要在新的基础上相互协调，共同发展。

二、目前广州与珠江三角洲开放区经济关系发展态势

广州与珠江三角洲开放区经济关系发展的态势，其主流是相互依存的关系，谁也离不开谁。它有利于巩固和加强两者之间的凝聚力。

首先，珠江三角洲开放区离不开广州这个中心，主要表现为：

（1）从地理位置和交通条件看，珠江三角洲开放区自北向南形成一个扇形，而地处珠江三角洲开放区北部、东西北三江汇合点的广州，就是这个扇形扇柄的枢纽。珠江三角洲与全国南来北往的联系，都要依靠以广州为起点的京广铁路或空运；对外联系，直接是通过广州黄埔港或空运，与东南亚和世界各国来往，间接是通过广深铁路、公路、内河和航空运至香港，再转到世界各国；在省内各个地区之间的联系，则主要靠以广州为中心的公路运输和内河运输，广茂铁路建成通车，广梅汕铁路的动工兴建，将加强广州与粤西粤东地区的联系。总之，广州是珠江三角洲开放区对内对外联系的交通枢纽，是海、陆、空运输的中心，珠江三角洲开放区商品经济的发展是离不开广州这个中心城市的。

（2）从产业结构和生产布局看，过去是工业品下乡，农产品进城，城市搞工业（其中70%集中在广州），农村搞农业。珠江三角洲的广大农村主要生产粮食、蔬菜、副食品和轻纺工业原料；中小城镇则着重生产蚕丝、蔗糖、各类农产品加工产品和小手工业产品；作为中心城市的广州，主要生产机械、化工、纺织、轻工产品。结构层次比较简单。十一届三中全会以来，整个珠江三角洲开放区的产业结构、产品结构和生产布局发生了巨大变化，改变了城市搞工业、农村搞农业的情况，珠江三角洲各市县的工业，特别是农村的乡镇工业得到了急速发展，逐步形成了市、县、镇、村、组、体、户等不同层次的工业结构，以及第一、二、三产业比较协调发展的经济格局。这种情况，在客观上又必然要求与中心城市广州建立更加紧密的经济关系。例如，以农产品为原料的工业，过去是将原料直接运到城市工厂进行加工，现在则先在农村进行初加工、粗加工，更需要两者密切配合和协作。以非农产品为

原料的电子、化纤、塑料、玻璃、五金、家具工业等，主要是利用对外开放之后的市场机制发展起来的，在珠江三角洲遍地开花，但是区域性的专业化分工协作水平低，尚未能达到形成生产地区综合的国产化拳头产品的阶段。这些都需要通过适当的形式，与中心城市广州搞好经济联合，合理布局，才能更好地上水平、上质量、上效益，保证持续、稳定、协调地发展。

（3）从商品流通渠道看，珠江三角洲在历史上就是商品经济比较发达的地区，三中全会以来商品生产有了更大发展，而广州则是华南地区最大的港口城市，是对内贸易的中心，也是对外贸易的重要基地。除了广州与珠江三角洲开放区的工农业产品要互为市场外，珠江三角洲开放区的产品要销到内地各省市的市场去，要以广州为中转站；珠江三角洲开放区需要内地各省市的产品，也要以广州为中转站。此外，珠江三角洲开放区的进出口产品，除了部分直通香港出口外，大量的进出口物资也要经过广州的港口、铁路、航空才能运进来、送出去。

（4）从内向型经济转向外向型经济看，我国沿海开放地带必须走国际大循环的经济发展道路，积极开拓国际商品市场，由内向型经济逐步转向外向型经济。珠江三角洲开放区要实现这个战略转型目标，一方面要先将国外的先进技术设备引进来，加以消化、吸收、创新和国产化，形成自己的现代化生产技术体系；另一方面又要在提高质量和档次的基础上，把产品大量打到国际市场上去，在国际竞争中求得发展。但是，要做到这一点，单靠珠江三角洲开放区本身的力量是难以办到的。相反，在科技、人才、信息、金融、教育和各种大型服务设施方面，广州都占有绝对优势，珠江三角洲开放区外向型经济的发展必须依靠中心城市广州，离不开广州的支援和合作。

（5）从穗、港、澳经济圈的角度看，长期以来形成了穗、港、澳经济圈，把内外经济联系结合在一起，这对珠江三角洲开放区经济的发展是非常有利的。但是，必须有一个统一规则、一致对外的政策，才能保证以广州为中心的珠江三角洲开放区经济的正常运转。如果从局部利益出发，各自为政，互相倾轧，互相封锁，对内高价抢购，对外低价倾销，把对外经济关系搞乱了，就会造成不可弥补的损失。在这一点上，珠江三角洲开放区与广州的基本利益是一致的，必须主动协调配合，更好地利用和发挥穗、港、澳经济圈的作用。

其次，广州也离不开珠江三角洲开放区作为依托，主要表现为：

（1）珠江三角洲开放区是供应广州的农产品生产基地。1986年珠江三角洲开放区的耕地面积占全省的19.5%，所生产的主要农产品分别占全省的比重是：粮食 23.3%，糖蔗 35.1%，生猪 22.2%，水果 40.3%，水产品 31.5%（其中淡水鱼占 63.9%），三鸟 20%。广州所需要的粮食、食糖、鲜鱼、三鸟、肉猪、蔬菜、水果和轻纺工业原料，很大部分都要靠珠江三角洲来提供。例如，1986 年珠江三角洲开放区供应了广州市区鲜鱼 5 000 万斤，其中顺德县一个县就供应了 3 000 万斤，使广州市居民一日三餐都能吃上鲜鱼。

（2）珠江三角洲开放区是广州市区工业调整扩散的缓冲地区。广州应尽可能把原有的适合珠江三角洲办的劳动密集型工业转移扩散出去，以便集中力量发展以高科技为主的技术密集型和知识密集型产业，把电子、计算机、信息、能源、交通、重型机械、精密机械、模型、量具刃具、仪器仪表、合成材料、精细化工、生物工程、高级食品等工业搞上去。

（3）珠江三角洲开放区是广州工业产品和知识产品的重要市场。珠江三角洲开放区是全省经济最发达的地区，对工业产品和知识产品有较强的吸收能力，不仅是广州工业产品的重要市场，而且也是广州知识产品的主要市场。"借广州人的脑袋发财"，珠江三角洲经济的发展，离不开广州在生产技术和管理经验方面的支援。珠江三角洲开放区成为广州工业产品和知识产品的重要市场，反过来又推动了广州第二、三产业更大的发展。

（4）珠江三角洲开放区是广州理想的经济辐射圈。珠江三角洲商品经济发达，而且面向国际市场，信息灵通，对外联系密切，区内有众多的中小城市和卫星镇作为与广大腹地的联系渠道，便于形成区内以广州为中心的不同层次的经济网络，有利于增强凝聚力，巩固和加强中心城市的地位和作用。

（5）珠江三角洲开放区为广州分担了很大一部分压力。珠江三角洲经济的迅速发展，基础设施日益完善，承受能力增大，吸引和分担了原来广州的一部分压力，缓解了广州能源、交通和原材料工业的困难。

我们在看到广州与珠江三角洲开放区在经济上相互依存的一面的同时，还应看到其相互矛盾的一面。矛盾主要表现为：

（1）实行对外开放之后，由于珠江三角洲开放区各市县经济实力大大加强，在绝对值和发展速度上都超过了广州。从 1978—1986 年 8 年间，珠江三角洲开放区的工农业总产值从 69.38 亿元增加到 245.27 亿元，增长了 2.5 倍，平均每年增长 31.3%。其中农业总产值从 25.43 亿元增加到 41.81 亿元，增长了 64.4%，平均每年增长 8.1%；工业总产值从 43.95 亿元增加到 203.46 亿元，增长了 3.6 倍，平均每年增长 45%。同期，广州市的工农业总产值是从 87.06 亿元增加到 193.83 亿元，增长了 1.2 倍，平均每年增长 15.4%。其中农业总产值从 10 亿元增加到 15.86 亿元，增长了 58.6%，平均每年增长 7.3%；工业总产值从 77.06 亿元增加到 177.97 亿元，增长了 1.3 倍，平均每年增长 16.4%。因而，珠江三角洲开放区与广州的关系，已从过去的农村从属于城市的地位转变为互相竞争的伙伴关系，珠江三角洲开放区对广州的离心力相应扩大，而且随着整个珠江三角洲开放区外向型经济的发展，这种趋势还将进一步扩大。

（2）珠江三角洲开放区由于地理位置上的方便，所需要的生产设备和原材料均可以通过港澳直接从国外引进，需要出口的商品很大一部分也可以从水陆两路直接运到港澳市场或由香港转运到世界各国去，进出口都可以不再通过中心城市广州，这样，也使珠江三角洲开放区对广州的离心力扩大。

（3）珠江三角洲开放区的农业，目前正处在从传统农业向现代农业、从内向型农业向外向型农业的转变过程之中，基础薄弱，后劲不足，农产品的生产远远满足不了城市和出口的需要，国内市场和国际市场之间的矛盾扩大。在这种情况下，为了扩大农产品出口，争取更多的外汇，把原来供应广州的一部分农产品转为出口产品，这样，势必削弱珠江三角洲开放区对广州市场的依赖性，也会使离心力扩大。

（4）珠江三角洲开放区的工业发展起来之后，由于农产品和原材料价格上升，劳动工资提高，使工业生产成本增大，不利于工业品的出口外销。为了解决工业品出口问题，就要争取有利的生产要素和市场条件，因此，珠江三角洲开放区急速发展起来的乡镇工业与中心城市广州的大工业之间产生了争原料、争市场、争技术、争人才的新情况。这样，就导致珠江三角洲开放区与广州之间的矛盾和竞争加剧，也会使离心力扩大。

（5）在科技、教育、人才、信息方面，广州虽然占有绝对优势，但由于对外开放之后，开辟了经港澳直接从国外引进的渠道，珠江三角洲开放区对广州的依赖程度相对削弱，也使其离心力有所扩大。

从上面所做的分析可以看到，目前珠江三角洲开放区对中心城市广州的离心力虽然有所扩大，但是，从总的方面来说，相互依存方面大于相互矛盾方面，向心力大于离心力。今后，应该通过强化广州的中心城市地位和作用，进一步缩小离心力，增强向心力和凝聚力，加快广州与珠江三角洲开放区共同朝着外向型经济腾飞。

（成文于 1988 年 1 月 28 日，这是一份未发表的手稿）

努力加快"一优两高"农业的发展

"一优两高"农业即优质高产高效农业,是社会主义市场经济的必然要求。发展"一优两高"农业,必须遵循价值规律,实行以市场经济为基础的资源配置方式,进一步把农业和农民推向市场,推动我国农业朝着社会主义现代化的方向快速前进。"一优两高"农业,首要的是优质,必须在优质的基础上争取高产,才能提高农产品的品质和批量,增强市场竞争能力,开拓国内外市场,最终达到提高农业经济效益的目的。这里,仅以地处珠江三角洲经济区的广州市郊县的农业发展为背景,对加快发展"一优两高"农业作个探讨。

农业生产逐步从城郊型农业转向城市型农业,形成以市场为导向的农、林、牧、副、渔全面发展的大农业体系。

一、加快发展"一优两高"农业是农村深化改革、扩大开放的必由之路

1. 发展"一优两高"农业是缓解地少人多、地减人增矛盾的一条基本出路

地少人多是我国的基本国情、省情、市情,地减人增又是随着经济建设进程的必然趋势。据有关报道,广州市(包括郊县)仅 1992 年一年就减少耕地面积 150 万亩。按总人口计算,广州市 1980 年人均耕地面积 0.55 亩,1990 年人均耕地面积 0.42 亩,减少了 0.13 亩。按农业人口计算,1980 年人均耕地面积 1.13 亩,1990 年人均耕地面积 0.98 亩,减少了 0.15 亩。在这种情况下,一是要保护好现有耕地,二是要严格控制好人口增长,三是要从粗放型农业转向精细密集型农业,从传统农业转向"一优两高"农业,做到从有限的耕地上取得更好更多的农产品。实践证明,通过运用现代科学技术,可以实现农业的优质高产高效,如珠江三角洲在改革开放以来,水稻亩产从 400

多千克达到 750 千克左右,塘鱼亩产从 300 多千克达到 1 吨以上,而且优质大米、优质蔬菜、优质水果、优质畜产品、优质水产品的比例逐年增大。这还只是初步的成果,随着高科技产业的兴起,高科技在农业生产的全面运用,"一优两高"农业必然会取得越来越大的成果。因此,在科学技术水平不断提高的前提下,发展"一优两高"农业将是缓解我国地少人多、地减人增矛盾的一条基本出路。

2. 发展"一优两高"农业是满足人民生活水平提高、需求不断扩大的一条重要途径

由于改革开放 15 年来经济的蓬勃发展,收入增加,人民生活从温饱型走向小康生活,消费需求已从低档走向中高档,对农产品的质量和品种的要求更高了。因此,广州市郊县的农业就必须走优质高产高效的"一优两高"路子,生产更好更多的农产品,以满足广大市民对农产品的不断增长的消费需求。

3. 发展"一优两高"农业是适应国内外市场竞争激烈,特别是要在国际市场上争得一席之地的一种有效办法

农产品不论在国内市场还是在国际市场都要求:质量要优,品种要新,加工要精,包装要美,成本要低。总的是"质量第一,以质取胜",这是普遍要求。要在国内外市场的激烈竞争中取胜,就要在努力提高农产品质量的基础上,调整结构,增加品种,提高产量,搞好加工包装,加强经济核算,提高经济效益。因此,广州市郊县农业发展的方向必然是在高科技支撑下的"一优两高"农业,才能适应国内外市场农产品竞争日益激烈的新形势,在国际市场上争得和不断扩大自己的阵地。

4. 发展"一优两高"农业是推动相关的教育和科技发展的一种强大动力

以教育为基础、以科技为动力,推动"一优两高"农业的发展。反过来,"一优两高"农业的大发展,又必将成为推动农业科技和教育发展的一种动力。人才和科技成果在"一优两高"农业中得到广泛应用,有了成效,就会吸引更多的人才和科技成果到"一优两高"农业中来,从而更好地推动农业教育和科技事业的发展。因此,发展"一优两高"农业也是推动相关的教育和科技发展的一种强大动力。

5. 发展"一优两高"农业是吸纳农村剩余劳动力的一条重要渠道

据统计,广州市 1990 年总劳动力为 3 411 513 人,其中农村劳动力 1 646 312 人,占总劳动力的 48.26%。在这 160 多万农村劳动力中,大约有

2/3 是需要寻找新的工作岗位的剩余劳动力，一部分已经或正在转移到乡镇企业中去，一部分则要通过扩大农业生产领域来吸收。因此，发展"一优两高"农业，精耕细作，充分发挥集约经营和规模经营的优势，这样，只要结合得好，就能吸纳很大一部分的农村剩余劳动力。

6. 发展"一优两高"农业是吸引外资参加农业开发的一种可靠方式

改革开放以来，广州吸引的外资不少，但其中参与到农业开发的外资所占的比重却很小，直到最近几年才逐步有所增加。现在要把农业发展的重心转移到"一优两高"农业上来，使经营农业企业也能获得较高的利润，就会吸引一大批外商投资到农业开发方面来，从而大大有利于加快"一优两高"农业的发展。因此，发展"一优两高"农业，必将成为吸引外资参加农业开发的一种可靠方式。

7. 发展"一优两高"农业是带动相关产业发展、提高综合效益的一个重要环节

发展"一优两高"农业，能够带动相关的农业机械制造工业、农用生产资料工业、农产品加工业、储运业、商业、服务业、信息业以及科研、教育部门等产业的发展，促进农、林、牧、副、渔和农、工、商、运、服各业的大发展，以提高农业和农村经济的综合效益。搞单一农业，例如只种粮食，或只种甘蔗，不仅难以提高经济效益，而且也难以做到经济、社会、生态三大效益的统一。因此，只有以"一优两高"农业为龙头，带动相关产业发展，形成能量互变、相互补充、相互促进、共同发展的格局，才能真正提高农业和农村经济的综合效益。

8. 发展"一优两高"农业是加速农业现代化的最好形式

在社会主义市场经济体制下，要实现农业现代化，必须从发展高科技和外向型的"一优两高"农业做起，由点到面，逐步扩大范围，各种现代科学技术成果，特别是生物工程技术成果，能在农业生产经营中得到普遍应用，科学技术在农业增长值中的含量不断增长，以便到 2010 年能够基本实现农业现代化。广州市郊县的农业只要紧紧抓住"一优两高"农业这个环节，就能带动整个农业的大发展，逐步加快农业现代化的步伐，为 21 世纪的更大发展打下基础。因此，发展"一优两高"农业也是加速农业现代化的最好形式。

二、加快发展"一优两高"农业的思路和对策

为了更好地贯彻落实邓小平同志南方谈话和党的十四大及十四届三中全

会精神，广东要在 20 年内基本实现现代化，从而广州市郊县的农业必须进一步加快发展进程。这就要求，广州市郊县的农业应该走优质高产高效的道路，其进一步加快发展的总的思路是：用社会主义市场经济理论指导农业，抓住当前机遇，扩大改革开放，加快发展步伐，坚持以国际市场为导向，以国内市场为依托，以科学技术为支柱，尊重价值规律，调整生产结构，提高产品质量，增加品种和产量，增进经济效益，增强市场竞争能力，把广州市郊县农业发展的重点放在名、优、新、特、稀的"八鲜"，即菜、肉、禽、鱼、奶、蛋、果、花等产品，以及粮食、糖蔗、花生等农产品和加工制成品方面；按照"持续农业"的方面，实现经济与生态两个良性循环，做到经济、社会、环境三大效益的统一，形成优质高效无害持续发展的新型农业；在生产经营方式上，要走种养加、贸工农、内外贸、农科教相结合的农林牧副渔全面发展的大农业之路，走资源节约型的集约持续之路，走基地化、区域化、企业化之路，走面向国内外市场的双向型农业之路，采取立足本市、双向开放、外引内联、南出北进的战略，在稳定家庭联产承包责任制的基础上，逐步形成大产业、大市场、大流通的"一优两高"农业发展的新格局，使广州市郊县的农业上水平、上规模、上效益，既能有效地满足本市人民的需要，又能较快地走向全国、走向世界。

要实现上述设想，必须采取相应的对策：

1. 加强领导，强化农业的基础地位

广州是特大城市，巩固和加强农业的基础地位就显得更加重要。国内外的实践证明，越是大城市和经济发达地区，农业产值在国民生产总值中所占的比重就越小；同样，越是大城市和经济发达地区，越是需要有发达的农业作为国民经济发展的坚实基础。要强化"农业是基础产业"的观点，巩固农业的基础地位，就必须加强对农业的领导。因此，市委和市政府应切实加强对农业的领导和管理，做好舆论宣传工作，健全机构，增加投入，抓好经营管理，把"口号农业"变为"实干农业"，真正把对农业、农村和农民问题的重视落到实处，使广州市郊县的农业能较快地转到"一优两高"的轨道上来。

2. 抓住时机，用好国内外资源，加快农业发展步伐

"改革开放是解放和发展生产力的必由之路。"只有抓住有利时机，深化改革，扩大开放，建立和完善社会主义市场经济体制，更好地利用国内外两种资金、技术、人力、资源和市场，吸收和借鉴人类社会创造的一切文明成

果，包括西方发达国家的一切反映现代社会化生产规律的先进经营方式和管理方法，才能加快我国包括农业在内的整个国民经济的发展步伐。因此，要坚决把广州市郊县的农业，从解决总量短缺转到解决结构性短缺上来，从粗放型农业转到集约型农业上来，从单一农业转到农林牧副渔相结合的综合开发型的大农业体系上来，从内向型农业转到内外结合的双向型农业上来，从传统农业转到"一优两高"的现代农业上来。总之，要用商品农业的观点彻底取代小农经济观点，使农业生产转到高科技、高质量、高效益的轨道上来，通过商品化、现代化、国际化的途径，实现向科技型、效益型、外向型转化。

3. 切实改善生产条件和生态环境，保持农业的持续快速发展

农业生产与生产条件、生态环境密切相关。应从人口、资源、环境协调发展的战略出发，进一步强化国土的综合治理，造林绿化，控制水土流失，保护耕地，恢复和推广有机农业，不断提高地力；有计划有步骤地治理江河湖海，搞好农田水利基本建设；严格控制工业污染，建立环境污染和病虫害预测预报与治理系统；严格控制人口增长和占用耕地，使人均耕地面积稳定在现有水平，农产品的人均占有量逐步有所提高；合理利用和开发农业资源，实行资源节约型的优质高产高效的生态农业。通过以上措施，达到保持农业的持续快速发展。

4. 采取多渠道集资办法，增加农业投入

投入决定产出，增加农业投入是保证"一优两高"农业发展的重要条件。广州市郊县应采取多渠道集资办法，切实解决农业投入不足的问题。一是国家在资金安排上适当提高农业投资比重，地方财政也应尽力提高农业投资比重；二是农民是农业投入的主体，应切实减轻农民的各项不合理负担，调动农民的生产积极性，鼓励农民向土地增加资金投入和劳务投入，特别是要引导农民把新增加的收入从消费领域转移到发展农业生产上去；三是要建立农业发展基金和风险基金；四是要建立工农业均衡发展的调节机制，将以工补农、以高补低的原则制度化，使增加农业投入有稳定的资金来源；五是通过外引内联的形式吸收国内外资金兴办农业开发项目，或争取一些国际低息贷款用于发展农业。

5. 继续调整优化产业结构，提高农业综合经济效益

20世纪90年代，广州市郊县应抓紧粮食价格放开的有利时机，以市场为导向，继续优化农业生产结构，进一步提高农业综合经济效益。一是要调整和优化大农业内部结构，使农、林、牧、副、渔更加协调地发展；二是要优

化种植业内部结构，在稳定粮食总产量的前提下，更放手地发展优质大米、水果、蔬菜、花卉以及优质高值的经济作物，到 20 世纪末粮食种植面积的比例，大体做到从现在的 6：4 转变到 4：6；三是要调整和优化养殖业内部结构，做到优质、高产、高值、外向，使养殖业产品在国内外市场具有较强的竞争能力；四是要由单一农业转向种养业与加工业紧密结合，通过后加工、深加工，提高品质，增加附加值，使农产品能更好地打进国际市场。

6. 全面落实"科教兴农"，提高农业整体素质

"科教兴农"是加快农业发展和农业现代化的长期战略方针。科技是动力，人才是根本，教育是基础。农业整体素质的提高，有赖于全面贯彻落实"科教兴农"的方针。一是要加速发展教育事业，大力培养农业和农村建设人才，努力提高广大农民的科技文化素质，从根本上解决农业发展的支撑点和后劲问题；二是要以科技进步为动力，全面提高农业机械化水平和综合开发能力，使有限的自然资源得到充分的利用，形成一个优质、高产、低耗、高效、外向的现代商品农业生产体系；三是要增加农业科技投入，建立农业科技发展基金，加快农业科技的研究并使之迅速转化为现实生产力，提高科技在农业增长中所占的比重，力争从现在的 30% 左右上升到 20 世纪末的 60%；四是要发动大科技支持大农业，一切科技教育部门都应为农业发展和农业现代化出谋献策，开拓新的产业，提高产品的科技含量，加强科学管理，拓展国内外市场，为科教兴农作出新的贡献。

7. 以外向型农业为龙头，带动农业实现"一优两高"

发展外向型农业，就是要以国际市场为导向，在参与国际交换和激烈竞争中求得生存和发展，使传统农业迅速转变为现代农业。因此，广州市郊县应将开放式外向型农业放在重要的地位，通过大力发展外向型农业，推动农业科技进步，调整农业结构，转换经营机制，提高经济效益，带动全市农业实现"一优两高"。一是要建立现代化的农产品出口生产基地，按照国际标准，引进和开发优良品种，采用高新技术，提高农产品的品种、规格、质量、批量，并以基地为基础带动千家万户农民一起上，使生产出来的农产品能够适应国际市场的需要；二是农产品加工业要跟上，只有通过冷冻、保鲜、加工、包装等加工环节，农产品才能打进远洋市场；三是建立贸工农一体化的农产品出口集团公司，建立和发展自己的流通渠道和据点，使农产品流向国际市场能畅通无阻，有条件的还可把企业直接办到国外去。

8. 采用不同的农业发展模式，充分发挥当地资源优势

广州市郊县的地形地貌和自然资源十分丰富，应根据各地不同的情况，采用相应的农业发展模式。一是以平原为主的粮、蔗产区，应充分利用粮食多、饲料多的有利条件，发展优良品种的猪、鸡、鸭、鹅等畜禽业，将粮食和饲料转化为肉、禽、蛋、奶等，同时要进一步调整农业结构，扩大优质大米、水果、蔬菜、花卉等的种植面积；二是在水网低洼地区，要推广基塘式的生态农业生产体系，形成一个良性循环的人工生态系统，使种植业、畜牧业和水产业有机地结合起来，起到互相促进作用；三是在丘陵低山地区，则要利用坡地山地实行分层次合理开发的农业生产模式，大力发展坡地农业，还可利用草地发展草食动物养殖业；四是在沿海围垦地区，可以利用围垦出来的大片土地，建设综合性的现代化外向型农业企业，如番禺市的万顷沙；五是在条件具备的地方，建设一批用现代科学技术武装起来的农业企业或农业生产基地，如江高养鸡场，番禺的肉鸡分割加工场等，均较好地发挥了示范和带动作用。

9. 大力发展乡镇企业，加速农业剩余劳动力转移和增强农村经济实力

发展乡镇企业是符合我国国情的能大量吸纳农业剩余劳动力、增强农村经济实力和实现农村工业化、城市化、现代化的必由之路。只有乡镇企业的扎实发展，才能推动农业特别是"一优两高"农业的更大发展。目前，珠江三角洲的乡镇企业，已经成为农村经济的支柱产业，1990年小三角地区的乡镇企业产值已占农村社会总产值的68.6%。据统计，1990年广州市农村总劳动力为1 387 731人，其中：第一产业劳动力911 286人，占65.7%；第二产业劳动力295 251人，占21.2%；第三产业劳动力181 194人，占13.1%。第一产业劳动力与第二、三产业劳动力之比为65.7∶34.3，而珠江三角洲小三角地区两者之比则为56.9∶43.1。经过80年代的大发展，广州市郊县乡镇企业在发展水平和发展规模上与珠江三角洲相比，虽有一定的差距，但发展还是相当快的，不仅吸纳了本地从农业中来的大量剩余劳动力，而且还吸纳了一部分外地的农业剩余劳动力，为山区和内陆做了一件好事。90年代，要继续大力发展和提高乡镇企业。把农村工业和第三产业进一步搞上去，既要为全面实现农业剩余劳动力的战略转移创造更为有利的条件，又要引导乡镇企业上规模、上水平、上效益，向高科技、高档次、高效益、外向型攀登，增强农村集体经济实力，推动"一优两高"农业的更大发展。

10. 建立和健全"六大体系"，促进"一优两高"农业持续、快速、健康发展

农业，特别是作为优质高产高效的现代农业，要做到持续、快速、健康地发展，就必须建立和健全"六大体系"。这就是：

（1）农业和农村经济政策体系。从农产品价格、农业结构、产业倾斜、减轻农民负担和有关优惠办法等方面建立起能够适应市场经济要求的经济政策配套体系，才能起到保护和促进作用。

（2）农业生产和生态体系。这就是要建立和健全农林牧副渔全面发展的大农业生产体系，以及经济、社会、生态效益相统一的生态农业发展体系。

（3）农产品市场和流通体系。市场是农产品交换和集散的基本条件，又是目前深化农村经济体制改革的突破口，要大力培育和完善市场体系，建立农产品的批发市场，发展现货交易和期货交易，推动社会主义市场经济的发展。

（4）农产品加工和转化体系。一是加工体系，通过加工提高品质、增加附加值、延长保存期、增强市场竞争能力。二是转化体系，包括生物转化体系和加工转化体系，将农产品通过养殖动物，如猪、牛、羊、兔以及家禽、鱼类转化为肉、禽、鱼、蛋、奶、毛、皮等，将农产品通过后加工、深加工转化为高档的食品、纺织品、药品、皮毛制品和日常生活用品等。

（5）农村社会化服务体系。加强农村社会化服务体系，解决一家一户在生产经济活动中遇到的难题，通过加强产前、产中、产后服务，注入新的活力，把家庭小生产与大市场联系起来，使一家一户分散的小规模生产纳入社会主义市场经济的轨道。

（6）农业保障体系和农产品储备体系。农业生产受自然灾害和市场变化的影响极大，相应所承受的风险也极大，必须有一套完备的农业保障系统和农产品储备系统，农业生产才能稳定和健康发展。农业保障系统，包括农业发展基金保障系统、农用物资保障系统、水利保障系统、气象预测预报系统、生态环境系统、科技教育系统、价格保障系统等。建立农产品储备系统，就是建立正常的农产品储备制度，建设足够的仓储设施，特别要注重粮食储备制度。

（成文于 1993 年 12 月，原刊在广州经济社会发展研究中心主编的《研究与决策》1993 年第 3 期，被评为 1993 年"广钢杯"征文优秀奖，后发表在《经济与发展》1994 年第 1—2 期）

广州"九五"时期农业和农村经济
发展的思考

"九五"是 20 世纪的最后五年，是广州建设现代化国际大都市和提前实现现代化最关键的五年。在"九五"期间，广州农业和农村经济如何发展，是引人关注的一件大事。总的来说，对农业和农村经济在广州的地位要有新的认识，农业和农村经济发展的战略要有新的转变，农业和农村经济发展的思路要有新的突破。现将一些不成熟的想法整理如下，以供参考。

一、农业和农村经济在广州的地位

农业是国民经济的基础，是基础产业。这个道理似乎人人都懂，但做起来却往往又是另一回事。广州作为华南地区的特大城市和中心城市，既是交通、金融、经贸中心，又是政治、科技、文化中心，人口高度集中，消费能力特别强，几百万市民的粮食、蔬菜、副食品供应是每天都不能缺少的。在"八五"时期，广州的农业和农村经济有了很大发展，取得了很大成绩，但是也存在一些不能忽视的问题。据有关部门反映，目前制约农业发展的因素有：一是观念制约，讲起来重要，做起来不重要，有些领导的观念仍然停留在虚幻的"口号农业"上；二是资金制约，农业资金不足，就是定下来的资金数额也不能及时到位；三是科技制约，农业科技投入少，农业科技贡献率还达不到全省的平均水平；四是宏观调控乏力的制约，农业生产资料价格居高不下和供应不及时，土地资源流失，市场管理不力，等等。这说明，对农业和农村经济在广州的地位仍缺乏足够的认识，仍没有把它摆到应有的位置上去。其实，越是发达的地区越需要有发达的农业，越是现代化的大城市越需要建设高度发达的现代化农业。目前广州市的农业总产值虽然只占国内生产总值的百分之几，但千万不要小看它，俗语说"小小秤砣压千斤"，没有它，整个国民经济的发展，人民的生活和社会的安定就会受到严重的干扰和破坏。邓小平同志说："如果农业出了问题，多少年缓不过来，整个经济和社会发展的全局就受到严重影响，想搞快也搞不成。"对此，应好好领会和贯彻到实际工作中去，真正把农业和农村经济的发展摆到首要位置上来。

二、农业和农村经济发展的战略

从指导思想来说，要有超前观念，"兵马未到，粮草先行"，要从"常规战略"转变为"超越战略"，实现新的战略转移，使农业加速转移到现代化的轨道上来，才能适应广州建设现代化国际大都市和提前实现现代化的新形势需要。

从农业结构来说，据全国有关专家的意见，今后从总体上要求实现三个转变：第一，由动物、植物"二维结构"农业转变为动物、植物、微生物"三维结构"农业，在大力发展种植和养殖业之外，要积极开发微生物产业；第二，由陆地农业转变为陆地、水域"二域并举"农业，在搞好陆地农业的同时，把海洋产业当作一个大产业来开发；第三，由粮食、经作"二元结构"农业转变为粮食、经作、饲料"三元结构"农业，既要大力发展粮食和经济作物生产，又要大力发展饲料生产，把农业发展的重点转移到畜牧、水产等养殖业上来。广州应结合自身的条件，认真研究和规划，尽快实现向"三维、二域、三元"农业的转变。

从市场需要来说，要从传统农业转变为质优量大效益高的"三高"农业，使广大市民和国内外消费者的需要能够得到充分满足。

从发展趋势来说，由于人口增多，资源减少，污染加重，环境恶化，必须用现代科学和高新技术来改造和武装农业，从广种薄收转变为精耕细作、集约经营，从粗放管理转变为企业化、工厂化管理，从放任自流转变为加强环境的综合治理，走用更少的土地生产更多更好的农副产品之路，走中国能自己持续发展的集约化之路。

从城乡关系来说，要从城乡分割转变为城乡结合，以城市带动农村，又以农村促进城市，形成城乡一体、共同发展、服务城市、富裕农民的综合型的大中城市的城市型农业发展格局。

从整个农村经济的角度来说，应该努力处理好农村三大产业之间的关系，处理好农业与乡镇企业的关系，农业的发展推动乡镇企业的兴起，乡镇企业的发展又反哺农业、推动农业的现代化。农村三大产业的关系处理好了，就能相互促进，协调发展，富民安邦。

三、农业和农村经济发展的思路

（一）应把解决"菜篮子"问题放在首位

作为特大城市的广州，由于目前市郊及其所辖市县的范围较小，对于粮食生产，除农村人口的口粮应做到自给外，全市不可能做到自给或半自给（1994 年的粮食自给率为 36%），不足部分只能靠全省、全国调剂解决。广州农业生产的重点应放在解决"菜篮子"问题上，着重解决市民必需的肉、禽、鱼、蛋、奶、菜、果、花等农副产品的供给问题（1994 年广州市生产的三鸟可以自给，蔬菜的自给率为 75%，生猪的自给率为 37%）。这是抑制通胀、稳定社会、加速经济发展的关键所在。

（二）应把广州市的农业从传统农业迅速转到现代农业的轨道上来

（1）推广适度规模经营。通过改革，推行农村土地股份合作制，明确所有权，稳定承包权，搞活使用权，在承认农村土地集体所有制和稳定农户的土地承包权的前提下，让土地使用权流动起来，使一家一户经营的土地逐步走向相对集中的适度规模经营。

（2）推进农业的产业化。农业产业化将形成生机勃勃的高效农业生产体系，构造中国农业产业化的模式——规模化生产，专业化分工，企业化管理，一体化经营，社会化服务。建设集城市农业、城郊农业、生态农业、创汇农业和旅游农业于一体的新型农业产业。

（3）建设"三高"农业生产基地。应充分发挥广州这个中心城市的功能作用，利用全市的资金、技术、设备、信息、人才、市场的综合优势，建设一批大型的现代化的"三高"农业生产基地，用"公司（农业生产基地、农业企业、农产品加工企业等）＋农户"的形式，以龙头企业带动广大农户一起上，将分散的农户家庭经营纳入到相对集中的企业集团体系中去，使农业生产经营迅速转到集约化、企业化经营的轨道上来。

（4）提高农业综合生产能力。应从传统耕作转向全面综合开发，走全方位多层次开发大农业之路。一是提高现有耕地的复种指数，发展立体农业，提高单产；二是改造中低产的农田、鱼塘和林地，变低产为稳产高产；三是充分利用和开发坡地、山地、草地、滩涂、水库和内河，用于发展优质的有一定规模的水果、根菜以及畜牧、水产、林业产品，例如在广州市郊及所辖各市用丘陵山坡发展水果和利用山塘水库发展网箱养鱼，都是有很大潜力和前途的；四是向海洋进军，大力发展海洋产业，做到养殖与捕捞并举，就算不靠海的地方也可与沿海地区联合开发，或到国外去办合资合作企业，共同开发海洋产业。通过以上途径，不断拓宽农业生产领域，提高农业综合生产能力。

（5）依靠科教发展现代农业。农业发展最终要靠科技和教育。中央提出"科教兴国"战略，在农业方面就是要贯彻"科教兴农"战略。人类赖以生存的基础是大农业，而21世纪又将是生物工程的世纪，只要高度重视农业科学技术和农业人才的培养，农业的发展前途就是大有希望的，我们一定能够依靠中国自身的力量解决十几亿人民的吃穿和过上富裕文明生活的问题。我们广州必须强化科教意识，加大科教投入，依靠科技进步和人才素质的提高，大力发展"三高"农业，真正做到优质、高产、高效、无害，努力提高人民的生活质量和水平。"三高"农业是农村生产力的新增长点，也是实现农业现代化的必由之路。现在，广州市白云区已经初步建立起一批大型的蔬菜、三鸟、生猪、水果等生产基地，番禺也正在兴建日产80吨的无公害蔬菜生产基地，其他辖市也根据各自特点兴建了一批比较现代化的农业生产基地。关键是要走用大科技发展大农业之路，进一步加强农业科技和教育工作，用第一流的现代科学技术和人才武装农业，全面提高粮食、农副产品和经济作物的层次和水平。

（三）应妥善引导农业剩余劳动力的转移

农业剩余劳动力的转移问题，是实现现代化过程中的一个关系全局的重大问题。农村经济的腾飞，必须在抓农业发展的同时，提高农村第二、三产业的比重，大力发展乡镇企业，使工农两大产业有机地结合起来，并为农业剩余劳动力的转移创造必要的条件。乡镇企业搞好了，第一可以使农民富裕起来，为反哺农业提供必要的资金；第二可以为大批农业剩余劳动力转移提供新的机会；第三可以引导一部分农业剩余劳动力转去为产、供、销服务的加工、储运、销售等行业，培育和壮大农村市场体系，进一步完善农村社会化服务系统。科学技术的发展对劳动力的使用，有双重作用：一方面科学技术会排斥劳动力，随着科学技术的发展，社会劳动生产率提高，在生产规模不变的情况下，就会有一部分劳动力被排挤出来，形成"机器排斥劳动者"的现象；另一方面科学技术又会吸纳劳动力，随着科学技术的发展，不断会有新的部门、新的产业、新的行业出现，又会吸纳很大一部分劳动力进去。

这里的关键是要有正确的对策，要利用现代科学技术发展的成果努力开发新的领域，源源不断地把农业剩余劳动力引导到新的领域中去。

（四）继续扩大对外开放与交流

世界上任何一个城市、地区和国家，都不可能做到完全自给自足，不对外开放与交流。地处改革开放前沿地带和社会主义市场经济条件下的广州，更不能例外。从农业生产和农副产品交换的角度来说，一是要继续扩大对珠江三角洲经济区内的开放与交流，这是解决广州农副产品供给的一个重要环节，如盛产塘鱼、蔬菜、粮食、香大蕉等的南海、顺德、中山、东莞等市县均是补充广州货源的重要地区；二是要继续扩大对省内、国内广大地区的开放与交流，除要建立正常的粮食和其他农产品的交换渠道外，还要与省内国内的一些重要地区建立特殊的合作关系，联合兴办生猪生产基地，反季节性果菜生产基地，以及名、优、新、特、稀产品生产基地，等等，以确保广州市的供给，解决广州与省内、国内农副产品的相互调剂问题；三是要继续扩大对港澳台和国外市场的开放与交流，学习这些地区和国外发展农业的先进经验，引进这些地区和国外的优良品种、资金、技术和人才，吸引外商直接参与农业开发项目，利用港澳台市场和国际市场扩大我国农产品的出口，同时进口一些我国短缺而又必需的农产品。总之，要在继续扩大对外开放与交流过程中，求得更大的发展，求得更大的效益，求得尽快实现农业的现代化。

（1995 年 8 月 30 日成文于暨南园，载于《经济与发展》1995 年第 4 期）

（二）珠江三角洲地区

论珠江三角洲开放区经济发展战略

党的十一届三中全会以来，中央在沿海地区采取了一系列对外开放政策，继创办四个经济特区、开放海南岛及沿海十四个港口城市以来，1985 年又决定将长江三角洲、珠江三角洲、闽南厦漳泉三角地区开辟为沿海经济开放区，对于加速沿海经济的发展，带动内地经济开发，有着十分重要的战略意义。

一、经济发展战略方针的客观依据与目标

制定珠江三角洲开放区的经济发展战略目标，既要考虑到珠江三角洲经济本身发展的可能与条件，又要考虑到全国经济发展和世界形势发展的需要与条件。前者是制定战略的内在依据，后者是制定战略的外在依据。只有这样，才能减少经济发展过程中的盲目性，提高自觉性。

1. 世界经济、技术形势的变化是我们制定战略方针首先必须考虑的问题

世界经济技术的发展已经出现了两个人所共知的新动向：世界经济中心从大西洋向太平洋地区的转移和新技术革命的兴起。我们必须适应世界经济中心东移的形势和迎接新技术革命的挑战，有选择地引进、消化新技术，缩短同发达国家的经济、技术差距。

2. 地区发展战略必须同全国发展战略衔接起来，在全国的战略中摆在一个恰当的位置

从总体看，我国经济发展战略改变了过去轻视沿海地区、把战略重点放在内地的错误做法，把沿海开放地区作为支援内地开发的前沿阵地，采取从沿海到内地逐步推进的办法，推动全国社会主义建设。这样，我们经济发展将沿着经济特区—沿海开放城市—沿海经济开放区—内地这样多层次，由外到内、由沿海到内地逐步推进，把沿海经济同内地开发密切结合起来，解决我国东部和西部的关系问题，使我国经济全面振兴，人民普遍富裕起来。

3. 珠江三角洲本身的条件是制定战略方针的内在依据

珠江三角洲的优势是什么呢?

第一,地处亚热带,气候温和,四季常青,植物资源丰富,盛产稻谷、甘蔗、蚕丝和水果,水产资源也很丰富。这里有占全省大约18.6%的耕地面积,生产了21.2%的粮食,38%的糖蔗,56.3%的蚕茧,31.3%的水产品(其中塘鱼占全省61.8%),23.5%的肉猪。

第二,毗邻港澳,海上和内河交通方便,有八个海口与南海相连,历来是对外交往的重要基地和口岸。中华人民共和国成立前,"省、港、澳"本来就是一个经济网络系统。近年来,随着我国经济对外开放,珠江三角洲与港澳的联系进一步恢复与发展。香港经济的发展离不开内地,特别是珠江三角洲对它的支持。其中鲜活农副产品的出口与港澳市民生活有着更加直接的关系。

第三,是著名的侨乡,共有1 000多万华侨和港澳同胞,大约占全省的60%,和世界各国人民有着千丝万缕的联系。这些人热爱祖国,热爱家乡故土,十分有利于引进国外先进技术装备和人才,了解国际市场情况与信息,对于发展经济是一个巨大的潜力。

第四,工农业生产比较发达,科学技术已有一定基础,是商品经济比较发达的地区,具有悠久的手工业和轻纺工业发展历史。1984年工农业总产值占全省的27%,即约占四分之一(其中农业总产值占全省的27.3%,工业总产值占全省的26.7%)。现在,已经形成工业门类比较齐全,轻纺工业比较发达,重工业已有一定基础的工业体系。拥有一批科学研究人才、工程技术人员、熟练工人和各种专业人才;农村中也有一批能工巧匠和种养能手,智力资源比较丰富。特别是随着今后南海石油的勘探,珠江三角洲必将形成南海石油开发后勤基地和石油化工基地。

但是,珠江三角洲也存在一些明显弱点:原材料资源缺乏,能源紧张,内陆交通不发达,传统工农业技术装备和管理落后。此外,台风、暴雨、洪涝、寒露风、早春低温阴雨等自然灾害对珠江三角洲农业生产危害也很大。

根据上述条件,珠江三角洲开放区的发展战略应该是把对外贸易作为先导,参与国际竞争,根据国际市场的需要,调整产业结构、产品结构,把珠江三角洲建成内外交流、工农结合、城乡渗透、现代化、开放式的文明富庶地区。这条发展道路正如中央3号文所概括的:"贸—工—农"发展道路。这是符合珠江三角洲实际情况的道路,是可以充分发扬长处、避免劣势的战略,同时也符合全国战略总的安排和国际形势的需要。

珠江三角洲在全国和全省中应该比其他地区先走一步，它的战略目标应该是：

（1）工农业总产值在 1985 年比 1980 年翻一番，在 1990 年翻两番。比实现全国战略目标提前十年，比全省提前五年。1980 年珠江三角洲工农业总产值计 83.43 亿元，1984 年已达 154.37 亿元，接近于翻一番，每年以 14.7% 的速度递增。要达到 1990 年的 333.72 亿元，1986 年后每年只要递增 10.8% 即可。

（2）调整产业结构，1990 年第一、二、三产业结构在整个国民经济中的比重，分别达到 25%、40%、35%。

（3）重点行业、重点产品和骨干企业通过外引内联、技术改造，1990 年达到 80 年代初国际先进水平，缩短与发达国家的差距。

（4）外贸出口要比工农业总产值的增长以更高的速度发展，才能适应战略的需要。1990 年外贸出口总值比 1980 年翻两番，从 1980 年的 12.1 亿元到 1990 年的 48.4 亿元，以带动整个经济的腾飞。届时外贸收购总值将从现在占工农总产值的 11.92% 上升到 14.5%。1978 年外贸出口收购总值 8.03 亿元，1984 年 18.41 亿元，平均每年递增 14.8%。要达到 1990 年的 48.4 亿元，每年需递增 17.4% 才能实现，这是一项十分艰巨的任务。

（5）人民生活提前十年实现"小康水平"，走在全省、全国的前列。这个问题关键在于提高经济效益。总产值可以翻两番，但是，如果原材料和劳动力的消耗增加了，即使总产值翻两番，人民生活水平也并不一定会相应翻两番，而且人口总量的控制又是实现这一目标的前提条件。

实现珠江三角洲战略目标必须分步骤有计划地循序渐进。

（1）1990 年以前基本上是贮备力量的时期，要着力于改造现有企业的技术基础，特别要在能源、交通方面做好充分的准备。在经济体制改革上理顺现有经济关系，特别是外贸体制的改革要先行一步，借以调动生产者出口的积极性，为 1990 年以后的起飞打下扎实的基础。

（2）在做法上要求采取由点到面、逐步推进的办法，先从开放区的"小三角"到"大三角"，要以点带面，把工作做到扎实稳妥。"点"就是珠江三角洲的佛山、江门的市区和有关各市、县的城关区；"面"就是安排以发展出口为目标的、利用外资建设的农业技术引进项目、农产品生产基地和设有农产品加工厂的市、县所属农村。整个工作的安排要体现在珠江三角洲开放区的统一规划之中。

二、实现战略目标所面临矛盾的分析

通过三十多年的建设，特别是党的十一届三中全会以来，珠江三角洲开放区内十六个市、县的经济有了迅速发展，成为全省经济发展较快的地区。具体来说，突出表现在以下几方面：

（1）农业：联产承包责任制促进了农业生产的迅速发展。1984 年，珠江三角洲开放区的农业总产值已达 56.29 亿元，比 1978 年增长 97.23%，并使大批劳动力从农业中解放出来，向第二、三产业转移。

（2）工业在农业的推动下，通过引进外资，对老企业进行技术改造，发展了一批新兴工业项目，如电子、塑料等行业，建成了以轻纺工业为主体的初具规模的工业体系。1984 年，珠江三角洲开放区的工业总产值已达 98.08 亿元，比 1978 年增长了 150%。其中乡镇企业有了迅速发展。特别是去年中央 4 号文肯定了乡镇企业作为国民经济的重要补充之后，它已经超过县属工业的发展。乡镇企业的产品在县一级的对外出口商品收购额中也占有绝对的优势，它已成为农村重要的、不可忽视的一支经济力量。1984 年区乡镇企业总收入已达 48.92 亿元，比 1978 年增长 325%。

（3）对外贸易有了较大的发展，1984 年外贸收购总额 18.41 亿元，比 1978 年增长了 129.27%。在出口产品构成中，工业品比重上升为 55.9%，农副产品比重下降为 44.1%。

（4）产业结构有了初步的改善，工业发展速度超过了农业，第二、三产业在国民经济中的比重逐步得到加强，工业已经明显占据主导地位，1984 年工业产值已占社会总产值的 56%（工农业结构则为 64∶36），第三产业也有了一定的发展。

（5）人民生活进一步提高。珠江三角洲开放区是我省比较富裕的地区，农村的温饱问题基本解决。一部分富裕县如顺德、南海等，年人均收入已达 850 元以上。城乡居民年末存款余额为 41.68 亿元，比 1978 年增长 7.7 倍。它的实际生活水平已超过比较发达的广州市区。

无疑，珠江三角洲开放区经济面貌的深刻变化，为贯彻"贸工农"的战略方针提供了物质基础，但这个基础相对于前述的战略目标，还有相当的差距，突出表现为工农业产品在国际市场上的竞争能力低，创汇能力差，这个问题又是珠江三角洲开放区工农业生产的基础薄弱、经济管理体制不合理这个主要矛盾的反映。

1. 从外贸情况来看

珠江三角洲近几年来外贸虽然保持每年平均以 14% 左右的速度增长，但落后于工农业生产发展的速度，而且还有下降趋势。1980 年到 1984 年，工农业总产值增长 85%，而出口收购只增长 52%，1980 年出口产品占工农业总产值的 14.5%，1984 年下降到 11.9%；同期贸易外汇收入与外贸收购总值对比从 25.8% 下降为 22.2%，而换汇成本则从 3.9∶1 增加到 4.4∶1，使出口外汇收入只增长 35%，低于出口收购值的增长速度。在出口产品构成中，初级产品占了主要份额，1984 年出口产品中农产品及农副产品加工品、矿产品等在全部出口产品中的比重占了 54.8%，占出口外汇收入的 55.6%。1984 年工业出口收购值只占当年工业总产值的 10.5%，低于农产品出口率的 14.4%，加上当前外贸体制和政策的某些弊端，更使工业品出口呈现下降趋势。

流通中的问题要从生产方面找原因，产品在国际市场缺乏竞争力，创汇能力差是珠江三角洲工农业基础薄弱的表现。下面我们分析一下工农业生产的状况以及我们指导思想和体制上的问题。

2. 从工业生产情况来看

（1）工业技术基础落后，长期没有更新设备，更新换代缓慢。近几年，利用外资，引进技术，情况有所改善，但从总体来看，传统工业技术基础仍显薄弱，而新兴的电子、塑料等工业尚处于开创阶段，加上引进的技术先进性、适用性不够，产品基本内销，对外没有竞争力，目前区内工业生产力技术水平状况，大体上可分为四类：

第一类，企业技术比较先进。引进先进技术，实现老企业的技术改造，促进产品的更新换代，经济效益高，对新技术能够消化、仿制、创新。这类企业占少数，估计只有 3%。如石湾利华装饰砖厂，1982 年从意大利引进的年产 30 万平方米的彩釉墙地砖全套生产设备及其工艺技术等。

第二类，企业引进技术，填补我国工业中的空白，或者实现老企业技术改造。产品既内销也外销，拥有创汇能力，可产生较高经济效益。这类企业目前尚属少数。如新会涤纶厂，以补偿贸易形式，由香港永新公司引进成套设备（西德巴马格公司制造的两套 POY 高速纺织机，英国斯格拉格公司制造的 6 套后纺加弹机 STS3–600），年产涤纶长丝 5 000 吨，是我国目前已投产的同类工厂中最大的具有 80 年代水平的现代化工厂，大大提高了产品外销的创汇能力。这类企业估计占 15%。

第三类，大量的企业，包括一部分新创办工业项目和近几年经过改造的企业，属一般技术，产品基本内销，无创汇能力。特别是电子、塑料行业产品基本内销。这些产品在国内有广大市场，而且在产品质量上可以和别的地区进行竞争。但是面对国际市场的强敌就无法竞争。这类企业在珠江三角洲地区估计占 65%。

第四类，企业技术装备一般，有的属落后设备，其中包括引进的落后设备。乡镇企业中有大部分通过外商来料加工方式引进的一批设备都比较落后，对于解决劳动力就业，增加收入有一定作用，但它在今后市场竞争中终将衰退下去。这类企业估计占 17%。

（2）能源、原材料短缺，制约了工业的发展。能源紧张这是全省普遍性的问题，而珠江三角洲开放区尤为突出。全省人均用电量 270 度，低于全国人均用电 370 度的水平，珠江三角洲开放区人均用电量更低于全省人均水平。全省正常情况下缺电 20%～50%，而珠江三角洲开放区则缺电 40% 以上，如佛山市每天需用电 500 万度，但电网只能保证 300 万度左右，其余只能靠停产、减产或自己发电解决，而由于自行发电成本约每度电 0.40～0.60 元，大大增加了产品的成本。原材料缺乏又是制约工业发展的另一个重要因素，由于价格原因，近年发展了很多毛织厂、铝锭厂。羊毛、铝锭来自外地，不仅价格高，而且各地还控制外流，使供应十分困难。近几年引进生产线，特别是电子行业，基本上是装配式生产，它们从国际市场上进口原材料、元器件，在国内进行组装生产内销，是一种只花外汇而不能创汇的工业企业。仅佛山地区一年进口的原材料、元器件就需要外汇 8 000 万美元，这是一个十分可观的数目。这些企业在过去是靠用高价外汇或用联营等办法解决外汇平衡问题。在外汇加紧管制的情况下，矛盾就暴露出来了。

3. 从农业生产方面来看

（1）农业近几年发展主要靠政策，对农业投资少。国家除了在大型水利设施、大电网有投资外，对农业的直接投资是很少的。而用现代科学技术武装农业方面更是考虑不多，在利用外资、技术引进上，农业项目占的比例也很少。以佛山所属市县为例，截至 1984 年底，引进农业项目只有 11 项，金额 534 万美元，仅占全市投入使用的外汇金额的 2.1%。

（2）某些地区农业强劳力外流超过了生产所能承受的能力。剩下不到 30% 的老、弱、妇劳力搞农业，这种状况不能不影响农业生产的发展。

（3）农田弃耕和被占用情况值得重视。劳力过分外流是造成部分土地弃耕的一个原因，此外兴办工副业、盖房子以及各市县兴起办小城镇的高潮，都造成农田大量被占用。有的已经破土动工，由于资金不足，很多地区实际建设停顿，结果农田被占用，不能生产；劳动力闲置，每月拿补贴。从1978年至1984年，珠江三角洲开放区减少耕地面积52.6万亩，约占总耕地面积的5.7%左右，特别是由于搞工副业收益高，在一部分农民中出现了"厌耕"情绪，土地不能充分利用。

（4）占有传统出口优势的蚕桑产量连年下降。不少有传统出口优势的农产品缺乏有力的支持、扶植，生产萎缩衰退，最为突出的如蚕桑，近几年生产连年下降，日益处于衰落状态，1984年整个珠江三角洲的产量比1978年下降39.3%，其中，主要产区顺德下降47.5%。由于蚕桑产量下降，缫丝厂开工不足，加上其他原因，不少工厂相继停产或转产。如顺德原有五间缫丝厂，由于没有原料，其中一间已经转产人丝低弹尼龙，另四间丝厂也处于半停产的状态。

我们认为，造成上述矛盾，有其深刻的内在原因：

（1）贸工农发展方针还没有确立。在指导思想上，没有把珠江三角洲经济发展放在全国、全省的战略高度上来认识。只要生产的产品能够卖出去，就算达到目的，至于说如何打入国际市场，各级领导考虑很少，注意国内市场多，注意国际市场少；注意工农业总产值发展速度多，注意经济效益少；注意发展第二、三产业多，注意发展农业少。在经济管理考核中，仅以考虑总产值是否翻番来作为衡量经济工作的尺度，而很少从为国家创汇大小来衡量工作效果。听凭价值规律自发调节，而没有自觉地利用价值规律。

（2）经济发展中缺乏统一规划。各个市县搞"小而全""大而全"的工业体系，不能充分发挥生产的地区分工和协作能力。目前，珠江三角洲有很多市县都要搞纺织城，如佛山、南海、新会、鹤山等，他们都想从原材料到纺、织、染、整全过程都搞。大家都搞"小而全"。目前，已经出现有的生产设备能力过剩，不能发挥作用。经济中的专业化协作的步伐太慢。

（3）现行的体制妨碍了经济的发展。首先反映在珠江三角洲开放区现行外贸体制权力过于集中，经营渠道单一，购销脱节，一般市县以下外贸部门实际只起"收购站"的作用，而且外贸收购价长期不变，不能反映企业生产实际成本。外汇留成比例不统一，造成出口商品国内互相提价抢购，国外削价倾销，而且由于层层扣除，实际上生产者能得到的外汇比例份额是很少的，无法调动企业生产积极性。不少企业是出口越多，亏损越大，在目前国内市场需求膨胀的情况下，当然不愿出口了。其次是目前我国实行的财政包干的体制，有利也有弊，它固然调动了各地方的积极性，但是又滋长了从自己局部利益出发的狭隘观念，妨碍了专业化协作，不利于生产力的发展。

三、珠江三角洲开放区产业结构的调整方向

1. 珠江三角洲开放区产业结构调整的设想模式和标准

当今世界上经济发达地区和不发达地区的产业结构呈现出完全不同的模式：宝塔式和倒宝塔式，见图1。

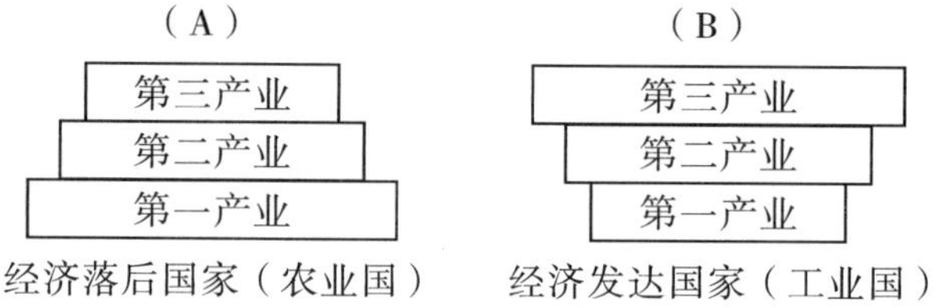

（A）

第三产业
第二产业
第一产业

经济落后国家（农业国）

（B）

第三产业
第二产业
第一产业

经济发达国家（工业国）

图1

从 A 型结构向 B 型结构过渡是经济发展的一般规律，也是一个国家或一个相对独立的地区经济发达的标志之一。珠江三角洲经济开放区属经济较发达地区，它的产业结构的类型已经介乎 A、B 两者之间，见图2：

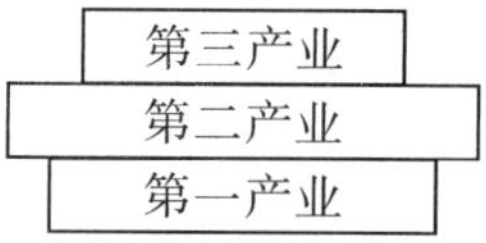

第三产业
第二产业
第一产业

图2

关于珠江三角洲经济开放区产业结构调整总的模式、总的设想是进一步调整农业布局，发展更多的经济作物，大力促进轻工业、纺织工业和食品工业的发展，相应发展与其配套的重工业，在此基础上，要求第三产业实现超前增长，到 20 世纪末，使珠江三角洲经济开放区的产业结构模式接近于 B 型。

珠江三角洲经济开放区合理的产业结构应符合如下的要求：

（1）能充分发挥珠江三角洲经济开放区对外开放的优势，有效地利用本

区人、财、物和自然资源，在依托国内市场的基础上，最大限度地利用国际分工的好处。

（2）地区、部门之间实现合理的专业分工，协调发展，各地区既是相互联系、又是各具特色的统一经济体系，保证社会扩大再生产能顺利进行，实现区域内经济运转的良性循环。

（3）有利于促进技术不断进步，劳动生产率不断提高，又有利于保持生态平衡的生产结构。不断提高参与国际市场竞争的能力，保证多出口，多创汇，为国家多做贡献。

（4）要实现经济的持续稳定发展，在经济效益不断提高的前提下，保证较快地提高人民生活。

2. 珠江三角洲开放区产业结构调整的方向

（1）第一产业的调整方向。

农业仍然是珠江三角洲开放区经济发展的基础，它制约着这一地区工业的发展道路。关于农业结构调整的方向：

①粮食与经济作物的关系问题。珠江三角洲有发展多种经营得天独厚的优势，历史上是经济作物发达地区，粮食主要靠外地供应。因此，从合理的地域分工和农业专业化发展趋势看，减少粮食生产，大力发展经济作物是必然的。但由于目前种种因素，短期内大面积缩减粮食种植面积是不可行的，在 1990 年前，它只能在努力提高粮食单产，用提高劳动生产率的办法，稳住或增加粮食总产量的同时，适当减少粮食种植面积，增加经济作物种植面积，使农业结构逐步合理化。目前珠江三角洲经济开放区的水稻单产比汕头地区还低 200 多斤，说明增产潜力还很大，为此，必须改变过去对农业投资极少的局面，增加国家、集体以及农民自己对农业生产的投资，积极开展农业先进技术的引进，力争在短期内使农业生产方式、耕作技术（包括良种、机械化水平等）有较大的提高，争取整个珠江三角洲经济开放区农业耕地面积中粮食与各种经济作物的比例在总体上达到4：6的水平。

②大力搞好山、水、滩、荒等后备耕地的开发和利用。珠江三角洲土地资源比较缺乏，但是荒滩等潜力都还不小，应当积极组织开发。例如，珠江三角洲的海涂总面积约有 150 万亩，在标高负三米以内近期可以围垦的有 50 万亩，占三分之一；在标高负三米以外尚未具有围垦条件但可发展海水养殖业的有 100 万亩，占三分之二。此外，珠江三角洲还有几十万亩江河水面和水库，几百万亩丘陵和山地，可供开发和利用。

③建立强大农鲜活商品生产基地。要把先进科学技术和农业生产紧密结合起来，产品必须达到优质、低耗、高效益的要求，要使这些基地成为农村先进科技的试验场和推广场。1990年前应着重发展瘦弱型猪和以熟火腿、灌肠为主的肉类制品；三鸟、蛋类；各种淡水鱼类和近海养殖产品；水果、蔬菜以及供观赏的花鸟虫鱼；桑蚕业；糖蔗等基地。对于甘蔗的种植，我们认为根据国际市场糖价的涨跌，以及国内市场的变化，不宜盲目发展，蔗糖的生产要向精糖方向发展。

④农业生产的专业化、区域化。考虑到今后全国农业布局会进一步向区域化、专业化生产发展，届时，珠江三角洲经济开放区农业生产有可能从粮食制约下解脱出来，获得经济作物的全面发展，现在就要对相应的农业科研及其应用等部门给予科学的规划。

（2）第二产业的调整方向。

工业是珠江三角洲经济发展的主导力量，没有工业的发展，农业的基础不能加强，第三产业也没有可能进一步发展。工业结构调整的方向应该是改造传统工业，扶植和发展新兴工业。具体设想：

①珠江三角洲工业发展的顺序应该是：纺织工业、轻工业、食品工业、建材工业、为轻纺工业配套生产的各类机电、重化工业。

②利用外资，引进先进适用技术，改变技术基础落后状况。对老企业改造要从单机、个别企业到整个行业技术基础的改造。对新兴产业要改变装配式生产，注意引进零部件、元器件生产工艺的技术，逐步改变依赖进口的被动局面。

③建立地区的专业化协作体系。以区内两个主要中等城市佛山和江门为中心，实行专业化分工生产。这样设想：

a. 以江门市为珠江三角洲经济开放区的食品工业中心，协调全区食品工业的发展，充分利用本地区丰富的农业资源，大力发展饮料类、方便食品以及各种营养食品；提高制糖工业的技术水平、综合利用水平，特别是开拓蔗渣和糖蜜的利用深度。

b. 以佛山市为珠江三角洲经济开放区的纺织工业中心，统一进行开发，实行专业化、系列化的生产。在全区内，以服装为龙头，以提高产品档次为中心，重点发展化纤、丝织品、针织品和毛织品。

c. 佛山、江门两市的电子工业在全省都有一定的地位，技术力量也较为雄厚，要争取多搞一些元器件、集成电路等新产品的开拓，两市之间要适当进行专业化分工，以取得最好的经济效果。轻工产品则应以家用电器、塑料制品、成套家具为核心，积极发展各种传统的日用轻工产品。逐步从组装进口散件为主，过渡到使用国内配件为主，今后在珠江三角洲经济开放区不要再引进一般的生产装配线，主要对现有的进行国产化配套，力争达到国际水平。

d. 以佛山石湾为中心大力发展建材工业，如建筑陶瓷、各种铺地砖及新型墙体材料，注意开拓装饰建材的生产。

④重工业方面主要立足本地现有资源，发展一些五金矿产、化工原料。如江门可搞烧碱等，同时积极为各类轻工业提供配套服务。机械行业要重视向近海工程工业发展，为南海油田将来的开发服务。1990 年以后，石油化工工业也要搞上去。

（3）第三产业的调整方向。

在珠江三角洲开放区的产业结构上，第三产业是严重的薄弱环节，尽管同国内大部分地区相比，珠江三角洲开放区的商业、服务业、交通运输、邮电通信和金融业等的比重及经营水平较全国平均都高，但与国内一些先进地区比较，差得很远，如上海地区的第三产业，从 1978 年至 1984 年平均每年以 9.8% 的速度递增，超过了第一、二产业的递增速度。1983 年其就业人数和产值的增速分别达到了 24% 和 22%。而珠江三角洲开放区的第三产业比重，据估算，在 1984 年时约为社会总产值的 17%。这与珠江三角洲开放区国民经济增长是很不相适应的。分析世界各国统计资料，可以发现，当人均国民收入达到 1 000 美元时，第三产业比重持续上升，其增长速度将高于第一、二产业而超前发展，为此必须：

①争取第三产业每年以 26% 的速度递增，从 1984 年的 31.6 亿到 1990 年的 126.48 亿，翻两番，超前发展。

②第三产业主要为提高第一、二产业劳动生产率和社会综合经济效益创造条件，要优先发展各种基础设施部门，如交通运输、邮电通信、金融服务网点机构、信息部门等。今后在利用外资上，要积极主动采取更优惠的办法，引导外资对这些部门进行投资。

③争取尽快建成省规划的以广州为中心的珠江三角洲经济开放区市、县的信息管理系统，成立各种专业的技术、经济的咨询公司，开展咨询服务。

四、总的对策

实现珠江三角洲开放区的战略目标，涉及一系列问题，是一项系统工程，必须采取综合治理的方法，这里既涉及生产力方面，也涉及生产关系的调整方面。现在，仅就经济发展中的主要方面提出以下一些意见。（关于产业结构调整的合理化方面及对策见第三部分）

第一，制订珠江三角洲开放区社会、经济、科学发展规划。

发展规划是一个预见，是指导人们行动的指针和根据。人们在行动之前，如果没有一个目标，必然陷入被动和盲目性。当前，珠江三角洲经济发展中出现的各市、县各搞一套，是和我们缺乏统一规划分不开的。

为了搞好珠江三角洲社会经济科学发展规划，必须注意如下几点：

（1）规划必须是能够体现中央对珠江三角洲要求的总方向（即以国际市场为目标的贸工农方向），又要体现珠江三角洲本身特色的地区发展规划。在地区内部也是各地因地制宜，制定能够充分发挥自己优势的发展规划，切忌千篇一律的简单化做法。

（2）要组织经济、科技理论工作者和实际工作者对本地区的情况做全面、周密的调查研究，从中提出切实可行的而不是主观臆造的构想和措施。不要"先上马，后论证"。在规划上宁可多花时间，看起来发展速度慢一点，实际上是更快。在规划上不要光搞一个规划，而是可以多搞几个，从中比较，择优实施。

（3）规划内容必须全面而又有重点。所谓全面就是指不仅规划经济发展，而且规划科学技术发展；不仅规划物质生产，而且要规划人才培养；在经济发展中不仅规划工业和第三产业发展，而且对农业发展更应予以十分的重视。所谓重点就是指决定本地区发展战略的主要项目，包括县属大中型企业和区一级中型企业的重大项目。

（4）发展规划必须具有一定权威性与强制性。

第二，积极利用外资，有计划地引进新技术，促进老企业改造，促进工农业生产现代化。

这是加速战略目标实现的重要一环。实践已经证明，利用外资，引进新技术对珠江三角洲经济的发展起了重大作用。目前在这方面总的看来，还是处于起步阶段，在引进中我们还有许多事情不熟悉、不适应，需要我们去学习总结，提高利用外资、引进新技术的管理水平。当前特别需要注意以下几点：

（1）目前的国际和国内形势决定了我们必须而且可能大胆地利用外资和引进技术，但是，总的目的还是为了加强我们国家自力更生的力量，离开了这个出发点，引进就失去了意义。现在有些地方，即使国内自己能够配套的，也要引进全套设备，似乎只有外来的才是先进的，既多花了外汇，又妨碍民族工业的发展，应及时纠正。

（2）引进要和地方财力相适应。我们是资金缺乏、技术不发达国家，引进的需要是无穷的，但是，外资是需要偿还和付息的，按照国际金融惯例，以年息12厘计，六年欠债就要翻一番；如年息10厘计，八年就要增加一倍。因此，在引进中一定要考虑到经济效益，考虑到偿还能力，考虑到一定时期中的外汇平衡问题。

（3）正确引导外资的投向。近几年来，我们国家投资主要在第二产业，而外资投向主要在第三产业中的宾馆、餐厅、房地产、旅游设施等部门。今后要加强引导，创造良好投资环境，并从政策上加以引导，引进外资及技术，在抓紧工业的同时，加快农业的技术改造和技术引进的步伐，要同外商合作发展一批技术密集的、现代化的新型农业企业。

（4）在利用外资的形式上，要逐步从"三来一补"向合作、合资经营形式发展。但是，不要"一刀切"，要从实际出发，根据各地经济发展的不同程度及管理水平的差异来灵活对待。离开实际情况一味追求合作、合资经营形式有时要付出巨大的代价。目前，"三来一补"在珠江三角洲的经济发展中仍然起着十分重要的作用，在外资引进诸形式中仍占首要地位。以佛山市所属市县为例，从1979年至1985年上半年止，"三来一补"占引进外资总额的40%。我们只能创造条件，逐步向"三资"形式过渡。

（5）要引进先进适用技术。从实际出发，引进先进而又适用的技术既可以在生产中迅速发挥作用，又可以在消化、吸收的基础上发展自己的新技术。要引进先进适用技术，就要掌握世界新技术的动向和情报，要派专业科技人员出国考察和学习，改变行政官员大批出国的状况。在广泛调查了解的基础上，制订本地区技术引进的长、短期计划，根据我们的需要，采取公布合作项目、招标等方式，择优引进，是一种比较好的形式。

（6）引进技术一定要和消化、创新结合起来，改变只顾短期效益的"近视"作法。对一些重大的引进项目，从引进开始就要考虑到消化与创新问题。

第三，重视发挥珠江三角洲"内联"的作用。

珠江三角洲经济开放区位于沿海，交通方便，信息比较灵通，工业基础较好，商品经济发达，对外引进技术、资金、管理方法是具有优越条件的。但要发挥它的作用，必须正确地处理好对内、对外两个方面的关系。只有"外引"，缺了基础；只有"内联"，就会失去桥头堡和跳板。所以在重视"外引"的同时，必须同时重视"内联"的作用。把内地的原料、初级产品在经济开放区精加工，梳妆打扮后再出口，内地是珠江三角洲的后方基地。

（1）在思想上要充分认识"内联"的重要性，要克服"内联"是肥水外流的错误观点。

（2）采取多种"内联"形式，促进经济效益的提高。在"内联"形式上可以采取：①和内地企业联合投资建立原材料生产基地。②和内地企业联合组织货栈，交流不同品种，活跃市场，择优出口。③和内地科研部门联合，搞新产品、新技术的联合研究。可以组织从科研到生产一条龙的联合生产单位，也可以采取短期聘请经济、科技人员到本地区作开发研究，制订规划或某些项目的攻关研究，还可以和内地一些高等院校挂钩进行智力投资，开发人力资源。

（3）"内联"成功与否的关键在于正确处理好双方面利益关系，要本着平等互利、利益均沾的原则，把经营中的责、权、利结合起来，才能推动"内联"的健康发展。

第四，改革外贸体制。

当前，珠江三角洲经济开放区贯彻"贸—工—农"方针，改革外贸体制是当务之急。改革的重点应该把贸工农三者之间的利益直接联系起来，充分发挥企业和生产者出口创汇的积极性。外贸体制改革的几点建议如下：

（1）改革外贸垄断管理体制，建立多种出口经营形式，建立工贸结合、农贸结合、技贸结合，调动生产者和出口经营者双方的积极性。这种形式有利于实行责、权、利相统一，把生产者和出口经营者双方利益统一起来，共担风险，均沾利益，减少阻力，调动双方积极性，有力推动外贸出口的发展。对于有条件直接出口的企业采取企业自营出口的形式，赋予生产企业出口权，将更大地调动生产企业的积极性。但是，工业自营出口的企业目前碰到的困难很多，外贸部门也不太欢迎这种形式。同时，自营企业也必须具备一定的条件，如有开拓性的领导班子，生产技术水平较高，产品在国际市场上有一定竞争能力，创汇能力强，能承担国家下达的创汇任务等。这种形式目前还不能发展很多。

珠江三角洲经济开放区一些已经具备条件的市县可以成立外贸专业公司，有权对外经营，对鲜活产品可以"直来直去"。

（2）改变出口商品配额的管理办法。出口商品的配额管理应该采取宏观控制，微观不配，直来直去，价格限制的办法。即在总的额度上，要做宏观的控制，防止盲目出口，自我冲击，导致国际市场的价格下跌；但在微观上则不应再用简单的办法分配额度，而是让出口商品生产者进行竞争，谁的产品最优，谁就可以出口，国家政府部门或行业协会可以规定一个最低出口价，达到这个出口价以上的商品，又在宏观控制额度允许的前提下，都可以出口。当然，采取这种方法，还必须有相应的配套措施来配合。例如，控制宏观额度的行政部门对国际市场信息的反馈，行情预测，报关手续的简化等，都要作一番详细的研究，制订细则，形成条文进行卓有成效的管理。

（3）调整外贸政策，调动出口单位创汇的积极性。

①调整国家外汇牌价，珠江三角洲的情况证明，很多企业的生产成本大大超过现有换汇标准。人民币虚假增值不利出口，只是有利于进口，对整个国民经济的发展不利。

②应该用同一外汇留成标准对待不同地区，让各地区在同一条件下竞争。

目前，各地外汇留成的标准不一，带来严重后果。一是严重影响出口任务的完成；二是商品流向不合理，迂回运输，增加了商品成本；三是港澳市场受冲击，造成国家外汇收入减少。

解决的办法是采用同一留成标准。至于对不同地区的照顾可以用其他办法，包括国家财政直接拨款补贴。国家还可以按照不同产品规定不同留成比率，这样可以鼓励某些商品的生产或者控制某些商品的生产。

③实行外汇留成部分自由调剂办法。尊重创汇单位的物质利益，一是要尊重创汇部门所得外汇的所有权，二是要让这些有外汇留成的单位有合理的调剂办法。只承认留成单位的所有权，但不让他们自由调剂，只按牌价换汇（目前牌价与实际价格相差太大），无异于剥夺创汇部门的物质利益。目前，可以实行由中国银行管理下的有限范围的外汇自由调剂管理。外汇留成部分可以由买卖双方自由议价，相互调剂。需要外汇的单位必须有国家批准的进口证，出卖外汇的必须是有留成的单位。双方都必须在中国银行管理指导下成交。这种做法比现在的黑市交易好得多。

④中国银行必须缩短外汇结算期限，认真执行原来规定的按月或按季结算办法。不宜把结算期限拖得太长，改变原来创汇企业今年创汇、明年使用

的状况，以加速资金周转，提高经济效益。

⑤调整出口商品外贸收购价格。目前，出口商品的价格大部分是 60 年代制订的，由于国内原材料提价，工人工资支出增加，出口成本增大，加上税收，导致出口企业的收入减少。为了鼓励出口，外贸收购价应该进行调整。

（成文于 1985 年 10 月，本文为作者与王光振、陈素辉、左正合写，最初发表在广东省科委《"软科学"研究报告集》，后发表在《暨南学报》1986 年第 3 期，获 1986 年省科研成果奖二等奖。）

珠江三角洲蚕桑业的历史地位和发展状况

珠江三角洲是广东蚕桑的主要产区，以顺德、南海、中山为中心，桑地面积约占全省的 75%，产茧量占全省的 90% 左右，成为我国著名的生丝产地，与太湖平原、四川盆地并列为我国三大桑蚕基地。

珠江三角洲地处北回归线以南，属亚热带地区，对发展蚕桑和亚热带作物具有极大的优势：

第一，土地肥沃，自然资源丰富，光热雨量充沛，有利于发展蚕桑和亚热带作物。珠江三角洲是由西、北、东三江汇合冲积而成的肥沃平原，地势平坦，土地类型多，土质较好，年平均温度 21℃ ~ 22℃，年平均降雨量约 1 700 毫米，光照 1 900 小时，热量 110 卡左右，蚕桑生产一年可达 8 ~ 9 造，亩桑产茧一般年平均约 250 斤，最高年份达到 305 斤，这是最大的优势，在国内其他地区是不可能有的。

第二，蚕桑生产历史悠久，现有生产条件和设施较好，有丰富的种桑养蚕经验，有一套桑基鱼的生产体系，有一支技术队伍，有一定的蚕种生产能力，还培养出一批蚕桑高产的先进典型。

第三，河涌交错，四通八达，又有较好的水利设施和排灌系统，有利于蚕桑生产的发展。

第四，劳动力资源充足，潜力大，有利于发展蚕桑等劳动密集型产业。

第五，有广州、佛山等大中城市为依托，缫丝、纺织能力大，又毗邻港澳，可及时引进外资、侨资和先进技术设备，便利丝绸产品出口外销。

据历史记载，12 世纪初，北宋徽宗期间，珠江三角洲修筑了“桑园围”，从此逐渐形成了以顺德、南海、中山为中心的蚕桑生产基地。到了鸦片战争前夕，这里已是“周回百余里，居民数十万户，田地一千数百余顷，种植桑树以饲春蚕，诚粤东农桑沃壤也”（李文治：《中国近代农业史资料》第一辑，第 82 页）。进入 20 世纪初，特别是在第一次世界大战结束后，由于资本主义国家纺织工业逐渐恢复，需要大量原料供应，引起生丝价格不断上涨，外销量激增，从而推动了珠江三角洲蚕桑业的高速发展。据统计，全省桑地面积由 1921 年的 1 008 900 亩扩大到 1925 年的 1 465 725 亩，年产干茧 498 005 担。其中，珠江三角洲桑地面积也由 1921 年的 963 600 亩扩大到 1925 年的 1 398 625 亩，占全省桑地总面积的 95.4%，年产干茧 479 345 担，占全省蚕茧总产量的 96%。全省生丝产量由 1921 年的约 104 641 担增加到 1925 年的 120 000 担，比 1949 年增长 3.3 倍；亩产茧 305 斤，比 1949 年增长 5.52 倍。但是，若以 1978 年与 1925 年相比，则 1978 年的桑地面积仅为 1925 年 1 398 625 亩的 10.22%；总产茧仅为 1925 年 904 812 担（干茧 479 345 担）的 47.41%；亩产茧则比 1925 年的 64.7 斤增加 240.3 斤，即增长 3.71 倍。

在桑地面积大幅度收缩的基础上生产更加集中了。珠江三角洲的蚕桑生产，从顺德、南海、中山、新会、三水、高明等县，逐步集中到顺德、南海、中山三个县。顺德县又集中在杏坛、龙江、均安、沙滘、勒流、桂洲、伦教、大良等八个公社，南海县集中在九江、南庄、沙头、西樵等四个公社，中山县集中在小榄、古镇、东风、南头等四个公社。1980 年 3 个县 16 个公社的桑地面积，约占全省桑地总面积的 75%，其中顺德一个县就占了全省桑地总面积的一半；1980 年 3 个县 16 个公社的蚕茧产量，合计 35.6 万担，占全省蚕茧总产量的 82.2%，占全国的 8.23%，其中顺德一个县就占全省蚕茧产量的 44.11%，占全国的 4.41%。这种收缩中形成的集中，有其合理的一面，产区和面积缩小，但茧产量相对提高，利用更少的耕地生产蚕茧，可以腾出更多的耕地发展其他作物。同时也说明，只要政策对头，适当扩大一些桑地面积，使珠江三角洲的蚕桑生产恢复到历史最高水平，进而有所发展，是完全可能的。

但是从分阶段来看，各个时期的发展速度是不平衡的。现以南海县蚕桑生产情况为例加以说明。见下表：

时期	年份	年平均茧产量（担）	比上期增减（%）	平均每年增减（%）
基期	1949	7 142		
1	1950—1958	24 860	249	27.67
2	1959—1963	27 394	10.2	2.04
3	1964—1970	72 865	166	23.71
4	1971—1980	94 939	30.3	3.03
5	1981—1982	90 154	−5.04	−2.52

从表中以可看出：第一个时期发展速度最快，这是由于 1949 年后，特别是"土改"后养蚕的生产积极性大大提高，农产品比价比较合理，基期起点也较低，所以发展快，平均每年以 27.67% 的速度发展；第二个时期发展速度很慢，由于正值三年经济困难时期，粮食供应紧张，资金、劳力、肥料都转移到粮食生产上去，使蚕桑生产速度降低到平均每年只增长 2.04%。其中，珠江三角洲由 1921 年的 100 455 担增加到 1925 年的 115 200 担，占全省生丝总产量的 96%。全省生丝外销量由 1921 年的 51 000 担到 1925 年增加到 62 800 担，其中，珠江三角洲由 1921 年的 48 000 担到 1925 年增加到 60 000 担，占全省生丝外销总量的 95.5%。珠江三角洲已成为全国三大桑蚕区之一。

由于蚕桑生产的大发展，推动了缫丝和丝纺工业的发展，到 1926 年珠江三角洲已有大小缫丝厂 299 家，丝车位数 13 万台；茧市 46 间，茧栈 185 间；织造纱绸的丝织机 3 万台，年产纱绸 200 万~250 万匹；晒场 500 个，晒绸工人一万多，日产纱绸超过一万匹；从事桑蚕业者达 144 万多人；外销生丝的出口价值达到 63 155 126 关两（每关两合规银 1.114 两），占全省出口货物输出总值的 70.94%。加上输出的废丝（水结）及一切丝织品的价值计算在内，就占了全省出口货物输出总值的 80% 以上。

据现有统计资料，1912—1924 年，全国生丝的输出总值为 1 071 986 039 关两（即 10.7 亿多关两），其中，广东生丝的出口价值为 403 728 548 关两（即 4 亿多关两），占全国生丝输出总值的 37.64%。1917—1924 年，全国生丝的输出量为 1 413 032 担，其中，广东生丝的输出量为 536 942 担，占全国生丝总输出量的 33.3%，仅次于太湖地区，居全国第二位。

20 世纪 20 年代，是珠江三角洲蚕桑生产迅速发展的黄金时代，也是我国民族丝绸工业发展取得重大胜利的年代。20 年代珠江三角洲蚕桑业的大发展，带动了各行各业的发展，市场繁荣，生活安定，造福于蚕区几百万人民，直到现在他们还在怀念那个时代。后来，由于帝国主义、封建主义、官僚资本主义三种反动势力的相互勾结，才把珠江三角洲迅速发展的蚕桑业压杀了。

1925 年孙中山先生逝世，蒋介石乘机勾结帝国主义，背叛革命，把轰轰烈烈的大革命压杀了，把中国推向黑暗的时代，工农业生产遭受严重破坏，而这时日本、法国、意大利的蚕桑业逐步得到恢复，国际市场竞争激烈，生丝价格迅速下降，这时，蚕区已有不少人挖桑改种其他作物。1929 年由于资本主义世界最大的经济危机爆发，蚕桑生产进一步受到冲击，桑地面积和生丝产量都急速下降。到 1935 年，珠江三角洲桑地面积由 1925 年的 139.9 万亩缩减到 53.2 万亩（其中顺德 30 万亩，南海 8 方亩，中山 1.2 万亩，新会 2 万亩，三水 1 万亩，番禺 0.2 万亩），只及原来的 38%；生丝产量由 1925 年的 115 200 担下降到 46 200 担，只及原来的 40.1%；生丝外销量由 1925 年的 62 800 担下降到 33 400 担，只及原来的 53.2%。到 1949 年，珠江三角洲生丝产量仅有 6 400 担（实际上也是全省的生丝产量），只及 1925 年的 5.3%；其中外销生丝只有 480 担，只及 1926 年的 0.76%。这时，珠江三角洲的蚕桑生产已濒临死亡状态。

1949 年以来，珠江三角洲的蚕桑生产得到了较大的恢复，但还远远低于历史最高水平。

由于帝国主义的封锁，1949 年后必须解决粮食自给问题，不可能拿出大量的耕地来发展蚕桑生产。三十多年来，珠江三角洲蚕桑生产发展的特点是：

桑地面积下降，单位面积产量提高。例如，1978 年是 1949 年后佛山地区蚕桑生产最高的一年，桑地面积 143 987 亩，比 1949 年缩小了 32.4%，总产茧 428 000 斤。第三个时期发展速度又加快了，经过三年调整，我国的经济形势大大好转，虽然后期受到"文革"影响，但还是以平均每年增长 23.71% 的速度向前发展；第四个时期发展速度又放慢了，这一方面是由于"四人帮"的干扰破坏，另一方面也是由于基数已比较高，发展速度会慢一些，但比价对蚕桑还是有利的，生产还能稳步增长；第五个时期出现蚕桑生产逐年下降的情况，主要是由于经济政策调整所引起的，1980 年调整农产品收购价格，蚕茧价格虽然也提高了，但相对于甘蔗等作物来说，比价对蚕桑生产不利，使蚕农的经济收益下降，相比之下，就不愿种桑养蚕了。

1949 年佛山地区的桑地面积为 212 930 亩，总产茧 99 605 担，亩产茧 46.8 斤。1980 年桑地面积为 145 600 亩，比 1949 年减少 67 330 亩，缩减 31.15%；总产茧为 382 000 担，比 1949 年增加 282 395 担，增长 2.84 倍；亩产茧 245.7 斤，比 1949 年增加 198.9 斤，增长 4.25 倍。

1982 年佛山地区的桑地面积为 143 000 亩，比 1980 年减少 2 600 亩，缩减 1.78%（实际上减少的幅度要大得多）；总产茧为 292 830 担，比 1980 年减少 90 570 担，下降 23.62%，退回到 1968 年的水平；亩产茧 204.8 斤，比 1980 年减少 40.9 斤，下降 16.65%，退回到 1970 年的水平。

若将 1982 年与最高的 1978 年相比，则全地区的桑地面积缩小 0.7%，蚕茧总产量下降 31.6%，亩产茧量下降 33%。换句话说，桑地面积差不多，但蚕茧的总产和单产均下降了三分之一左右。

　　这几年"挖桑种果""挖桑种蔗""挖桑种草"的情况大量出现，估计南海县挖去 9 000 亩，顺德县 5 000 亩，中山县 4 000 亩，三个县合计 18 000 亩以上。例如南海县，1982 年 5 月调查挖去 5 507 亩，占全县桑地面积 16.2%，1982 年冬以来又挖去 3 500 亩，占 10.3%。尤其是半桑塘区的西樵公社，原有桑地 5 750 亩，近两年挖去 2 300 亩，占 40%。于溪大队原有桑地 495 亩，现在只剩下 40 亩。就是没有挖掉的桑地，也大量间种香蕉或其他作物，南海县全县在桑地上间种香蕉 50 万棵。有的桑地实际上已经成了蕉林。例如，过去的纯桑塘区的英明大队，有桑地 718 亩，从 1982 年开始间种香蕉 25 554 棵，平均每亩 36 棵。此外，改种甘蔗 36 亩，改种橡草 60 亩，建房屋和建砖厂占去 60 亩，合计占用桑地 156 亩，除去新种桑 43 亩外，实占用桑地达 113 亩，占大队桑地总面积 15.7%。全大队有社员自留地 50 亩，过去全部种桑，现在也只剩 10 亩桑地了。顺德和中山两县，挖桑头的相对少一些，但在桑地上间种香蕉和占用桑地的情况也很严重。

　　佛山地区的蚕茧产量，1978 年占全省蚕茧总产量的 94%，占全国主要蚕桑产区蚕茧总产量的 14.11%；到了 1982 年下降到只占全省蚕茧总产量的 74.2%，占全国的 6.4%。

　　目前，整个珠江三角洲蚕桑生产下降的趋势仍在继续，逐步向省内外边远贫困地区转移。

　　（发表于暨南大学经济学院主办的《经济研究参考资料》1984 年第 25 期）

开发珠江三角洲海涂资源的战略意义

　　珠江三角洲是由西、北、东三江冲积而成的平原，土壤肥沃，土地利用率较高，在耕地面积占全国不到 1% 的地方，每年向国家提供占全国 1/4 的蔗糖，1/10 的蚕茧，全年销港澳市场 60 万担塘鱼，荔枝、香蕉、菠萝等亚热带水果的产量均居全国第一。此外，珠江三角洲曾经是全国著名的商品粮基地之一，现在也还是全省的重要商品粮基地。"前人种树，后人乘凉"，珠江三角洲这块宝地，是千百年来广大劳动人民围垦、开发、建设的结果，是我们的祖先辛勤劳动的珍贵遗产。

　　据测算，西、北、东三江上游每年输送下来的泥沙达一亿立方米左右，到珠江口外扩散、淤积，形成"拦门沙"，每年约以 110 米的速度向外伸展扩大，能积成海滩 500 亩左右。整个珠江三角洲的海涂总面积约为 150 万亩，其中，新中国成立以来已围垦的海涂面积约 29 万亩。现在，珠江三角洲在标高负三米以内的海涂，通过抛石、种草淤积，近期内可以围垦的约占 1/3，即有 50 万亩左右。其余 2/3，即 100 万亩左右尚未具备围垦条件的海涂，则可以利用来发展海水养殖业，这是一笔难得的巨大财富。

　　抓好开发性生产，需要十分重视浅海滩涂的开发和利用。从珠江三角洲的情况来看，海涂资源极其丰富，搞好这项开发性生产，对于整个珠江三角洲经济的发展，具有重大的战略意义。具体表现在几个方面：

一、开发海涂可以增加新的耕地面积

　　土地是农业生产最基本的生产资料。土地资源是有限的，一般不能再生，但可以永续利用。耕地面积的大小，土质的好坏，利用的程度，在很大程度上决定着农业生产发展的状况。珠江三角洲属于地少人多的地区，人均耕地不到一亩（实际只有 0.9 亩），但土地肥沃，利用率较高，是全国难得的水稻、甘蔗、蚕桑、塘鱼、花生、茶叶、荔枝、香蕉、菠萝、龙眼、柑橙等亚热带作物高产稳产的主要地区。然而，由于土地后备资源少，随着"四化"

建设和人民生活水平的提高，建设用地和农村建房用地不断增多，耕地的绝对量在减少，同时因为人口不断增长，人均占有耕地面积也在逐年下降，矛盾越来越大。耕地问题已成为今后经济和社会发展的一个严重问题。现在唯一能够使土地面积扩大的途径，就是开发海涂，向大海要地。如果能在今后10年内，围垦出50万亩左右的耕地，并加以充分利用，就可以增加大量农产品，不仅将对实现工农业总产值翻两番起到很大作用，而且将造福子孙后代。

二、开发海涂可以加快发展海水养殖业

珠江口岸的海涂，除一部分适宜围垦外，大部分可以利用来发展海水养殖业或咸淡交错之间的水产养殖业。这里不仅海涂资源丰富，当地人民有一定的生产经验，而且毗邻港澳，出口换汇率高，必要时还可以利用外资进行合作经营。只要适当放宽政策，在划分浅海滩涂使用权的基础上，鼓励国营、集体、个体一起上，并把发展重点放到那些自然条件适宜、经济效益高、市场大量需要的项目上来，就可以大大加快海水养殖业的发展。据调查，深圳市有海涂10多万亩，出产著名的沙井蚝，但目前利用的还不多。珠海市有海涂25.3万亩，其中可以养蚝的有16.6万亩，现只利用了1万多亩，这里出产的香洲蚝也十分出名。此外，新近划归珠海市管辖的斗门县还有海涂80多万亩。仅从深圳、珠海两市来看，利用海涂发展海水养殖业和咸淡交错间的水产养殖业的潜力就很大，养蚝、养虾和网箱养鱼等项目可以大量发展，以适应港澳市场和特区本身的需要，既能使当地人民较快地富裕起来，又能为国家争取到大批外汇，是一个很有发展前途的生产事业。

三、开发海涂可以进一步发展全国最大的蔗糖生产基地

珠江三角洲地处北回归线以南的亚热带地区，适宜种植甘蔗，1981年甘蔗种植面积发展到142.8万亩，产蔗757.2万吨，产糖73.9万吨，约占全国蔗糖总产量的1/4，是全国最大的蔗糖生产基地。不过，珠江三角洲不仅适合种植甘蔗，而且适合种植多种作物，要在原有耕地的基础上扩大甘蔗种植面积，已受到多方面的限制，首先是受到要保证现有粮食生产面积的限制，不可能再调出更多的耕地来扩种甘蔗。因此，开发海涂是扩大甘蔗种植面积的最好途径，在鸡啼门以东的海涂，围垦后淡水供应充足，土壤较肥，但地下水位高，种稻产量低，种甘蔗则一般亩产为7~8吨，高的达12吨，最适宜于种植甘蔗；在鸡啼门以西的海涂，围垦后淡水缺乏或严重缺乏，不宜种植

水稻和其他需要大量淡水灌溉的作物，但只要能解决少量的淡水供应问题，种植甘蔗还是可以的。可见，开发海涂，能使珠江三角洲这个全国最大的蔗糖生产基地得到更大的发展，以满足全国人民对食糖的需要和促进糖化工业的发展。

四、开发海涂可以更好地适应外向型经济发展的需要

珠江三角洲面临南海，依托广州，毗邻港澳，又有深圳、珠海两个经济特区作为外引内联的结合点，交通方便，商品经济比较发达，是以外向型经济为主的特区。开发珠江口外的滩涂，第一，可以大量发展种植业，如生产优质大米、蔬菜、花生、莲藕、木瓜、荔枝、香蕉、柑桔、枇杷、桃、李、梅、花木、盆景等；第二，可以大量发展畜牧业。如猪、牛、羊、兔、鸡、鸭、鹅、鸽、鹌鹑、奶牛等；第三，可以大量发展水产养殖业，如塘鱼、虾、蟹、蚌、龟、蛇、水鱼、生鱼、白鳝等。这样，就能更好地适应港澳市场质量高、品种多的需求，增加大量供出口外销的产品，换取更多的外汇。努力把开发滩涂和建设新的出口商品基地结合起来，更好地发挥珠江三角洲的优势。

五、开发海涂可以有效地安置很大一部分农村剩余劳动力

据调查，珠江三角洲农村在实行各种形式的联产承包制后，农民的生产积极性大大提高，一般搞种植业只要原有劳动力的30%～40%就够用了。可以腾出60%～70%的农村劳动力来搞开发性生产和工副业生产，这一庞大的农村剩余劳动力，如果不广开门路，及时安置使用，就会造成极大的浪费和损失。据中山县民众、坦洲、黄圃、横栏、板芙、港口等六个公社统计，1960—1980年，民办围垦共围垦海涂4 764亩，堤长26 235米，完成土方59.77万方，抛石2.97万方，砌石5.18万方，投放用工量48.11万工，在围垦过程中吸收了大量劳动力，围垦成功后又安置了一批劳动力进垦区从事生产。1982年全县围垦续建和新建工程七宗，完成工程土方10.50万方，石方1.31万方，围垦面积为3 917亩，其中续建3 030亩，新围887亩，一年三次围垦战役，也吸收了大量劳动力。

六、开发海涂可以收到较高的经济效益

开发海涂，只要适时围垦或放养，一般可以做到当年就有收益，经济效

果都比较好。据中山县调查，近几年该县每年平均围垦面积约 1 500 亩，按每亩投资 800～1 000 元计，每年需要投资 120 万～150 万元。但国家投资并不多，1981 年 89 万元，1982 年 21 万元，1983 年 18 万元，其余全靠集体自筹或银行贷款。围垦后，能在短期内收回投资并得到收益，例如该县港口公社联营的三顷三养殖场，面积 460 亩，1982 年春节后动工挖塘，经过三个月挖成规格化鱼塘 42 个共 260 亩，5 月间陆续投放鱼苗，基面种蔗 25 亩，种香蕉 16 000 棵，柑、桔、橙等 7 000 棵，木瓜 6 000 棵。还计划种荔枝 1 500 棵，枇杷 1 500 棵。当年总收入达 9 万元，收支基本平衡。1983 年全部实行专业承包，承包总额为 10.50 万元，纯收入 2.2 万元，又如民众公社民乐大队，1982 年承包建堤土方工程连同生产种植 260 亩，从 1988 年起一定 7 年，平均每亩年租 168.50 元，每年总承包金额为 40 457 元，预计三四年内可收回全部投资本息。该大队还把新垦区裕安围的 450 亩，全部种植大蕉、柑、桔、橙等，1982 年给社员专业承包，定产值上交大队 8 万元，超产部分对半分成，结果纯收入达 20 万元，上交大队 12 万元，承包社员得 8 万元，集体和个人都得益。深圳市养蚝的经济收益也是较高的，生蚝每担连壳 55 元（净肉只有 10 几斤），如果以小额贸易的形式运到香港去价格就更高，1982 年卖蚝一项就收入 3 000 万港元。其次，比较大型的围垦开发工程，如斗门县的白藤湖围垦区、新会县的崖南围垦区和国营红旗华侨农场围垦区等，结合修堤、治水、通航进行围垦，因地制宜地开发利用。经过几年的努力，经济效益也在逐步提高。可见，开发海涂只要全面规划，适时围垦，并注意搞好经营管理，经济效果都比较好。随着海涂开发性生产的发展，蔗糖、水果、水产、肉类等加工工业将逐步发展起来，经济效益将越来越高。

目前开发珠江三角洲海涂的重大战略意义，还没有引起有关方面应有的重视。有的同志甚至认为围海造田，开发海涂，破坏鱼类资源，妨碍水上交通，得不偿失。但是，具体问题要作具体分析，不能因为过去围垦工作中存在一些缺点和错误，就采取全盘否定的态度。首先，珠江三角洲面临茫茫南海，不是像洞庭湖那样的内陆湖，不能把围海造田，开发海涂看作是必然会破坏生态平衡、妨碍交通、得不偿失的坏事，因为珠江三角洲的一个基本事实就是整个三角洲都是几千年来广大劳动人民辛勤围垦、开发、建设的结果。离开了围海造田，就不会有今天繁荣富饶的珠江三角洲。其次，只要在调查研究的基础上，认真总结过去的经验和教训，就能做到趋利避弊，兼顾各方，综合利用，协调发展。关键是各级领导对于开发利用珠江三角洲海涂资源的重大战略意义，要有足够的认识和重视，要有明确的指导思想，要有艰苦奋斗的创业精神和实事求是的科学态度。

笔者认为搞好珠江三角洲海涂资源的开发利用，还必须注意解决几个具体问题：

（1）必须全面规划、统一安排，各方配合、适时围垦，做到种植、捕捞、畜牧、养殖、引淡、航运、水利、生态、防止污染等各个方面统筹考虑，综合治理和发展。

（2）必须解决资金来源问题，开发海涂需要较多的投资，可以通过多种渠道去筹集开发资金，国家投资，银行贷款，私人集股，吸收华侨和港澳同胞投资，引进外资，等等，都应允许和支持。

（3）必须解决开发和经营所需要的生产资料的供应问题，如钢铁、木材、水泥、油料、化肥、饲料等。

（4）必须解决生产出来的产品流通渠道和加工问题，特别是如何适应珠江三角洲以外向型经济为主的情况，使产品能够进入港澳市场。

（5）必须解决培训从事各种开发性生产所必需的专业人员和管理人员的问题，才能有效地提高经济效益。

（成文于 1983 年 12 月，发表在《农村研究》1984 年第 4 期。后来收录在广东人民出版社 1986 年出版的《广东经济发展战略研究》一书）

从北滘看珠江三角洲农业发展的道路问题

在中央改革、开放、搞活的方针指导下，珠江三角洲开放区农村经济在"六五"期间得到了飞速发展，同时也出现了不少新情况和新问题，特别是农业方面呈现出多种发展态势。在这一新形势下，珠江三角洲农业发展的道路问题正在引起人们极大关注，需要认真探索珠江三角洲农业发展的模式；探索具有珠江三角洲特色的农业发展道路。而顺德县北滘镇，是珠江三角洲腹地经济发展较快的一个镇，已初步形成以镇办经济为主、带动全镇经济发展、走共同富裕道路的格局。北滘农业有自己的特点，也具有珠江三角洲农业的共同特征。研究一下北滘农业发展的问题，对探讨珠江三角洲农业发展的道路问题是有帮助的。

一、"六五"期间北滘农业发展的特点和趋势

北滘镇位于顺德县城大良镇的北部，总面积 75 平方千米，全镇有 21 个乡、302 个村，农用地总面积 77 764 亩。总户数 20 683 户，其中农业户 14 597 户；总人口 74 369 人，其中农业人口 59 414 人，农村劳动力 43 783 个，工农业总产值从 1980 年的 4 720.62 万元增加到 1985 年的 34 433.72 万元，增长了 6.29 倍。其中：工业产值从 2 454.71 万元增加到 29 408.09 万元，增长了 10.98 倍，工业产值在工农业总产值中的比重亦从 52% 上升到 85.4%；农业产值从 2 265.91 万元增加到 5 025.63 万元，增长了 1.22 倍，农业产值在工农业总产值中的比重则从 48% 下降到 14.6%。在这五年中，北滘农业发展的特点和趋势，主要表现为：

（1）粮食作物下降，经济作物上升，农村自给半自给的产品经济正在转向以市场为中心的商品经济。北滘在实现家庭联产承包责任制的基础上，对农业结构作了初步调整，并取得了良好的效果。全镇农用地 77 764 亩，其中：水稻种植面积从 1980 年的 36 707 亩减少到 1985 年的 30 544 亩，减少了 16.8%；甘蔗种植面积从 19 950 亩增加到 25 362 亩，增长了 28.5%；鱼塘面

积从 16 139 亩减少到 16 119 亩，减少了 0.12%；花果种植面积从 2 328 亩增加到 3 194 亩，增长了 37.2%；这个时期粮食作物与经济作物的比例，从 1980 年的47.2∶52.8，调整到 1985 年的39.3∶60.7。从相应作物的产量来看，1985 年与 1980 年相比，水稻总产量减少了 24%，甘蔗总产量增加了 37.8%，塘鱼总产量增加了 97%。1985 年的农产品商品率已达到 70% 以上，其中塘鱼达到 85%，花果达到 95%。这五年，水稻下降，甘蔗上升，塘鱼的面积虽然基本不变，但总产量却增加将近一倍。总之，粮食作物减少，经济作物增加，低值作物减少，高值作物增加，这种发展趋势是正常的，也符合客观经济规律的要求，有利于农村商品经济的发展，也有利于经济效益的提高。

（2）种植业比重下降，养殖业比重上升，传统农业正在转向现代农业。北滘镇的农业总产值，1980 年为 2 265.91 万元，1985 年增加到 5 025.63 万元，其中：农业（种植业）从 1980 年的 1 673.74 万元增加到 1985 年的 2 501.14万元，占农业总产值的比重从 73.9% 下降到 49.8%；林业从 6.16 万元增加到 15 万元，比重则保持在 0.3%；牧业从 261.66 万元增加到 1 089.77 万元，比重从 11.5% 上升到 21.7%；副业从 70.6 万元增加到 118.5 万元，比重则从 3.1% 下降到 2.3%；渔业从 253.75 万元增加到 1 301.22 万元，比重也从 11.2% 上升到 25.9%。从比重来看，种植业下降的幅度大，养殖业（包括牧业和渔业）上升的幅度也较大。水稻的种植面积和总产量减少得比较多；甘蔗的种植面积和总产量先是增加，后是减少，预计"七五"时期将继续下降；花、果、菜的种植面积和总产量都有所增加，预计"七五"时期会有较大发展。在种植业中的传统作物，特别是大面积种植的水稻下降幅度大和大面积种植的甘蔗也开始出现下降，造成传统的种植业处于停滞或下降之势。相反，"六五"期间北滘的养殖业则蓬勃发展，其中，三鸟产量增加 1.59 倍，塘鱼增加 97%，生猪增加 37.2%。养殖业一般都是采用集约化、企业化、系列化方式进行生产，使用混合饲料和科学的饲养方法，经济效率较高，已是目前农业发展的重点，加上采用集约化、工厂化方式进行生产的花、果、菜等新兴的种植业，构成了现代农业的雏形，应该成为今后珠江三角洲农业发展的主要方向。总之，"六五"期间北滘农业发展的总趋势，就是种植业比重下降，养殖业比重上升，传统农业停滞，现代农业开始起步，意味着传统农业正在逐步向现代农业转化。

（3）农业劳动力减少，第二、三产业劳动力增加，农村劳动力结构正在发生重大变化。北滘镇 1980 年农村总劳动力 39 402 个，其中：农业 30 039 个，占 76.2%；工业 7 443 个，占 18.9%；第三产业 1 920 个，占 4.9%。到 1985 年总劳动力增加为 43 783 个，其中：农业 24 709 个，占 56.4%；工业 13 706 个，占 31.3%；第三产业 5 368 个，占 12.3%。五年中，农业劳动力所占比重从 76.2% 下降到 56.4%；工业从 18.9% 上升到 31.3%；第三产业从 4.9% 上升到 12.3%。应该说，这是一个重大的变化，标志着农村劳动力结构正逐步朝合理化方向发展。同时，农业劳动力向非农产业转移的规模和速度也比较稳妥，第二、三产业的劳动力合起来也只占总劳动力的 43.6%，农业劳动力仍占总劳动力的 56.4%，这与珠江三角洲经济比较发达的地方农业劳动力一般保持在 30% ~ 40% 的情况相比，就显得农业所占用的劳动力较多，农业劳动力向非农产业转移的规模较小和速度较慢。这种情况，一方面说明目前北滘的劳动力结构与现有生产力水平是适合的，不能认为农业劳动力向非农产业转移得越多越好、越快越好，而应该按照实际情况来决定；另一方面也说明北滘的劳动力资源潜力还是很大的，随着农业劳动生产率的进一步提高，还将有大量农业劳动力转移到第二、三产业中去。

（4）引进优良品种和先进技术设备，建立出口鲜活商品生产基地和各种农业服务公司，内向型农业正在转向外向型农业。北滘在"六五"后期，特别是在中央提出沿海经济开放区要按照"贸工农"方针调整产业结构之后，先后引进了一批国内外的优良品种和种养技术，水产品有福寿鱼、东北鲫锦鲤、加州鲈鱼、淡水白鲳、美国鳌虾、鳗鱼、水鱼等，畜禽产品有竹丝鸡、广源鸡、美国皇鸽、鹧鸪、瘦肉型猪、长毛兔等，花果菜有兰花、茶花、橡胶榕、苏铁、台湾香蕉、美国葡萄、日本椰菜、荷兰椰菜花等，建立起自己的良种基地和出口鲜活商品生产基地，并逐步形成以基地为中心的农业生产体系，出现了以镇办基地为主体带动全镇行业发展的好趋势。与此同时，北滘还设置了农业技术服务公司、畜禽饲料服务公司、水产养殖服务公司、花木服务公司等四大公司，分工负责，各有自己的服务对象和服务范围，形成从种苗、饲料、技术、防治病虫害、市场信息、加工保鲜到产品运销各个层次比较完整的服务体系，有力地推动全镇农业的发展。这样，就将北滘农业建立在一个新的起点上，使它能稳步地走向商品化、集约化、优质化和现代化的轨道，意味着内向型农业正在逐步向外向型农业转化。

二、"七五"时期北滘农业发展的战略思想

选择一个地区的农业发展战略，应充分考虑各种相关的因素。一要从沿海经济开放区所处的地位出发，作为沿海经济开放区的珠江三角洲，在全国全省现代化建设中处于极其重要的地位，肩负着按照"贸工农"型生产结构发展外向型经济的重要任务，对全国全省应该有较大的贡献。二要密切注意环太平洋地区经济发展的新动向，抓住世界经济中心东移和新技术革命兴起的有利机会，抓住有利时机，有选择地引进先进的适用技术和优良品种，加速新产品开发的步伐，增强在国际市场的竞争能力，缩短与世界先进发达国家的差距。三要从当地的实际出发，既要看到自己的优越条件，又要看到自己的不利因素，做到扬长避短，充分发挥自己的优势。

首先，在充分考虑这些因素的基础上，笔者认为，"七五"时期北滘农业发展的战略思想，应该是：按照"贸工农"型生产结构的要求，扬长避短，充分发挥地理优势、资源优势和政策优势，做到以市场为中心，以科技为先导，以养殖业和花、果、菜种植业为重点，大力发展优质高值的新兴作物和产品，同时要兼顾传统的经济作物，新兴农业与传统农业结合、种、养、加结合，建立产品的生产、加工、保鲜、包装、储运、出口的相关系统和各种服务体系，朝着外向型农业方向稳步发展。具体来说，就是要实现如下几个要求：

（1）大力发展水产养殖业。在原有1.6万亩鱼塘的基础上，再增开鱼塘1万亩，建设规范化、现代化的果基鱼塘，向集约化、园艺化方向发展。水面养优质鱼，基面种植高档的花、果、菜，饲养良种禽畜，积极开发新品种，运用新的科学技术发展立体式农业。

（2）大力发展畜禽养殖业。畜禽养殖业要向基地化、企业化、工厂化方向发展，着重发展优质的新品种，如广源鸡、竹丝鸡、美国皇鸽、瘦肉型猪、长毛兔等。

（3）大力发展优质高档的花、果、菜，种植业也要努力引进新品种和新技术，向集约化、工厂化方向发展，如引进荷兰的花卉工厂发展名贵花卉，引种美国的红葡萄，引种台湾的西红柿等。

（4）积极进行农业开发。把花工多的传统低值作物改为花工少的新兴高值作物：一是试种芦笋和竹笋，二是提倡和鼓励农民在村前村后种植荔枝、龙眼、黄皮、水口柚等果树，三是准备拿出一部分大田来种植优质香蕉。

（5）改造传统的种植业。在抓好高、精、尖、新、稀、缺、偏的优质农产品生产的同时，对大面积种植的水稻、甘蔗、蚕桑等传统作物仍不能忽视。要研究对策，改良品种，用现代科学技术手段武装它们，走省工、高效、低成本的路子，使这些传统农业迅速转变为现代农业。

（6）要把相应的农副产品加工、保鲜、储存、包装、运输等配套设施搞上去，使产品不仅能适合港澳市场的需要，而且能远销日本、东南亚、西亚以至欧洲和北美市场。

其次，北滘镇在"六五"期间工业生产基本特征是：在产业结构上坚持以工业为主，在所有制结构上坚持以集体所有制为主，在经营层次和规模上坚持以镇办骨干企业为主，在经营方式上坚持以集体经营为主，形成以经济实力比较雄厚的区办集体工业为主体、带动全镇工业发展、走共同富裕道路的模式。现在的问题是，能不能具体运用到农业上来呢？

这几年，北滘镇在农业方面，除了由镇办了一批集体的骨干基地农场之外，在乡一级也搞了试点，例如该镇上寮乡原有低产禾田650亩，1983年冬采用土地入股办法，由乡统一经营，经济效益大大提高。为了进一步总结经验，现在选定该镇西滘乡试行"镇乡牵头、土地入股"的办法，使土地适度集中，以提高土地经营的规模效益。同时，由于镇乡工业的发展，集体经济实力增强，现在已有可能通过"以工补农、以工建农"方式，促进农业的发展。因此，把北滘工业发展的模式具体运用到农业上来，是完全必要的，也是可能的。笔者认为，北滘农业发展的模式，也应逐步形成以集体所有制为基础、以镇办基地农场为骨干、以集体经营为主要方式的企业化农业，并以此带动全镇众多的承包户、专业户、联合体向现代化方向发展，发展商品经济，发展创汇农业，增加资金积累，密切工农关系，缩小城乡差别，走共同富裕的道路。

三、需要进一步探讨的问题

1. 土地适度集中推动规模经营问题

应允许土地使用权的流动，允许土地使用权在承包期内可以出租、转让或以土地入股，促使土地适度集中。没有土地的适度集中，也就没有适度规模经营，更无法应用现代科技成果提高商品率和经济效益。那么，怎样才能促使土地适度集中、提高规模效益呢？根据珠江三角洲地区的经验，促使土地相对集中经营的方式，有如下几种：①股份制——以土地入股，镇乡投资，统一经营，吸收入股农民进场当工人，从利润中拿出部分来按股分红，办成集体所有制的农场；②租用制——租用农民承包的土地，由区乡统一经营，吸收出租土地的农民进场当工人，也是办成集体所有制的农场；③联合制——由承包土地的农民自愿联合，扩大土地经营规模，组织成为适度规模的新经济联合体，而新经济联合体的进一步扩大和巩固就将成为更高层次的合作农场；④转让制——把愿意离土的农民所承包的土地转让给种养能手，扩大家庭土地经营规模，办成适度规模的家庭农场。关于适度规模问题，镇乡办的集体所有制农场的规模可以大一些，至于家庭农场和合作农场的规模，在珠江三角洲地区一般为二三十亩或五六十亩，最多不超过一百亩为宜，使土地相对集中经营，既可以充分发挥种养能手的作用，又可把大量劳动力从农业中进一步解放出来。

2. 乡镇工业与农业的发展关系问题

在"六五"期间，北滘的乡镇工业得到了飞速发展，已经成为北滘经济的主要支柱，为今后农业的进一步发展奠定了物质技术基础。但是，在乡镇工业发展与农业的关系问题上，处理得好可以起促进农业发展的作用；如果处理不好也可能起阻碍农业发展的作用。目前北滘的乡镇工业有两类：一类是与当地农业结合的工业，例如农副产品加工业、食品工业和饲料工业等，这类工业在北滘工业中所占的比重很小，是一个薄弱环节，但这类以当地农业资源为基础的工业可以直接起到支援农业、促进农业的作用；另一类是与当地农业没有直接关系的工业，例如家用电器工业、家具制造工业等，是利用开放和改革的有利条件，以市场资源（包括利用国外的资金、技术、人才和原料等）为中心办起来的，这类工业目前在北滘工业中占绝大部分，是北滘工业的主体，也是珠江三角洲工业的优势所在，但这类与当地农业没有直接关系的工业的发展，可能在某种程度上会冲击农业、排挤农业。当然，不论前一类工业还是后一类工业，只要符合"扬长避短、发挥地区优势"的原则，都应该积极发展。整个乡镇工业发展壮大起来了，对农业的发展总是有利的，问题是要加强宏观调节和控制，实行"以工补农"的办法，调节好工农业之间的关系，发挥工农业协调发展的作用。有的同志说，"以工补农"是以先进补落后的办法，不利于竞争，不利于促进商品经济的发展。笔者认为，问题不在"以工补农"本身，而在于"以工补农"的具体办法，补什么？如何补？总的原则是"以工补农"应立足于农业开发，应有利于土地的相对集中经营，有利于农业的商品化、专业化和现代化，有利于科学技术在农业中的应用和推广，有利于工农业的协调发展和良性循环，而不应以某些具体做法不妥所带来的副作用来否定"以工补农"的原则。事实上，世界各国的农业都是国家通过不同的方式给予补贴的，本质上都是实行"以工补农"的原则。

3. 传统农业与现代农业的关系问题

目前北滘农业有两种发展趋势，传统农业停滞下降，新兴的现代农业蓬勃发展，形成传统农业与现代农业互相对立、互相制约的态势。传统农业必须逐步向现代农业转化，这个大的方向应当肯定，如果不从传统农业、传统作物中跳出来，不朝着集约化、工厂化、企业化的方向发展，就会被他人所取代。但是，这种转变有一个逐步过渡的阶段。现在搞集约化的现代农业，所需要的投资大，但土地面积不需要很多，根据我们现有的资金、技术、设备和人才状况也不可能一下子搞得太多，还不具备大面积进行全面开展的条件。相反，现在大面积种植的还是传统农业的作物和产品，例如水稻、甘蔗、四大家鱼，就整个珠江三角洲来说还有蚕桑，而这些传统作物和产品却正处于萎缩下降或处于停滞之势。现在普遍面临的难题：一是用什么来代替这些传统的大面积种植的作物？二是应不应该再扩大鱼塘的面积？对这些问题的决策正确与否，关系极大，应从经济效益、社会效益和生态效益多方面考虑。在处理传统农业与现代农业的关系问题上，要通过试验，逐步摸索出一条适合珠江三角洲特点的农业发展道路。

4. 农业机械化和现代化问题

在人多地少的珠江三角洲地区，家庭农场、合作农场和区乡级集体农场的规模都比较小，更不用说承包户、专业户和联合体的经营规模了，因此，应该着重研制质量高、性能好、成本低的小型、配套、多功能的农业机械。首先发展小农机是很有前途的。其次要把现代科学技术应用到改良品种、施肥、植保、储存、保鲜、加工等各个环节上去，使农业生产逐步走向现代化。农业的机械化和现代化可以大大提高劳动生产率，降低成本，增加收益。例如粮食生产的经济效益不高，影响种粮的积极性，但不能老是靠提高粮食收购价格的办法来解决，而主要应该依靠提高单产、降低成本、提高土地利用率的办法才有出路。北滘镇现有水稻3万亩，若用手扶拖拉机带盘耙代替耕牛，可省去原有的1 050头耕牛和犁耙田的人工，以及大量饲养耕牛的人工和饲料，再加上插秧机、收割机和风干机，就可以基本上实现机械化。另外，还要改变耕作制度，采用新技术，如改插秧为散播，采用化学除草剂，科学防治病害虫，运用氮素调控技术等，可以省工省时，提高质量，增加产量。北滘镇仅采用化学除草剂一项，一年就可以节省 24 万个劳动日（3 万亩水稻，按每亩早晚两造共省工 8 个计）。这样，劳动生产率就会大大提高，成本就会下降，经济效益就会增加。所以，农业的出路，特别是传统农业，同样必须依靠机械化和现代化，依靠科学技术在农业中的应用，走省工、省时、低消耗、高效益的路子。

5. 农业剩余劳动力的转移问题

外地劳动力转移到珠江三角洲地区，不仅对加快珠江三角洲的经济发展有利，而且对派出劳动力的落后地区的经济发展也有利。第一，发达地区的工资较高，劳动者本人的收入增加了；第二，这些从落后地区来的劳动者，在这里工作几年后，学到了珠江三角洲经济开放区的新观念、新技术和新的经营管理经验，就能把这些宝贵的知识、技术、才能带回原来的地区去，将大大加快落后地区的经济发展。从某种意义上来说，发达地区实质上是一个人才培训班和技术交流中心，先是把落后地区的劳动力转移到发达地区来，后是把发达地区的技术转移到落后地区去。

6. 组织好农村市场问题

市场问题，包括资金市场、科技市场、劳动力市场在内。除要组织好生产资料、消费资料的供应市场和产品的销售市场外，还要组织好资金市场、科技市场和劳动力市场，使各种生产要素能很好地组合起来，保证珠江三角洲开放区的农村经济能够朝着外向型经济方向持续、稳定、协调地发展。

（成文于 1986 年 11 月，原载于《农村研究》1987 年第 2 期）

珠江三角洲开放区农产品加工业发展剖析

党的十一届三中全会以来，在中央提出的坚持四项基本原则和改革、开放、搞活的方针指导下，珠江三角洲开放区的经济得到了飞速发展，已从自给半自给的自然经济转变为比较发达的商品经济，农业生产有了长足进步和大幅度增长，需要储存保鲜加工的农副产品日益增多，对加工的质量要求越来越高，加速农产品加工业的发展已提到重要的议事日程上来了。

一、农产品加工业的现状和优势

在自给半自给的自然经济条件下，生产是直接为了满足自身需要，只有很小一部分是为了交换或出售，这时作为个体农户的生产者，当然也需要加工一部分农产品，不过数量还很小，仅仅是作为家庭副业的一部分。但是，随着农村商品经济的发展，农产品数量急速增加，这就迫切要求扩展农产品加工业，并逐步转化为专业经营或形成独立的产业部门。目前，珠江三角洲开放区以农产品为对象的加工业，有食品、糖纸、丝绸以及新兴的生物工程项目等。据佛山市1985年的不完全统计，该市所辖各市县的食品、饮料、烟草、造纸、饲料五个行业共有农产品加工工厂363间，产值97 529.35万元，占工业总产值的12.6%，相当于农业总产值的30%。其主要产品有粮油、蔗糖、肉类、水产品、酒类、调味品、糖果饼干、饮料、副食制品、饲料等，此外还有蚕丝和丝织品。江门市则以糖纸、食品为中心，先后发展了制糖、造纸、味精、糖果饼干、饮料、豆制品、单细胞蛋白、面包酵母、食用精炼油、饲料等农产品加工业。此外，东莞市和番禺、增城、宝安、斗门等县，均根据各自的条件发展了一批农产品加工业。

在珠江三角洲发展农产品加工业，具有巨大的优势和潜力。

（一）物产富饶，具有农业资源优势

地处亚热带，土地肥沃，气候温和，动植物资源极为丰富，盛产稻谷、

糖蔗、蚕茧、塘鱼、生猪、三鸟、香蕉、荔枝、柑橘、蔬菜、鲜花等。据1984 年统计，全区 16 个市县有耕地面积 866 万亩，约占全省耕地总面积的18.6%，生产了全省粮食的 21.2%、糖蔗的 38%、蚕茧的 56.3%、水产品的31.3%（其中塘鱼占全省的 61.8%）、肉猪的 23.5%，农副产品商品率达到72.8%。1985 年，佛山市的农副产品商品率达到 84%，其中塘鱼、蚕茧、糖蔗、禽畜达到 90% 以上。富饶的物产，为农产品加工业的发展奠定了牢固的基础。

（二）著名侨乡、毗邻港澳，具有信息沟通和进出口的地理优势

全区共有 1 000 多万华侨和港澳同胞，约占全省的 60%，与世界各国人民有着千丝万缕的联系，加上毗邻港澳，水陆交通方便，历来是对外经济技术交流的重要口岸和基地，成为我国外引内联、外挤内移的结合地带。这对沟通信息、吸收外资、引进先进技术、开拓国际市场和发展农产品加工业是一大优势，可以充分利用国外资金、技术、信息、人才、市场和资源来发展农产品加工业。

（三）轻纺工业有悠久历史和良好基础，具有加工设备、技术、人才的优势

从佛山市的情况来看，已具有相当大的加工能力，1985 年全市加工业的主要产品有：大米 15.80 万吨，面粉 0.98 万吨，食用植物油 0.63 万吨，乳制品 250 吨，味精 1 000 吨，食糖 22 万吨，饮料酒 8.27 万吨，汽水 4 万吨，卷烟 1.22 万箱，雪茄 0.24 万箱，机制纸及纸制品 8.31 万吨，饲料 13.32 万吨，蚕丝 1 479 吨，丝织品 10 900 万米等。制糖业有糖厂 13 间，年榨糖蔗 5 000万担，产糖 22 万吨，产值达到 3.1 亿元。食品工业品种繁多，其中生抽、米酒、冰片糖的产量和出口量均占全国之冠，酱油占全国出口量的 65%，米酒占全省出口量的 90%。这些说明，珠江三角洲的农产品加工业基础雄厚，在加工设备、技术、人才上均有一定的优势。

二、农产品加工业的地位和作用

农产品加工业在珠江三角洲开放区具有日益重要的地位。农业是基础，珠江三角洲的发展战略必须立足于农业，要利用最新科学技术，发展现代化的外向型创汇农业。因此，加强和发展储存、保鲜、加工、包装相结合的农

产品加工业就具有举足轻重的意义，有助于保护农产品，减少损失；提高质量，增加产值；变废为宝，化害为利；调节国内市场供应，满足人民需要；开拓国际市场，扩大农副产品出口；提高社会经济效益，促进农村商品经济更大发展。

三、农产品加工业发展的趋势

近几年来，珠江三角洲开放区随着农村商品经济的大发展，农产品加工业已普遍引起人们的关注，对农产品加工业提出了更高的要求，总的趋势是：

（一）朝着扩大加工规模、增加加工品种、拓展加工深度的方向发展

一方面随着农业生产结构的调整，农产品的商品量大幅度增长。据 1984 年统计，全区生产粮食 82.92 亿斤，糖蔗 659.85 万吨，肉猪 310.56 万头，蚕茧 26.58 万担，水产品 32.43 万吨。此外，水果、蔬菜和三鸟的产量也成倍增长。这就迫切要求扩大农产品的加工规模，增加加工品种，拓展加工深度，通过加工增值，把大量的农产品输送到市场上去。另一方面由于人民生活水平的提高，对吃、穿、用的要求更高了，对农业加工产品的花色品种和质量的要求更高了，目前食品工业正向方便、卫生、速食、营养、滋补方向发展，纺织工业正向丝织、麻纺、毛纺、高级棉纺和混纺方向发展。总之，加工的规模在不断扩大，加工的品种在不断增加，加工的深度在不断拓展。

（二）朝着"外向型"的方向发展

由于珠江三角洲开放区所处的特殊地位，决定它必须按照中央提出的"贸工农"方针发展外向型经济，发展创汇农业和创汇企业。珠江三角洲要大力发展外向型的创汇农业，就必须强化农产品加工业，使农产品加工业能够适应"外向型"的要求。一是要发挥本地区农业资源的优势，建立和扩大相应的农产品加工业，如粮油加工业、制糖工业、造纸工业、丝绸工业等，通过加工使产品能够适应当前国际市场的需要，才能达到多出口多创汇的目的。二是要发挥本地区的资金、技术优势，通过横向经济联系，把内地、山区的资源和珠江三角洲的资金、技术结合起来，联合经营农产品加工业，开展多层次加工，为内地和山区的产品打造国际市场创造条件。例如，中山市古镇引进日本设备兴建魔芋粉厂，收购广西、云南、四川的野生魔芋，进行加工出口。三是要发挥本地区毗邻港澳的地理优势，充分利用港澳市场，把国外

的资金、技术、人才、资源吸引进来，加速现代化农产品加工业的发展，通过精加工、深加工，或将内地的农产品和初加工产品引到珠江三角洲来，经过加工增值，"梳妆打扮"，然后出口，把产品打到东南亚、日本、西亚、欧洲和美洲市场去。必要时，还可以购进国外原材料加工复出口，如现在珠江三角洲一些地方办毛纺厂，就是利用市场机制购进国外羊毛，经过加工后再返销到国际市场上去。这样，就能使珠江三角洲的农产品加工业朝着"外向型"方向稳步发展。

（三）朝着"高技术"的方向发展

随着外向型经济的发展，农产品正向高、精、尖、新、优、特的方向发展，对农产品加工业提出了更高的技术要求，促使农产品加工业必须朝着"高技术"的方向发展。例如，目前珠江三角洲的制糖工业正从生产一般的白砂糖向生产精糖发展，食品工业正从生产普通食品向生产优质高档的各种食品、单细胞蛋白以及食品添加剂发展，饲料工业也正转向生产配合饲料和饲料添加剂，纺织工业则转向生产优质的丝织、麻纺、棉纺、毛纺等。这就要求引进必要的农产品加工技术和设备，加快原有企业的技术改造，扩展一批新的骨干企业，把提高现有产品的质量与开发新的"高技术"产品结合起来，才能从出口初级产品向出口加工制成品转化，从出口粗加工成品向出口精加工制成品转化，以增强农产品的竞争能力和创汇能力。

（四）朝着联合经营的方向发展

珠江三角洲的农产品加工业，在经营方式上正从单个企业经营向中外合资（合作）经营、地区联合经营、条块联合经营的方向发展，逐步走股份化、集团化的发展道路。现在经济联合正向更广泛的领域扩展，一批以名优加工产品为龙头的农产品加工企业，带动周围千家万户种养专业户和联合体，朝着专业化、集约化、现代化的方向发展，逐步形成了种、养、加紧密结合的"外向型"生产体系。例如，顺德县桂洲镇由港商、省畜产公司、桂洲镇三方合资联营的华南毛纺厂，加工生产混纺兔毛线出口，围绕着出口—毛纺—养兔的"贸工农"型生产结构，以出口产品——混纺兔毛线为龙头，实行以厂带场、以厂带户、以厂带厂，初步形成了出口的系列化加工产品生产体系。

（成文于 1987 年 3 月，原载于《国外及粤港台农村商品经济现状和发展》，《农村经济技术文集》1987 年第 2 集）

试论珠江三角洲的经济发展

珠江三角洲地区，包括佛山、江门、东莞、中山四市以及周围 12 个县。该地区自然地理条件优越，具有较好的发展商品经济的潜力。由于长期受到极"左"思想的影响，该地区的优势和潜力没有得到发挥，经济发展缓慢。十一届三中全会后，这个地区经济发展迅速，引人注目。

一、增长态势

1978—1985 年间，珠江三角洲的工农业总产值从 67.68 亿元增至 198.3 亿元，增长 1.93 倍，平均每年递增 16.6%。工业总产值从 39.14 亿元增至 162.2 亿元，增长 3.14 倍，平均每年递增 22.5%。农业总产值从 28.54 亿元增至 36.1 亿元，每年平均递增 3.4%。其经济增长有如下几个特征：

（1）工农业总产值增长速度不仅高于历史水平，而且大大高于全省和全国的同期水平。

（2）经济增长和经济效益、人民生活水平的提高是良性循环的。随着经济增长，财政收入和居民储蓄均有较大增长。

（3）贸易增长呈现略为超前发展的趋势，高于同期工农业总产值的增长速度。

二、增长动因

（1）农村的改革。家庭联产承包责任制的实行首先在农村揭开了变革的序幕，释放出被压抑多年的生产力。这种适合现阶段农业生产的改革与发展商品经济相结合，调动了农民的积极性，有力地促进了分工协作的发展，农民成为独立的商品生产者和经营者。

（2）产业结构的变化。产业结构的调整对经济增长有很大的促进作用。经济作物和工副业比重的大幅度提高，导致农业产值的获得更加合理和经济；轻工业比重上升，重工业比重下降，意味着投入产出的效益倍增；由产业结构变动导致就业结构的变动，对于我国具有难以用经济指标来衡量的社会效益——就业门路的增多和农村城市化进程的加快无疑是解决人口众多、劳动力剩余、城乡隔离的有效途径。其中最引人注目的是乡镇企业的迅猛发展。

（3）大量的投资。投资包括内资和外资。该地区开放较早，积累了相当雄厚的资金。从 1978 年至 1985 年，固定资产投入平均每年递增 40.3%，这大大推动了珠江三角洲经济的发展。

（4）科技的进步。十一届三中全会以前，该地区的生产设备都是 20 世纪60 年代以前的产品，而且还有很多是三四十年代的产品。十一届三中全会后，大规模地引进先进技术设备，进行全面技术改造，大大增强了该地区的经济实力和后劲，提高了产品质量，降低了生产成本。

三、增长因素剖析

对经济增长动因作了一般性描述之后，再进一步探讨的问题是：诸种增长因素在珠江三角洲发展中各自的地位、层次和关联，这对于辨识今后长期稳定的增长因素具有重要意义。

我们利用生产函数的分析方法，对劳动力的投入、资金的投入和科技进步在该地区经济增长中的状态和作用做了初步测算。

计算结果说明，在珠江三角洲近年的工业经济增长中，固定资产投入的作用占 70.4%，其中固定资产投入的贡献为 63.2%，居第一位；科技进步所起的作用占 29.6%，居第二位；劳动力投入的贡献占 7.2%，居第三位。上述结果虽然不具有精确的意义，但它可以近似地反映出近年来珠江三角洲经济增长因素的大致状态，由此可以进一步得出下述结论：

（1）由于该区原有的工业设备基础较差，十一届三中全会以来，取得了较大的经济增长，其中相当一部分是由投资来带动和维持的，这在目前阶段具有合理的一面；从发展的观点看，在今后一段时期内仍然不能低估投资的作用。

（2）科技进步将逐渐成为珠江三角洲未来经济增长的首要因素，虽然目前这一地区科技进步的推动作用还很有限。

目前世界科技成果转化为直接生产力的速度之快，科技进步对经济增长的贡献份额之重要已为人们所熟知。今后珠江三角洲长远的经济增长必须主要依靠科技的进步，否则，难以使经济增长进入持久稳定的阶段，难以形成强有力的经济实力。

目前国内投资和外资在该地区处于势均力敌的状态。1985 年佛山市全民所有制投资额中，国内占 56.6%，国外占 43.4%，但乡镇企业利用外资仅占 6.7%。外资注入对于珠江三角洲的发展是重要的，是未来经济增长中一个突出因素。资金缺乏、供给不足、需求过旺将是我国相当长一段时期内的宏观经济特点，因此合理地加快外资的引进是加快我国经济建设步伐的重要手段。但从总体看，目前外资的比例还是比较小的，说明引进外资还是处在起步阶段。珠江三角洲具有对外开放的独特优势，今后坚持改革开放，创造良好的投资环境，在不超过本地经济承受能力，特别是负债能力的前提下，大量吸引外资投入，积极引进先进技术设备，无疑是该区的一个极为重要的长期增长因素。

从整体看，珠江三角洲投资的增长速度大大超过工农业总产值的增长速度，说明珠江三角洲基本上处于外延型的扩大再生产阶段。它的经济效益仍是一个比较严峻的问题。

综上分析，今后珠江三角洲开放区经济增长的长期因素是：科技进步、外资注入、国内投资、产业结构调整、生产关系改革和完善以及劳动力增加等。其中，科技进步和外资投入既反映珠江三角洲的发展特点，又具有较大潜力，因而它们是推动今后经济增长的最重要因素。

（本文是作者与王光振、张炳申合写的，发表在《科技日报》，1987 年 4 月 20 日）

珠江三角洲农业的特点及其发展思路

党的十四大报告明确提出：我国经济体制改革的目标是建立社会主义市场经济体制，以利于进一步解放和发展生产力。社会主义市场经济理论的确立，这在理论和实践上都是一个重大突破。广东作为全国的综合改革试验区，经过 14 年的突破，市场经济体系已经开始形成，价格已经全面放开，市场机制的作用已经越来越大，正在推动社会主义现代化建设飞速发展。本文仅从一个侧面，对在社会主义市场经济体系下的珠江三角洲农业发展的特点作个探析，并提出进一步发展的思路。

一、20 世纪 80 年代珠江三角洲农业发展的基本特点

珠江三角洲地区，自党的十一届三中全会以来，经过了 15 年的改革、开放、调整和发展，已经从原来以产品经济为主体的计划经济体制转向以商品经济为主体的市场经济体制，转向以市场为导向的商品农业轨道。在改革开放之前，珠江三角洲的农业商品经济已经比较发达，粮食、糖蔗、蚕桑、塘鱼、水果、生猪、蔬菜等农产品的商品率较高。改革开放以来，通过一系列的调整、优化和发展，农业结构进一步发生了巨大的变化。按 1980 年不变价格计算，大三角地区①的农业总产值从 1980 年的 41.57 亿元增加到 1990 年的 80.44 亿元，增长了 93.52%。其中：种植业产值从 27.90 亿元增加到 39.57 亿元，其所占比重从 67.12% 下降到 49.19%；林业产值从 1.01 亿元增加到 2.39 亿元，其所占比重从 2.42% 上升到 2.98%；牧业产值从 6.25 亿元增加到 17 亿元，其所占比重从 15.04% 上升到 21.13%；副业产值从 3.48 亿元增加到 11.30 亿元，其所占比重从 8.37% 上升到 14.05%；渔业产值从 2.93 亿

---

① 大三角地区：包括珠江三角洲地区 31 个市县，即广州市区、花县、从化、增城、番禺，深圳市区、宝安，珠海市区、斗门、中山市，东莞市，佛山市区、南海、顺德、三水、高明，江门市区、新会、台山、开平、恩平、鹤山，惠州市区、惠东、惠阳、博罗；肇庆市区、高要、广宁、四会，清远市区。

元增加到 10.18 亿元，其所占比重从 7.05% 上升到 12.65%。1990 年大三角地区的农业总产值占全省农业总产值的 36.32%，其中：种植业产值占 36.84%，林业产值占 18.98%，牧业产值占 41.13%，副业产值占 29.07%，渔业产值占 49.9%。1980—1990 年间，大三角地区农业总产值的年递增速度为 6.82%，略低于全省年递增 7.60% 的水平。

从以上数字可知，珠江三角洲地区农业总产值的增长速度虽然低于全省的平均增长速度，但是经过产业结构和产品结构的调整，引进和新开发的品种多，优质品种多，同时种植业、畜牧业、渔业的产值在全省所占比重均高于全省平均所占的比重，可见珠江三角洲地区农业的优势在于种植业、畜牧业和渔业，在于发展优质、高产、高效的农产品，在于发展名、优、新、特的高档产品。

在改革开放和市场经济的大潮推动下，经过 15 年来的不断调整和优化，珠江三角洲地区的农业已经朝商品农业的方向发生了重大变化，其基本特点表现在如下几个方面：

（1）农业生产逐步从单一经营转向多种经营，转向农、林、牧、副、渔全面发展的大农业体系。

改革开放之后，打破了以产品经济为基础的人民公社制度，实行以家庭联产承包为主的责任制，调动了农民的生产积极性和创造性，促使农业生产迅速从"以粮唯一"转向多种经营，从囿于种植业的小农业转向农、林、牧、副、渔全面发展的大农业体系。例如珠江三角洲的江门市，农业总产值从 1980 年的 7.32 亿元增加到 1990 年的 15.35 亿元，增长了 109.7%，年递增 7.69%。其中：种植业产值年递增 6.74%，牧业产值年递增 9.74%，副业产值年递增 3.22%，渔业产值年递增 23.99%。可见，珠江三角洲的农业实际上已经突破了小农业的圈子，转到大农业的轨道上来，实现了农、林、牧、副、渔的全面发展，农民收入出现了大幅度的增长。

（2）农业生产逐步从常规农业转向常规农业与开发性农业并举，转向向生产的广度和深度全面进军的综合开发性农业。

由于调整了农村经济政策和实行了家庭联产承包责任制，调动了广大农民的生产积极性，提高了农业劳动生产率，从常规农业中解放了一大批剩余劳动力。于是，党和政府适时地引导农民向农业生产的广度和深度进军，大力发展开发性农业。通过大搞开发性农业，使常规农业与开发性农业有机地结合起来，形成了向生产的广度和深度全面进军、不断提高农业综合开发能力的新格局。扩大了农业生产领域，吸纳了大批剩余劳动力，创造了大量社会财富，既增加了农民收入，又促进了农村商品经济的发展，为珠江三角洲经济腾飞做出了重大贡献。

（3）农业生产逐步从数量型农业转向质量效益型农业，转向以现代科学技术为支柱的优质、高产、高效的精细密集型农业。

改革开放后，珠江三角洲随着农村经济的发展，特别是乡镇企业的大发展，就业门路不断拓宽，劳动工资相应提高，引起农业生产的机会成本上升，比较利益下降，从而导致农产品从花工多的品种急剧向花工少的品种转变，从低效益的品种向高效益的品种转变。据统计，大三角地区的主要农产品的产量，以1990年与1980年相比，粮食增长1.12%，花生下降6.50%，糖蔗增长43.51%，水果增长8.85倍，水产品增长2.18倍。在这些大宗产品中，花生负增长，粮食增长极微，糖蔗增长幅度小，只有水果和水产品相对花工少、效益高，因而增长幅度也大得多。特别明显的是珠江三角洲的蚕桑生产，它历来是全省的主产区，但由于它是种桑与养蚕相结合的双重生产，花工特别多，改革开放后比较利益下降，急速从盛到衰，以致最后全部消失。1978年全地区有桑地面积14.4万亩，总产茧量21 125吨，占全省总产茧量的95.60%，比1949年增长了3.36倍。到了1985年总产茧量下降到6 459吨，占全省总产茧量的23.90%，比1978年下降了70.50%。1986年总产茧量又下降到3 000吨左右，只相当于1978年的14.40%。此后不久，珠江三角洲的蚕桑生产就销声匿迹了。从1980—1990年间，农业总产值平均年递增6.82%，其中：种植业年递增3.55%，牧业年递增10.51%，渔业年递增13.26%。在农业总产值构成中，种植业的比重从67.12%下降到49.19%，牧业的比重从15.04%上升到21.13%，渔业的比重从7.05%上升到12.65%。其变动的特点是：从粮油作物转向经济作物，从种植业转向养殖业。可见，在20世纪80年代，珠江三角洲地区的农业生产已逐步从数量型农业转向质量效益型农业，转向以现代科学技术为支柱的优质、高产、高效的精细密集型农业。

（4）农业生产逐步从改革初期分散的家庭经营为主转向家庭经营与集体经营紧密结合的双层经营，转向强化农村社会化服务体系。

家庭联产承包责任制，是我国农民在党的领导下的一种新的伟大创造。它具有极大的优越性和生命力，适合我国现阶段农业生产的实际要求，既能适用于比较落后的地区，也能适用于比较富裕的发达地区，有利于发挥家庭和集体两个方面的积极性，有利于农业生产逐步走向专业化、社会化、商品化的道路。珠江三角洲地区，从党的十一届三中全会开始到1982年底，家庭联产承包责任制已普遍建立起来。但是，在建立初期还是以分散的家庭经营层次为主，集体经营层次还很薄弱，有些地方甚至成了"空壳村"。这就要求在稳定家庭经营的基础上，迅速发展集体经营，完善双层经营体制。办法就是在搞好家庭经营的前提下，大力发展农村社会化服务体系，搞好产前、产中、产后服务，办好一家一户想办而又难于办到的事情，这样，既壮大了集体经济基础实力，又增加了农民的收入，受到热烈拥护。

（5）农业生产逐步从单纯农业领域转向第一、二、三产业相结合的种养加、贸工农一体化体系，转向面向国际市场的外向型农业。

珠江三角洲地区，毗邻港澳，面向海外，是我国农副产品出口的重要基地。为了适应国际市场的需要，将农副产品迅速且大量地打进国际市场，就必须打破单纯农业领域和内向型农业的框架，建成第一、二、三产业相结合的种养加、贸工农一体化的农业生产经营体系，做好生产、储存、保鲜、加工、运输、销售、出口等一系列工作，提高产品质量，增加品种，提高效益，把农业工作的重心转向发展能创汇的外向型农业。15年来，通过引进外资，引进优良品种和先进技术，发展名、优、新、特、高的产品，逐步摆脱了低投入低产出的落后状态，走向高投入高产出的现代农业发展道路，从而使珠江三角洲地区的农业跃上了一个新台阶，即从单纯农业领域转向第一、二、三产业相结合的种养加、贸工农一体化体系，转向面向国际市场的外向型农业。

二、20 世纪 90 年代珠江三角洲农业进一步发展的思路

为了贯彻邓小平同志南方谈话和党的十四大精神，全面实现党中央制定的国民经济发展的第二步战略目标，20世纪90年代珠江三角洲农业应如何进一步发展呢？笔者的思路是，用市场经济的观点指导农业，继续坚持以国际市场为导向，以国内市场为依托，进一步加快改革，扩大开放，推进科技进步，调整生产结构，提高经济效益，形成以集体经济、高新技术、外向型农业为主的新格局，按照"持续农业"的方向，实现经济和生态两个良性循环，经济、社会、生态三个效益的统一，走种养加、农工贸、内外贸、农科教相结合的农、林、牧、副、渔全面发展的大农业之路，走资源节约型的集约持续之路，走优质、高产、高效农业之路，走面向国际市场的外向型农业之路，

为建设具有中国特色的社会主义现代化农业做出应有的贡献。

1. 进一步扩大改革开放，强化"农业是基础产业"的观点

农业是基础产业，农业的发展关系到整个国民经济的发展、社会的安定、国家的自立，也是全面振兴农村经济的基础，必须坚持把农业放在国民经济基础的地位上来，大力加强和发展农业。但是，要强化"农业是基础产业"的观点，将农业生产和农业现代化搞上去，还得从进一步解放思想、转变观念、深化改革、扩大开放做起，大胆实践，大胆创新。对于农业发展的重点，要坚决把解决总量短缺转到解决结构性短缺上来，把粗放型农业转到集约型农业上来，把单一农业转到种养加、贸工农相结合的综合开发的路子上来，把内向型农业转到内外结合的双向型农业上来，把传统农业转到现代农业上来。总之，要用商品农业的观点彻底取代小农经济观点，使农业生产转到高科技、高质量、高效益的轨道上来，通过集约化、现代化、国际化的途径，实现向科技型、效益型、外向型转化。珠江三角洲地区在农业方面的深化改革、扩大开放，更应做到思想更解放一些、胆子更大一些、步子更快一些、政策更宽一些，使农业生产每隔几年上一个新台阶，力争用 15 年左右时间赶上亚洲"四小龙"。

2. 以市场体系为突破口，加速完善农村双层经营体制

市场是农产品交换和集散的基本条件，又是目前深化农村经济体制改革的突破口，要大力培育和完善市场体系，建立农产品的批发市场，发展现货交易和期货交易，使农产品流通领域真正活起来。因此，必须以市场体系为突破口，不断完善农村双层经营体制。一是要深化流通体制改革，实行多渠道经营，搞活农产品流通，解决"卖难""买难"的问题；二是要大力加强农村社会化服务体系，在家庭分散经营的基础上，加强集体经济的服务功能，提供高质量的服务，解决一家一户在生产经营活动中遇到的难题，把家庭联产承包经济的积极性与集体统一经营的优越性有机地结合起来，通过服务，取长补短，相互促进，注入新的活力，有利于农业发展和农业现代化，有利于农民走共同富裕的社会主义道路；三是要通过产前、产中、产后服务，特别是通过农产品加工环节的服务，把小生产与大市场联结起来，使一家一户分散的小规模生产纳入社会主义市场经济的轨道。

3. 继续调整和优化生产结构，提高农业经济效益

农业经济效益低是制约农业发展的根本问题。经过 20 世纪 80 年代的结构调整，已经取得了明显的经济效益，但结构不合理、布局不协调、资源优

势得不到充分发挥，仍然是目前农业生产经济效益低的重要原因。因此，20世纪90年代应抓紧粮食价格放开的有利时机，以市场为导向，继续大胆调整和优化农业生产结构，坚持山水田林路综合治理，进一步提高农业综合开发的经济、社会、生态效益。一是要调整和优化大农业内部结构，使农、林、牧、副、渔更加协调地发展；二是要调整和优化种植业内部结构，在稳定粮食总产量的前提下，更要放手地发展优质大米、水果、蔬菜、花卉以及优质高值的经济作物，到20世纪末，粮经种植面积的比例，应从现在的6∶4转变到4∶6；三是要调整和优化林业内部结构，珠江三角洲山地少，林业产值所占比重小，但是森林作为生态系统的主体，既是农业生产的屏障，又是人类生存和发展的基础，兼有经济、社会、生态效益的功能，仍然必须把林业建设放在重要的位置，这就要引进优良树种，大力发展防护林、水果林、经济林和特种用途林，做到林农、林牧、林渔结合，农田林网化，公路林带化，绿化珠江，造福万代；四是要调整和优化养殖业内部结构，养殖业包括畜牧业和水产业，应着重引进和开发优良品种，优化品种结构，做到优质、高产、高值、外向，使养殖业产品在国内外市场均具有较强的竞争能力；五是要把单一农业转向种养业与加工业紧密结合，通过加工增值，提高品质，使农产品能更好地打进国际市场。

4. 全面落实"科教兴农"，提高农业整体素质

"科教兴农"是加速农业发展和农业现代化的长期战略方针。农业最终出路要靠科技，科技发展要靠人才，人才培养要靠教育。科技是动力，人才是根本，教育是基础。因此，珠江三角洲地区农业整体素质的提高，有赖于全面落实"科教兴农"的方针。一是要加速发展教育事业，大力培养农业和农村建设人才，努力提高广大农民的科技文化素质，从根本上解决农业发展的支撑点和后劲问题；二是要以科技进步为动力，全面提高农业机械化水平和综合开发能力，使有限的自然资源得到充分的利用，形成一个优质、高产、低耗、高效、外向的现代商品农业生产体系；三是要增加农业科技投入，建立农业科技发展基金，加快农业科技的研究并使之迅速转化为现实生产力，提高科技在农业增长中所占的比重，力争从现在的30%~40%上升到20世纪末的60%~70%；四是要发动大科技支持大农业，现代农业是一个大系统，需要各行各业的支持，一切科技教育部门都应为农业发展和农业现代化出谋献策，开拓新的产业，提高产品的科技含量，加强科学管理，拓展国内外市场，为"科教兴农"做出新的贡献。

5. 采取不同的农业发展模式，充分利用和发挥当地资源优势

珠江三角洲地区的自然资源和地势十分复杂，要因地制宜，区别对待，优势互补，综合开发，应根据各地不同的情况，采取相应的农业发展模式。一是在以平原为主的粮产区，应充分利用粮食多的有利条件，发展优良品种的猪、鸡、鸭、鹅、鸽等畜禽业，将粮食转化为肉、禽、蛋、奶等，同时要调整农业结构，扩大优质大米、水果、蔬菜、花卉等的种植面积；二是在水网低洼地区，要继续推广基塘式的生态农业生产体系，形成一个良性循环的人工生态系统，使种植业、畜牧业和水产业有机地结合起来，起到互相促进的作用；三是在丘陵低山地区，则要利用坡地山地实行多层次合理开发的农业生产模式，山上种树、山腰种果、山脚种粮种豆，还可利用坡地、草地发展草食动物；四是在沿海围垦地区，可以利用围垦出来的大片土地，建设综合性的现代化外向型农业企业，如磨刀门垦区围垦20万亩海涂作为农业综合开发区；五是在条件具备地方，建设一批用现代科学技术武装起来的农业企业或农业生产基地，例如珠海市的金鼎镇外向型农业开发区、顺德县北滘镇的养鸡场等，都很好地发挥了示范和带动作用，吸引了广大农户朝着农业现代化道路前进。

6. 把发展外向型农业放在首要地位，作为带动整个农业发展的龙头

发展外向型农业，就是要以国际市场为导向，以科技进步为支柱，使传统农业迅速转变为现代农业，生产出名、优、新、特、高的产品，以求在国际农产品市场上能争得一席之地。因此，珠江三角洲应把发展外向型农业放在首要地位，作为带动整个农业发展的龙头。通过大力发展出口创汇的外向型农业，推动农业科技进步，调整农业生产结构，转变经营机制，提高经济效益，加速整个农业发展和农业现代化进程。一是要建立现代化的农产品出口生产基地，按照国际标准，引进和开发优良品种，采用高新技术，提高农产品的品种、规格、质量、批量，并以基地为基础带动千家万户的农民也按照国际标准生产农产品，使之适合国际市场的需要；二是农产品加工业要跟上，只有通过冷冻、保鲜、加工、包装等加工环节，农产品才能打进远洋市场；三是建立贸工农一体化的农产品出口集团公司，建立和发展自己的流通渠道和据点，使农产品流向国际市场能畅通无阻，有条件的还可把企业直接办到国外去。

7. 切实改善农业生产条件和生态环境，保持农业的持续高速发展

珠江三角洲的农业要保持持续高速发展，就得改善农业生产条件和生态环境，应从人口、资源、环境协调发展的战略出发，进一步强化国土的综合治理，造林绿化，控制水土流失，保护耕地，恢复和推广有机农业，不断提高地力；严格控制工业对环境的污染，建立环境污染和病虫害预测预报和治理系统；严格控制人口增长和占用耕地面积，使人均耕地面积稳定在现有水平上，农产品的人均占有量逐步提高；合理利用和开发农业资源，实行资源节约型的优质、高产、高效的生态农业。

8. 建立和完善农业保障系统和农产品储备系统，保证农业的稳定和健康发展

农业生产受自然灾害和市场变化的影响极大，相应所承受的风险也极大，必须有一套完整的农业保障系统和农产品储备系统，农业生产才能稳定和健康发展。农业保障系统包括农用物资保障系统、水利保障系统、气象预测预报系统、生态环境系统、科技教育系统、价格保障系统等。农产品储备系统，就是建立正常的农产品储备制度和足够的仓储设施，特别要注重建立粮食储备制度。

9. 大力发展乡镇企业，加速农业剩余劳动力的转移

农业剩余劳动力的转移，是关系到我国社会主义现代化建设的快慢与成败的大问题。就农业自身来说，农业经济效益的提高，农业现代化的进程，都离不开农业剩余劳动力的战略转移。因为农业剩余劳动力的大量存在必然制约着农业劳动生产率、农产品商品率和农民纯收入的提高。目前，珠江三角洲的乡镇企业已经成为农村经济的主要支柱，1990年小三角地区①的乡镇企业的产值已占农村社会总产值的68.8%。据统计，1990年小三角地区的农村劳动力中，第一产业占56.9%，第二、三产业占43.1%。像顺德、南海、东莞、宝安等乡镇企业特别发达的市县，农村劳动力中已有70%~80%转移到第二、三产业，第一产业只占20%~30%。珠江三角洲地区乡镇企业的发展，不仅吸纳了本地的农业剩余劳动力，而且还吸纳了几百万外地的农业剩余劳动力，为山区和内地做了一件大好事。20世纪90年代，要继续大力发展乡镇企业，把农村工业和第三产业进一步搞上去，既要为全面实现农业剩余劳动力的战略转移创造更有利的条件，又要引导乡镇企业上规模、上技术、上水平，向高科技、高档次、高效益和外向型攀登，使集体经济实力得到极

---

① 小三角地区：包括珠江三角洲地区22个市县，是珠江三角洲的核心地区，即大三角地区减去后面9个市县之外的22个市县。

大的加强。只有这样，才能更好地推动农业现代化和整个社会主义现代化建设目标的早日实现。

（成文于 1993 年 5 月，原载于《珠江三角洲经济社会文化发展研究》，上海：上海人民出版社 1993 年版）

（三）广东山区

广东山区产业结构的现状及其调整方向

一、山区产业结构的现状

广东山区的基本情况是"八山、一水、一分田"，三多（山多、矿多、劳动力多）、三少（资金少、技术少、人才少）、三不通（一部分地区还不通车、不通邮、不通电），特别是山、老、少、边、穷地区，长期处于自给半自给的自然经济状态。生产条件差，自然灾害多，山光水恶地瘦人穷；经济基础差，财力少，家底薄，智力资源缺，起步艰难；交通不便，信息不灵，流通渠道不畅，市场狭小；文化落后，人才奇缺，新中国成立后有的区乡的新文盲率达到40%～50%；长期以来搞"以粮唯一"，反对多种经营，严重影响农村经济收入，加上历次政治运动整顿了一大批干部和群众，挫伤了积极性；承担国家任务过重，得不到休养生息，价格政策对山区资源的开发利用不利，农村经济体制和政策多变，造成乱砍滥伐，破坏山林和水土，山区的生态环境遭到严重破坏。这种种原因酿成山区的产业结构必然是畸形的、极端不合理的，农业"以粮唯一"，林业"以杉唯一"，整个经济结构单一化，地上地下的丰富资源都未能很好开发利用。

党的十一届三中全会以来，在大力发展农村商品经济的思想指导下，有计划有步骤地进行了农村产业结构的调整，取得了显著的经济效益，农村产业结构开始朝着合理化方向转变，但是，还没有摆脱长期以来在"左"的干扰下所形成的结构单一、互不协调的落后状态。例如梅县地区，不仅农业结构单一，而且工副业难以发展起来，全地区160多个区的乡镇企业产值8亿多元，其中28个区就占了4亿多元。在850个贫困乡中，只有15个乡办企业，其余835个乡连乡办企业都没有。在58个贫困村中，其产值结构是：种植业收入占51%，林业收入占6%，牧业收入占25%，工副业收入占15%，渔业收入占 3%。全地区人均山地 5.4 亩，林业收入占农业总收入的 3.3%，亩平收入 2.3 元，山区的优势未能得到很好的发挥。

兴宁县在梅县地区算是工副业比较多、商品经济比较发达的县，但是，该县的农业结构，按产值计，1949 年全县农业总产值 2 598.4 万元，其中种植业占 74.29%，林业占 1.22%，牧业占 11.89%，工副业占 11.74%，渔业占 0.86%。1978 年全县农业总产值上升到 10 480.96 万元，其中种植业占 67.93%，林业占 2.18%，牧业占 15.37%，工副业占 13.43%，渔业占 1.09%。到 1985 年全县农业总产值上升到 22 377.98 万元，其中种植业占 50.6%，林业占 2.56%，牧业占 16.98%，工副业占 27.92%，渔业占 1.94%。现在的农业结构，与过去比是合理了，但是占全县总面积 69% 的山地，林业产值只占农业总产值的 2.56%，林业太落后了。再从该县三大产业结构来看，按县农委统计，1978 年全县农村社会总收入为 16 238 万元，其中第一产业占 72.6%，第二产业占 17.9%，第三产业占 9.5%。到 1985 年全县农村社会总收入达到 32 685 万元，其中第一产业占 68.7%，第二产业占 19.1%，第三产业占 12.2%（若按占用劳动力计，则第一产业占 74.2%，第二产业占 11.8%，第三产业占 14%）。这种结构状态，与兴宁当前的情况是基本适合的。但是，应该看到，第二、三产业的比重仍然偏低，商品经济比较发达的地区第二、三产业所占比重的和，一般都大大超过第一产业的比重，现在这种结构状况将不利于整个国民经济的进一步发展。

和平县是惠阳地区最贫困的山区县之一。该县 1978 年的农业总产值为 6 054.46 万元，其中种植业占 39.13%，林业占 12.76%，牧业占 8.7%，工副业占 39.18%，渔业占 0.23%。1985 年农业总产值达到 8 266.98 万元，其中种植业占 37%，林业占 9%，牧业占 11%，工副业占 43%，渔业占 0.25%。和平县原来的经济基础比较薄弱，基数较低，经过这几年的调整，农村产业结构已改善了许多，工副业和畜牧业的比重较大，但林业的比重有所下降。和平县 1983 年全县社会总产值为 13 260.6 万元，其中，第一产业占 58.1%，第二产业占 27.5%，第三产业占 15.1%。到 1985 年全县的社会总产值达到 21 601.33 万元，其中第一产业占 46.6%，第二产业占 38.5%，第三产业占 14.9%。第二、三产业所占比重之和已超过第一产业所占的比重，三大产业之间的结构相对合理一些。

总的说来，山区产业结构经过这几年的调整，原来那种单一经营和城乡分割的产业结构已经开始被突破，山区经济正转向多部门综合经营。但是，当前山区农村的产业结构还是很不合理的，突出表现在林业和工矿业的比重太低，占总面积80%左右的山地没有得到很好利用，林业和矿产资源优势没有得到很好发挥。"靠山吃山"，过去恰好就是违背了这一条人所共知的常理。

二、山区产业结构调整的原则与方向

调整山区产业结构，必须遵循如下基本原则：

（1）坚持面向国内外市场，大力发展农村商品经济的原则。

要冲破自给自足的小农经济思想的束缚，增强商品经济意识，把干部和群众的思想引导到发展社会主义商品经济上来。要根据国内外市场的需要来安排农业生产，改造老企业，发展新项目，开发新产品，建设具有地方特色的商品生产基地，逐步做到产品能够适销对路和不断增强市场竞争能力，有条件的地方，还要力争通过利用外资，引进国外先进技术设备，发展一批出口创汇的山区名、优、土、特产品。

（2）坚持发挥山区资源优势的原则。

要打破不分时间、地点、条件"一刀切"的做法，加强领导，分类指导，既要因地制宜、扬长避短，又要善于抓住有利时机、加速经济发展，建立起能够比较好地发挥山区资源优势的商品生产体系和产业结构。

（3）坚持经济效益、社会效益、生态效益统一的原则。

调整和优化山区产业结构，必须注重经济效益，依靠科学技术进步，不断提高劳动生产率，节约物耗，降低成本。但是，必须更加注重社会效益和生态效益，造林绿化，水土保持，珍惜耕地，防止污染，这是长远利益所在，必须努力实现经济效益、社会效益、生态效益的统一和同步发展。

（4）坚持改革、开放、联合的原则。

改革是动力，开放是条件，联合是途径，离开改革、开放、联合，山区经济就无法发展。调整和优化山区产业结构，必须坚持改革、开放、联合的原则，才能取得成功。

山区产业结构调整的方向和总体结构目标应该是：在坚持改革、开放、联合的前提下，逐步建立和完善一个以林业为本的大农业为基础，面向国内外市场，立足山区农林矿产资源，注重三大效益，种养采加结合，第一、二、三产业比较协调发展的综合产业结构。

（一）第一产业的调整方向

（1）正确处理粮食和经济作物的关系。

山区农业，在现有耕地利用上的矛盾，主要是粮食和经济作物争地的矛盾。长期以来搞"以粮唯一"，经济作物的比重太小，不能充分发挥多种经营的优势，这成为山区贫困落后的主要原因之一。十一届三中全会后，作了相应的调整，减少了粮食种植面积，增加了经济作物面积，提高了经济效益，但是，当前农业生产的基础薄弱，劳动生产率很低，而粮食又是基础的基础，粮食生产状况如何，决定着国民经济发展和产业结构调整的步伐，必须继续把山区粮食生产抓好。目前，我省山区的粮食和经济作物在农业耕地中的比例，一般都是75：25至80：20，偏僻山区甚至是90：10左右。因此，应该采取"稳粮促经"的方针，在提高粮食单产，保持粮食总产略有增长的同时，适当减少粮食种植面积，增加经济作物面积，为山区发展甘蔗、蚕桑、烤烟、麻类、蔬菜等让路。争取到1990年以后，整个山区农业耕地面积中粮食和经济作物的比例，大致达到70：30的水平。

（2）大力发展草食动物和淡水鱼类等养殖业。

随着农业生产的发展和现代化进程的加快，养殖业在大农业中所占的比重将大大提高，这是总的发展趋势。目前山区养殖业所占的比重只有25%左右。我省山区农民素有养鸡养猪的习惯，但是因饲料粮不足，除可办少量的商品鸡场、猪场外，不可能普遍地大量发展养鸡养猪事业。因此，今后养殖业的重点，应转到利用山地多、草多、山塘水库多的条件，发展养牛、养羊、养兔等草食动物和淡水鱼类上来，这方面的潜力还是很大的、大有可为的。

（3）向荒坡、草山、山地和水面进军，大力发展开发性农业。

山区的特点之一就是山多，有大片尚未开发的荒坡、草山、山地和众多的山塘水库，这些水土资源正是我们从事开发性农业的大好战场。封山育林，造林种果，种养结合，综合经营，发展木材、水果、紫胶、油菜、牧草、南药、竹子、松香、油桐、茶叶、木茨、香菇、木耳、猕猴桃、养牛、养羊、养兔、养蜂、养蛇以及饲养各种珍禽野兽和淡水养殖产品，山区地大资源多，开发性农业的前途远大。只要把山区的开发性农业抓上去，形成具有山区特色的商品群，就能使山区摆脱贫困，尽快地富裕起来。

（4）依靠先进科学技术，发展"一乡一品""一县数品"项目，建设具有较强竞争能力的山区商品生产基地。

山区农业的出路，必须依靠先进科学技术，使传统农业逐步转到现代农业的轨道上来。目前，除了要调动千家万户农民向开发性农业进军外，还要依靠现代科学技术，有计划有步骤地建设一批层次较高、具有较强竞争能力的山区商品生产基地，作为推动山区商品经济发展、促进农业现代化的示范场所。这就要相应地集中一部分资金、物资和人才，搞好"一乡一品""一县数品"项目，努力把先进科学技术和农业生产紧密结合起来，从良种选育、肥料、饲料、植保防疫、栽培饲养技术，到加工、保鲜、包装，运输、销售、出口，都要有严格的技术要求和科学管理，把基地建设成为集中连片、优质高值的专业化、系列化、区域化的农业生产体系。这样，搞好一个点，就可以影响和带动一大片，经济效益也会大大提高。

（二）第二产业的调整方向

（1）建立以山区资源为基础、外引内联为条件，面向国内外市场的工业体系。

山区的工业原本就不多，就算有一些工业，它们的规模也很小，山区基本上还是一张白纸，可以描绘出最美最好的图画。从山区的实际出发，发挥山区资源优势，应该建立以山区农林矿产资源为基础、外引内联为条件，面向国内外市场的工业体系。优先发展纺织、食品、制药、酿酒、凉果、淀粉、卷烟、紫胶加工、竹木加工、煤、铁、石膏、各种有色金属矿、铸造、冶金、机电、陶瓷、建材等传统工业。在调整工业结构过程中，应注意做到改造原有企业与新建工业项目相结合，重点项目与短平快项目相结合，互相促进，共同发展，搞好山区资源和农副土特产品的系列开发。必须强调一点，就是要在以市场为导向，搞好外引内联的基础上，把农、林、矿产品加工业放在发展山区经济的重要战略地位上，以加工业带动种植业、养殖业、采矿业，实行种、养、采、加相结合，充分发挥综合型产业结构的优势，实现三大效益的统一。

（2）加快能源和新兴工业的发展，为山区经济的进一步发展准备条件。

山区丰富的农林资源、水力资源和矿产资源得不到开发利用，这种状况不改变，山区经济就难以进一步发展起来。因此，必须在可能的条件下加快能源工业和新兴工业的发展，才能为山区经济的进一步发展准备必要的条件。这里所说的新兴工业，从山区的实际出发，主要是指电子、信息、生物工程、新型材料等高技术产业，要把微电子、计算机、信息技术、单细胞蛋白、酶制剂、抗生素、组织培养技术、稀土元素系列产品等产业搞上去，用先进高技术创立和发展这些新兴产业，争取在某些方面有所突破，能处于领先地位。首先是国家的长远规划，要有意识地侧重于贫困山区的能源开发和新兴工业的发展，安排一些有带动区域经济起飞的骨干项目。其次是广东省要更多地考虑山区经济的发展问题，在资金和项目的安排上给予照顾，增强山区的造血功能。第三是山区各市县要有自力更生精神，不仅为保证管好用好国家和省的有关拨款和项目，而且要自筹一部分资金用于发展能源和新兴工业。这样，就有可能把整个山区的经济，逐步引向以现代科学技术为基础的优质、批量、高值、低成本、高效益的轨道，增强经济发展的后续能力。

（3）大力发展乡镇工业，增加就业门路和经济收入，促进农业劳动力的转移。

从工业在农村社会总产值中所占的比重看，地处山区的韶关市是11.8%，梅县地区是18.2%，肇庆地区是18.4%，而全省平均是25.1%，经济发达的佛山市是51.1%。山区的乡镇工业还处于十分落后的地位。山区乡镇工业的发展，应以镇村为重点，镇、村、组、体、户一起上，从手工业、采矿业和农副土特产加工业起步，逐步发展，逐步提高。要把山区的资源优势转化为商品优势，多搞一些千家万户都能干的项目和投资少、见效快的项目，老、少、边、穷地区更要根据可能的条件多搞一些短、平、快项目。有条件的地方，则要适当发展一些技术较高、规模较大的骨干企业，也可以发展"一乡一品"项目，但是，不宜离开山区的具体条件，去普遍搞高、精、尖、新的项目，只能一步一步地发展壮大。山区的乡镇工业广泛发展起来，就能增加就业门路和经济收入，就能容纳从种植业中转移出来的大量剩余劳动力，促进农业劳动力向工业转移。这样，既有利于提高农业的劳动生产率，增加农村收入，增强农业的自我发展能力；又有利于巩固和发展农村工业，更好地开发利用山区资源，加快山区脱贫致富的步伐。

（三）第三产业的调整方向

山区经济由于结构比较单一，第一产业落后，第二产业发展较慢，商品率较低，在这种情况下，第三产业的发展就更慢，可以说是刚刚起步。据1988年统计，第三产业在农村社会总产值中的比重，韶关市是8.5%，肇庆地区是10.1%，梅县地区是12.6%。估计，整个山区各市县第三产业的比重，也就在8%～15%的范围之内。第三产业主要是为提高第一、二产业劳动生产率和社会综合经济效益创造条件，客观上就要求第三产业要为第一、二产业服务，与第一、二产业同步发展。因此，随着第一、二产业的发展，第三产业也必然要有相应的发展。

（1）优先发展交通运输和通信部门。

山区由于交通运输和通信条件太差，长期处于封闭状态，市场狭窄，特别是粤东山区的广阔地带，由于没有铁路作为交通运输的动脉，长途运输靠汽车，运量有限，成本又高，严重制约着山区商品经济的发展。没有交通，就没有流通，也就没有市场。所以"一通百通"，只要把交通运输和通信搞上去，山区经济这盘棋就活了。对山区来说，交通是个关键，是开发山区经济的突破口，只要帮助发展交通事业，重点把铁路修通，促进商品流通，扩大商品市场，就能带动整个山区经济腾飞。当然，山区经济的大发展，有赖于以铁路为干线、以公路为支线、水陆空相结合的现代化交通运输网络和电信网络的形成。在这个问题上，目标要明确，步子要扎实，要努力争取各方面的支持和合作，分期分批地组织实施。

（2）积极发展科技、教育、信息、金融、商业、外经外贸、房地产等基础设施和服务部门。

山区的第三产业，除了要优先发展交通运输和通信部门外，还要积极发展科技、教育、信息、金融、商业、外经外贸、房地产等基础设施和服务部门。这样，有利于进一步完善山区农村市场体系，促进各种生产要素的合理流动和最优结合，改善投资环境，充分发挥第三产业的作用，推动山区商品经济的更大发展。

最后，山区产业结构调整中应注意解决的几个问题：

①明确山区工作的指导思想，转变观念，为发展商品经济开路。

②抓好山区的造林绿化和水土保持两大工程，逐步改善生态环境。

③背靠资源，面向市场，发展"一乡一品""一县数品"项目，带动山区农业和乡镇工业的全面发展。

④依靠先进科学技术改造传统产业，建设新兴产业，把山区经济引向现代化轨道。

⑤加强外引内联，发展横向经济联合，吸引国内外的资金、技术、设备、管理经验和人才进山。

⑥山区发展的根本出路取决于劳动者素质的提高和大量合格人才的培养，应该把智力开发、人才培养和合理使用提到首要的战略地位上来。

⑦国家和广东省要对山区实行各项优惠政策和措施，扶助山区经济的发展。

（本文是广东省"七·五"规划重点课题《广东山区脱贫路子》的阶段性成果之一的一部分，成文于 1987 年 4 月，原载于《经济与发展》1989 年第 3 期）

兴宁县产业结构调整的基本对策

兴宁县（现已改为兴宁市）地处粤东中部山区，总面积 2 104 平方千米（折合 315 万亩），其中山地 224 万亩，占 71.1%；耕地 46 万亩，占 14.6%；其他 45 万亩，占 14.3%。总人口 97 万人，其中农业人口 82.5 万人，农村劳动力 32 万人。全县人均耕地 0.55 亩，山地 2.7 亩。基本上是"七山、一水、二分田"，山多、矿多、劳动力多，资金缺乏，技术落后，人才不足，交通不便，信息不灵，能源短缺，还有不少地方不通车、不通电，特别是山、老、边、穷地区，仍然处于自给半自给的自然经济状态。1987 年全县工农业总产值达到 5.38 亿元，比 1980 年增长了 72%，离翻一番还有一段距离。

一、十一届三中全会以来通过调整产业结构已起了重大变化

兴宁县搞开发建设，发展商品经济，有独特的优势和制约因素。

1. 优势

（1）有丰富的农、林、矿产和水力资源，这是发展山区经济的基本条件。

（2）手工业和轻纺工业历史悠久，煤、铁、机电、水泥等重工业也有一定的基础。

（3）在流通领域，有传统的经商习惯和人才，公路运输比较发达。

（4）劳动力资源充裕，在 32 万农村劳动力中有 10 多万可以从农业转向第二、三产业，其中还有不少能工巧匠和乡土人才。

（5）文化教育比较发达，农村的高、初中毕业生多，外出工作的知识分子遍布全国各地，有利于解决科技、信息和人才问题。

（6）华侨和港澳台同胞共有 30 万人，为加强对外经济联系提供了十分有利的条件。

（7）与其他山区县相比，兴宁县还有一个号称"小珠江三角洲"的宁江

平原作为发展工业和外向型经济的良好基地。

2. 制约因素

（1）交通不便，信息不灵，能源不足。特别是交通运输主要靠公路，没有铁路作为主干线去沟通沿海港口和大城市，运量小，成本高，严重制约着商品经济的发展。

（2）山林砍伐过量，水土流失严重，自然灾害多，农业生产条件差。

（3）经济基础薄弱，资金缺乏，自我发展能力差，工副业难以发展，就业门路少，大量劳动力滞留在人均五分多的耕地上。

（4）工业虽有一定的基础，但规模小，设备陈旧，技术落后，原料不足，优质产品不多，竞争能力不强。

（5）劳动力素质差，缺乏必要的培训，科技人才中的经济管理人才不足，加上使用不当，连现有的一点人才也大量外流。

（6）经济体制不适应和政策多变，挫伤干部和群众的积极性。

如果能够从客观的县情出发，按经济规律办事，扬长避短，发挥优势，以市场为导向积极调整产业结构，兴宁县的生产建设本来可以搞得好一点。但是，在党的十一届三中全会之前的20多年中，由于受到"左"的干扰，搞"以粮唯一"，反对多种经营，严重影响农村经济收入，酿成山区农村产业结构畸形化，农业落后，第二、三产业无从发展，整个经济结构单一化。只是到了十一届三中全会以后，在大力发展农村商品经济的思想指导下，有计划有步骤地进行了农村产业结构的调整，产业结构才开始朝着综合经营、协调发展的方向转化，并取得了显著的成绩。

（一）农村经济状况得到了较大改善

表1 工农业总产值构成变化表

单位：万元

项目	1978 年		1986 年		1986 年比 1978 年增长的百分比
	产值	占比（%）	产值	占比（%）	
工农业总产值	28 423	100	46 499	100	63.60
农业总产值	14 071	49.5	16 816	36.2	19.51
工业总产值	14 352	50.5	29 683	63.8	106.82

（续上表）

项目	1978 年		1986 年		1986 年比 1978 年增长的百分比
	产值	占比（%）	产值	占比（%）	
乡镇工业总产值	3 472	12.2	12 508	26.9	260.25

以 1986 年与 1978 年相比，工农业总产值增长了 63.60%。其中，农业增长了 19.51%，工业增长了约 1.07 倍（其中乡镇工业增长了约 2.60 倍）。农业所占的比重，从 49.5% 下降到 36.2%，工业所占的比重，则从 50.5% 上升到 63.8%。在工农业总产值中，农业比重下降，工业比重上升，工业比农业增长得快，特别是乡镇工业增长得更快，农村经济状况得到了较大改善。

（二）农村的单一农业结构逐步转向农、工、建、运、商综合发展的道路

表 2　农村社会总产值构成变化表

单位：万元

项目	1978 年		1986 年		1986 年比 1978 年增长的百分比
	产值	占比（%）	产值	占比（%）	
合计	16 238	100	49 171	100	202.81
农业	11 781	72.6	27 965	56.9	137.37
工业	2 913	17.9	13 000	30.4	413.25
建筑业			1 951		
运输业	1 248	7.7	3 156	6.4	152.88
商饮业	296	1.8	3 099	6.3	946.95

以 1986 年与 1978 年相比，农村社会总产值从 16 238 万元增加到 49 171 万元，增长了约 2.03 倍。其中，农业增长了约 13.7 倍，工建业增长了约 4.13 倍，运输业增长了约 1.53 倍，商饮业增长了约 9.47 倍。农业所占比重从 72.6% 下降到 56.9%；工建业所占比重从 17.9% 上升到 30.4%；运输业所占比重从 7.7% 下降到 6.4%；商饮业所占比重从 1.8% 上升到 6.3%。农村的单一农业结构已逐步转向农、工、建、运、商综合发展的道路。

（三）农业内部的种植业、林业、牧业、副业、渔业的结构起了重大变化，农产品商品率有所提高

表3　农业总产值构成变化表

单位：万元

项目	1978 年		1986 年		1986 年比 1978 年增长的百分比
	产值	占比（%）	产值	占比（%）	
农业总产值	10 481	100	16 816	100	60.4
种植业	7 120	67.9	10 496	62.4	47.4
林业	228	2.2	889	5.3	290.0
牧业	1 611	15.4	4 168	24.8	158.7
副业	1 408	13.4	807	4.8	−42.7
渔业	114	1.1	456	2.7	300.0

以 1986 年与 1978 年相比，农业总产值从 10 481 万元增加到 16 816 万元，增长了 60.4%。其中：种植业增长了 47.4%，所占比重从 67.9% 下降到 62.4%；林业增长了 2.90 倍，所占比重从 2.2% 上升到 5.3%；牧业增长了约 1.59 倍，所占比重从 15.4% 上升到 24.8%；副业减少了 42.7%，所占比重从 13.4% 下降到 4.8%；渔业增长了 3 倍，所占比重从 1.1% 上升到 2.7%。与此相应，农产品商品率也从 1978 年的 25% 左右上升到 1986 年的 39.7%。

（四）农村三大产业之间的结构合理度有所提高

表4　农村三大产业产值构成变化表

单位：万元

项目	1978 年		1986 年		1986 年比 1978 年增长的百分比
	产值	占比（%）	产值	占比（%）	
农村经济总收入	16 238	100	49 171	100	202.81
第一产业	11 781	72.6	27 965	56.9	137.37
第二产业	2 913	17.9	14 951	30.3	413.25
第三产业	1 544	9.5	6 255	12.8	305.12

以 1986 年与 1978 年相比，农村经济总收入从 16 238 万元增加到 49 171 万元，增长了约 2.03 倍。其中：第一产业增长了约 1.37 倍，所占比重从 72.6% 下降到 56.9%；第二产业增长了约 4.13 倍，所占比重从 17.9% 上升到 30.3%；第三产业增长了约 3.05 倍，所占比重从 9.5% 上升到 12.8%。三大产业结构的合理化程度已有所提高。

（五）农业剩余劳动力逐步向第二、三产业转移

表5　农村劳动力构成变化表

单位：万个

项目	1978 年		1986 年		1986 年比 1978 年增长的百分比
	人数	占比（%）	人数	占比（%）	
农村总劳动力	28.13	100	30.89	100	9.81
第一产业	24.64	87.6	21.79	70.5	−11.57
第二产业	3.48	12.4	9.10	29.5	161.49
第三产业					

以 1986 年与 1978 年相比，农村总劳动力从 28.13 万个增加到 30.89 万个，增长了 9.81%。其中：第一产业占用劳动力从 24.64 万个减少到 21.79 万个，下降了 11.57%，所占比重从 87.6% 下降到 70.5%；第二、三产业占用劳动力从 3.48 万个增加到 9.10 万个，增长了约 1.61 倍，所占比重从 12.4% 上升到 29.5%。第一产业比重下降，第二、三产业比重上升，农业剩余劳动力正逐步向第二、三产业转移，目前两者的比例已达到7∶3左右。

总之，十一届三中全会以来兴宁县产业结构的调整取得了很大成绩，发生了可喜的变化，使全县经济达到了一个新的转折点——起飞点。但是，与其他地方相比，又还存在较大的差距，需要认真对待，迎头赶上去。

表6　1986 年工农总产值横向比较表

单位：万元

地区	工农业总产值		农业总产值		工业总产值	
	绝对数	1986 年比 1978 年增长的百分比	绝对数	占比（%）	绝对数	占比（%）
全省	786.86	170.34	186.63	23.7	600.23	76.3

（续上表）

地区	工农业总产值		农业总产值		工业总产值	
	绝对数	1986年比1978年增长的百分比	绝对数	占比（%）	绝对数	占比（%）
山区	113.44	78.06	57.84	51.0	55.60	49.0
梅县地区	18.55	61.44	7.56	40.8	10.99	59.2
兴宁县	4.65	63.60	1.68	36.1	2.97	63.9
珠江三角洲	245.27	250.00	41.81	17.1	203.46	82.9

从表6可以看到，兴宁县工农业总产值的增长速度，低于全省和山区的平均增长速度，略高于梅县地区的增长速度，只相当于发达地区珠江三角洲开放区增长速度的四分之一。工业总产值的比重，则低于全省平均水平，而高于山区和梅县地区的水平。从工农业总产值的增长速度与工业总产值的比重两个方面合起来看，兴宁县是低于全省平均水平，而处于山区的中等水平。差距是明显的，但是只要兴宁县继续贯彻中央改革、开放、搞活的总方针，因地制宜，分类指导，扬长避短，发挥优势，合理调整产业结构，大力发展商品生产，就可以缩小与全省的差距，跃上山区县前列。

三、产业结构调整中应采取的基本对策

（一）转变战略思想

兴宁县在沿海地区经济发展战略中处于什么样的地位呢？去年中央提出的沿海地区经济发展战略，是一项关系全局的重大战略决策，是全国人民共同关注的一件大事。兴宁县作为山区县，是沿海地区的后方，与沿海地区有所区别，条件不同，要求也不同，但是，兴宁县又是地处沿海并作为全面开放的综合改革试验区的广东省的一个组成部分，从这个角度来说，它又是属于沿海地区的大范围内，必须坚决地实施中央提出的沿海地区经济发展战略。因此，兴宁县作为沿海地区的山区县，必须在战略思想上来个大转变，要打破过去那种以山区、贫困地区自居，似乎与沿海开放地区无关，以及等、靠、要的思想状况；改资源导向战略为市场导向战略，以适应沿海地区经济发展战略的要求；从原来的产品经济结构转向商品经济结构，从封闭式的内向型经济转向开放式的双向型经济。这里所说的"开放式的双向型经济"，就是要从兴宁县的实际出发，面向国际国内两个市场，把发展外向型经济和发展内向型经济结合起来。首先，发展外向型经济是沿海地区经济发展战略的基本

要求，也是开发山区经济的努力方向，具体来说：①搞"两头在外，大进大出"的"三来一补"企业，或从国外进口原材料加工复出口，这对兴宁县来说难度较大，但已有不少先例；②搞"一头在内，一头在外"，利用本地资源发展有竞争能力的出口产品，如味精、珍珠红酒等；③当好沿海地区的"二传手"，通过横向经济联合，把山区的资源和初级产品输送给沿海地区加工后，再出口；④直接在海外和港澳地区设点办厂，承包工程，带动劳务输出。总之，发展外向型经济，按照国际标准组织生产，只要有条件，就要努力争取搞上去，形式多样，哪种形式有利，就采用哪种形式。其次，要考虑到山区的实际情况，在大力发展外向型经济的同时，还要努力发展面向国内市场的内向型经济。因为一方面山区的产品很多只适合于国内市场的需要；另一方面就是能够出口的产品也要有两手准备，做到进可以打到国际市场上去，退可以依托国内的广阔市场。只有实现这种战略思想的转变，兴宁县的开发建设和商品经济才能迅速发展起来，才能为实现中央提出的沿海地区经济发展战略做出自己应有的贡献。

（二）改善生态环境

兴宁县山区的水土流失特别严重，崩山现象经常出现，但是，中华人民共和国成立后1958年、1968年、1978年三次大规模的乱砍滥伐之风，造成崩山、水土流失情况的进一步恶化，生态环境破坏，严重影响农业生产。因此，当前除了要解决人民群众的温饱问题之外，最根本任务之一就是要抓好造林绿化和水土保持两大工程，改善生态环境，这是进一步调整产业结构和发展山区经济的基本条件。

（三）以乡镇企业为突破口，发展"一乡一品"项目，推动全县经济起飞

十一届三中全会以来乡镇企业的兴起，为农村商品经济的发展开辟了一条崭新的道路。进一步调整农村产业结构和开发山区经济，应该紧紧抓住乡镇企业，把它作为突破口，发挥它规模小、束缚少、灵活机动、适应性强的特点，只要把它与现代科学技术结合起来，就能在商品经济这个舞台上演出威武雄壮的话剧来。发展乡镇企业，也要运用点面结合、以点带面、波浪式前进的工作方法，要着力把"一乡一品"项目抓好，按照市场导向原则，选准项目，从开发本地独特的资源和独特的产品入手，把农村商品生产搞上去，提高自力更生能力，增强自身的"造血"功能。这样，以乡镇企业为突破口，

大力发展"一乡一品"项目，就能更好地推动全县经济的起飞。

（四）发展平原，扶植边远贫困地区

发展不平衡是一个普遍的规律，从全国看有东、中、西部之分，从全省看有沿海、丘陵、山区之分，从全县看有平原、半山区、山区之分。地区之间在经济发展水平上总有一定的差距，形成不同的发展梯度。不同梯度之间矛盾总是存在的，问题是要正确处理好这种矛盾。笔者认为，总的目标是要走共同富裕的道路，但是在步骤上应有先后急缓之分，应以宁江平原为起点，利用已有的优势，大力发展和壮大平原的经济实力，以此去带动半山区和扶植山区的经济开发。不然，没有基地，没有重点，平均使用力量，结果哪一个地区都搞不好，反而会贻误时机。

（五）依靠现代科学技术改造传统产业，发展新兴产业，把山区经济引向现代化轨道

开发经济，发展商品生产，必须以先进的现代科学技术作为支柱。兴宁县除农业外，现有县属工业企业60多间，包括纺织、机械、煤炭、化工、建材、食品、文化用品等20多个行业，主要产品有400多种。这些传统产业是主要经济基础，其技术水平的高低、生产能力的大小，将决定全县的经济命脉。因此，必须依靠现代科学技术进步的成果，采取适用技术和先进技术相结合的办法，加速这些传统产业的技术改造。与此同时，还要利用现代科学技术创立和发展电子、信息、生物工程、新型材料等新兴的高技术产业，争取在某些方面有所突破。这样，就有可能把全县经济逐步引向以现代科学技术为基础的轨道上来。

（六）加强外引内联，发展横向经济联合，采取"引进来，打出去"的策略，借助外力加快经济的发展

外引内联，发展横向经济联合，是加强同国内外经济联系和合作的纽带，是加速发展科学技术和振兴经济的重要途径。兴宁县虽然地处山区，但农林矿产资源比较丰富，劳动力充裕，能工巧匠多，华侨和港澳台同胞多，外出人才多，这就为开展外引内联工作，发展横向经济联合，充分利用国际国内的资金、技术、人才和市场提供了最有利的条件。因此，对国外要加强经济科技交流和合作，搞好外引工作，通过各种渠道和形式积极大胆地引进国外的资金、技术、设备、人才和管理经验，努力提高工农业产品的质量，然后

把产品打到国际市场上去，参与国际市场的竞争。对国内要加强横向经济联合和科技协作，搞好内联工作，除了要加强与邻近的闽、粤、赣三省边境地区的经济联合外，要把工作重点放到与沿海经济发达地区的联合上，把贫困地区开发与沿海地区的发展结合起来，把本地的资源优势与沿海发达地区的资金、技术、人才的优势结合起来。总之，要采取"引进来，打出去"的策略，利用各种形式和办法，借助国内外的力量，加快山区经济的发展步伐。

（七）加速智力开发和人才培养

贫困地区的经济开发归根到底是人的智力开发，商品市场的竞争归根到底是人才的竞争。从长远看，像兴宁县这样的贫困山区的出路取决于劳动者素质的提高和大量合格人才的培养。因此，必须把智力开发、人才培养和合理使用人才提到首要的战略地位，采取长短结合、培养与使用并重的方针，转变观念，放宽政策，增加智力投资，在大力发展基础教育的同时，积极发掘、培训、引进急需人才，提高各级干部素质和广大劳动者的素质，加强科技队伍和经济管理人才的培养，逐步解决人才结构与经济发展不相适应的状况。

（八）国家和省要实行优惠政策和措施，扶助山区经济的发展

像兴宁县这样的山区县，经济基础薄弱，交通运输条件差，科学技术落后，市场狭窄，商品经济的发展受到很大制约，因此，需要国家和省实行各项优惠政策和措施，例如减轻山区负担，调整价格政策，在项目安排和投资拨款方面给山区必要的照顾，在税收、信贷、进出口贸易等方面给山区优惠，实行鼓励资金、技术、人才向山区流动的政策等，大力扶助山区经济的发展。

（成文于 1988 年 9 月，原载于《经济与发展》1989 年第 1 期）

把贫困山区的开发与沿海发达
地区的发展结合起来

广东省 50 个山区市县面积占全省 65%，人口占全省 42%，耕地面积占全省 41%，而国民生产总值仅占全省 18%。在 50 个山区市县中，有 31 个贫困市县，有 20 个特困乡镇。现在还有 20 万人没有解决温饱问题（人均年收入不足 250 元），200 万人没有脱贫（人均年收入不足 500 元），还有 20 个特困乡镇需要重点扶持，扶贫工作的任务仍然十分艰巨。当前扶贫工作要与市场经济接轨，必须在社会主义市场经济理论指导下，按照"优势互补，互惠互利，真诚合作，共同发展"的原则，把贫困山区的开发与沿海发达地区的发展结合起来，以达到实现现代化、走向共同富裕的目的。

一、贫困山区与沿海发达地区之间的差距及其原因

广东自改革开放以来，无论沿海地区还是山区的经济都得到了很大发展，人民的生活水平相应有了很大提高。与此同时，贫困山区与沿海发达地区之间的差距也在不断扩大。

根据统计资料整理，从人均工农业总产值方面来看，1978 年山区是 341 元，珠江三角洲小三角地区[①]是 538 元，两者之比是1∶1.58；1986 年山区是 534 元，珠江三角洲小三角地区是 1 603 元，两者之比是1∶3；1990 年山区是 903 元，珠江三角洲小三角地区是 4 178 元，两者之比是1∶4.63（其中：山区的连南、连山、乳源三个少数民族县人均是 771 元，珠江三角洲小三角地区的东莞、中山、南海、顺德这"四小虎"人均是 84 850 元，两者之比是 1∶110.05）。山区与沿海地区之间的差距在不断扩大。

---

① 珠江三角洲小三角地区是指包括广州、深圳、珠海、中山、东莞、佛山、江门 7 市的市区及其所辖的 15 个市县在内的地区。

造成贫困山区与沿海发达地区之间的差距扩大，原因是多方面的。从贫困山区的角度来看，是各种制约因素占了主导地位：

（1）小农经济思想根深蒂固，禁锢着山区经济发展。长期以来，在自给自足的小农经济思想影响下，人们的思想境界比较狭隘，观念异常保守，安于现状，不求进取，极不利于山区商品经济的发展；长期以来，山区靠国家救济，助长了一些人的依赖思想，形成了等、靠、要的思想状态，不抓住改革开放的机遇。因此，从主观上说，贫困山区的差距主要是思想上的差距，根深蒂固的小农经济思想成了解放思想、加速商品经济发展的思想障碍。

（2）生态环境恶化，成为制约山区经济发展的一大因素。山区，特别是老、少、边、穷山区，生产条件差，自然灾害多，加上中华人民共和国成立后由于农村经济体制和经济政策多变，先后出现1958年、1968年、1978年三次乱砍滥伐，破坏了山林和矿产，造成水土流失，水源枯竭，山区的生态环境出现严重恶化态势，成为制约山区经济发展的重要因素。

（3）人口增长过快，进一步加重了山区经济发展的压力。在"多子多福"的思想意识影响下，越是贫困落后的地区越难开展计划生育工作，造成农村比城市、山区比平原的人口增长得更快。人口增长过快，反过来又成为山区经济发展的更大压力，陷入了人口增长过快与经济发展缓慢的恶性怪圈。

（4）生产条件差，使山区经济起步十分艰难。主要表现为：①耕地少，水源缺，土质下降，严重制约农业生产的发展；②经济基础差，家底薄，举步维艰；③交通运输条件落后，物资进不来，产品出不去；④通信设备落后，信息不灵；⑤能源不足，缺柴少煤少电；⑥市场狭窄，流通渠道不畅；⑦教育落后，劳动力素质太低；⑧缺乏资金、技术、设备、人才，乡镇企业难以起步，使山区资源和劳动力得不到开发利用。

（5）某些农村经济政策的不适应，也影响到山区经济的发展。主要表现为：①山区承担国家任务过重，得不到休养生息；②某些价格政策，主要是农矿产品的收购价格和农资销售价格，不利于山区经济发展；③国家在投资和项目安排上，很少考虑到贫困山区；④国家规定的对老、少、边、穷等山区的优惠政策，不完全到位。

从沿海发达地区的角度来看，则是各种促进因素占了主导地位。概括地说：一是原有的经济基础和生产条件比较好，商品意识比较强；二是毗邻港澳，华侨众多；三是得改革开放之利；四是比较好地调动了各方面的积极性。

改革开放一开始，中央就给了广东"特殊政策，灵活措施"，先后建立了深圳、珠海、汕头三个经济特区，广州、湛江两个沿海开放城市以及珠江三角洲经济开放区，在政策允许下，可以充分利用国际国内两种资源和两个市场，通过外引内联，大批引进资金、技术、设备和人才，加快发展外向型经济，使广东沿海地区的经济迅速发展壮大起来。例如，珠江三角洲地区的很多企业，都是在原来一片空白的情况下，抓住改革开放和国际经济环境大转变的机遇，利用市场机制，使国际国内两种资源、两个市场相结合而发展起来的，从而使大批中外合资、合作和独资企业迅速发展起来，也使原有的一些国营和集体企业迅速转型为外向型企业。路子越走越宽，效益越来越好。

沿海发达地区与贫困山区，在经济发展速度上一快一慢，两者之间的差距就拉大了。按照"梯度发展理论"，沿海发达地区条件好、效益高，被吸引的资金和项目就多，经济发展速度就快；贫困山区条件差、效益低，被吸引的资金和项目就少，经济发展速度就慢。这样，一快一慢，富裕地区愈富，贫困地区愈贫，两者之间的差距自然就会拉大。这就是西方经济学所说的"马太效应"。

二、在市场经济条件下缩小差距、同奔小康的思路

（1）进一步解放思想，妥善处理好"马太效应"问题。进入 20 世纪 90 年代后，我国经济体制改革的目标就是尽快建立和完善社会主义市场经济体制。但是，广大山区由于长期处于封闭半封闭状态、小农经济观念重，阻碍着市场经济发展，必须进一步解放思想，拓宽思路，转变观念，用市场经济观念彻底取代小农经济观念，使山区经济通过商品化、现代化的途径，尽快向科技型、效益型、外向型经济转化。与此同时，要妥善处理好"马太效应"问题。在经济发展的起步阶段，沿海地区与山区之间的差距扩大是必要的，而且是难以避免的；但是，当经济发展进入到比较成熟的阶段时，就要注意做好调节和控制工作，使沿海地区与山区之间能够比较协调地发展。不然，让这种差距越拉越大，矛盾就会激化，再发展就得加倍投资，就更不利于全省和各个地区之间的现代化建设。

（2）改善生态环境，保持山区经济持续快速发展。环境好坏与经济发展有密切关系，两者必须协调发展。一是要继续抓好造林绿化和水土保持两大工程，这是综合治理国土，保护水源和耕地，调节气候，提高地力，发展农业和农村经济的根本保证；二是要严格控制工业污染，建立环境污染和水、旱、风、震、虫、病等自然灾害的预测预报与治理系统，减少环境污染和自

然灾害所造成的损失;三是要合理利用和保护山区资源,防止破坏和浪费。

(3)严格控制人口增长,提高人口素质,为山区经济发展创造较为宽松的环境。人口增长与经济发展的关系十分密切,实践证明,越是贫困落后的地区,人口增长就越快,人口素质就越低,这极不利于经济的发展。因此,要把山区经济搞上去,就必须严格控制人口增长,提高人口素质,才能缓解山区经济发展的压力,尽快缩小山区与沿海发达地区之间的差距。

(4)加快以交通运输和通信设施为主的基础设施建设,促进商品流通,为山区经济发展开路。山区由于交通运输和通信设施条件太差,长期处于封闭状态,建立在小生产基础上的市场十分狭窄。"路通财通",没有交通,就没有流通,也就没有市场。对广大山区来说,只要国家帮助发展交通运输业,重点将铁路修通,形成以铁路、公路、内河、航空紧密结合的交通运输网络和现代化的通信系统,加速商品流通,扩大商品市场,就能带动山区经济起飞。例如,粤西的广湛铁路的建成以及粤东的广梅汕铁路和京九铁路的修建,正在为加速广东东西两翼经济起飞发挥重要作用。

(5)调整优化经济结构,因地制宜地建立和发展山区农业商品生产基地、乡镇工业支柱产业和农村第三产业。山区的资源优势在山,主要是农、林、矿、水和劳动力等资源。山区经济的发展,必须在调整优化经济结构的前提下,做好以下工作:一是要以开发性农业为突破口,建立和发展农、林、牧、副、渔业的商品生产基地,大力发展"三高"农业,尽量做到集中连片,发挥优势,形成规模效益,使农产品达到优质、批量、高值、外向,迅速转化为商品并取得相应的经济效益;二是要选择好乡镇工业的支柱产业,重点把农副产品加工业、原材料工业、建材工业和具有当地特色的外向型工业搞上去;三是要加快发展农村第三产业,把商贸、金融、科技、信息、房地产等部门发展起来,更好地促进第一、二产业的发展;四是要运用现代科学技术改造农业和发展乡镇企业,发展新技术、新工艺、新产品,搞好经营管理,提高劳动生产率,降低生产成本,处理好内部分配关系,增强自我发展能力。

(6)改革扶贫基金的使用和管理办法,提高经济效益和实业扶贫的水平。在改革开放之前,在扶贫基金的使用和管理上,由于当时条件所限,着眼点放在救济贫困地区的困难户上,解决燃眉之急。改革开放以来,广东在这方面进行大胆改革,提出了很多新的办法,通过实践,探索出一条从单纯救济到兴办实业、从分散到集中、从"输血"到"造血"、建立专项扶贫基金、实行多渠道筹资和实业扶贫的新路子。一是各级党政机关与贫困山区挂钩,定时定点扶贫，帮助贫困山区在自力更生的基础上因地制宜地发展一些"造血"企业，使山区人民尽快走向脱贫致富的道路；二是沿海发达地区与贫困山区对口扶贫，从资金、技术、设备、人才、市场方面扶助山区发展实业，帮助山区建设支柱产业，使山区的资源优势迅速转化为经济优势；三是由省有意识地集中一部分扶贫基金，在邻近贫困山区的沿海发达地区的边缘建设扶贫示范区，或在远离贫困山区的沿海发达地区选择最佳地点建设扶贫开发区，采取体外"造血"的办法，以便更好地利用沿海发达地区的有利条件吸引外资，提高示范区和开发区的经济效益以及实业扶贫的水平，为开发山区培训人才和积累更多的经验。

（7）搞好外引内联，开拓国内外市场，更多地借助外部力量发展山区经济。山区，特别是贫困山区，原有的社会经济发展水平较低，自我积累、自我发展的能力弱。在这种情况下，坚持自力更生仍然是基础，但是，要想较快地改变山区社会经济面貌，单靠自身努力，没有外部力量的扶助是困难的。因此，山区应在依靠自身资源优势的基础上，大力加强外引内联和开拓国内外市场，充分利用国际国内两种资金、技术、人才、市场，走更多地借助外部力量发展经济和实现现代化的道路。

（8）转变政府职能，强化市县一级政权总揽经济全局、协调各方利益的能力，推动山区经济的全面腾飞。山区应在扩大改革开放、加快发展步伐的前提下，迅速转变各级政府的职能，并应把重点放在转变市县一级政府的职能上，必须强化市县一级政权总揽经济全局、协调各方利益的作用。政府职能，必须从直接干预转变为间接干预，从以行政干预为主转变为以经济干预为主，利用经济、法律、行政手段的巧妙结合，推动在市场经济体制下的山区经济健康发展。市县一级的负责同志，既要有明确的经济发展战略指导思想，又要有切实可行的具体规划和措施；既要有总揽经济全局的才干，又要有协调各方利益、调动各方积极性的能力。这样，才能推动山区经济全面腾飞，实现扶贫奔康、缩小差距、共同富裕的目标。

（原载于《综观经济与市场经济》，广州：广东高等教育出版社1994年版）

（四）

论"南中国经济圈"

　　"南中国经济圈"是指包括中国大陆的广东、福建、海南和广西的一部分，以及香港、澳门、台湾在内的地区，总人口约 1.5 亿人。由于帝国主义的入侵和国内的经济社会原因，中国的这片土地，除大陆部分外，或是被帝国主义列强所侵占，或是因为内战引起分裂，造成了中国暂时的不统一局面。进入 20 世纪 90 年代后，由于中国进一步扩大改革开放和世界经济形势发生了重大变化，这些地区已经成为中国商品经济最发达的地区，已经成为西太平洋地区经济发展的热点和焦点。

一、"南中国经济圈"在西太平洋地区和华人经济中的地位

　　（1）"南中国经济圈"地域广、人口多、气候好、资源富、市场容量大、国民素质较高，具有极大的经济发展潜力，是 21 世纪经济大发展的重要地区。

　　（2）"南中国经济圈"是中国走向世界、世界走向中国的重要桥梁和通道。一方面中国要走向世界，在"南中国经济圈"就要通过港澳台地区，才能把大量的商品打进国际市场去，把企业办到国外去，把所需要的技术、设备和其他物资引进来；另一方面世界要走向中国，在"南中国经济圈"也要通过港澳台地区，才能进入中国这个能够带动亚太地区以至全球经济持续增长的"世界工厂"和巨大市场。事实上，自从中国改革开放以来，"南中国经济圈"沿海各省区都在进行大规模的现代化建设，已经成为国际投资和国际贸易的最大热点和引力场。

　　（3）"南中国经济圈"是"华人经济圈"的核心圈层。"华人经济圈"包括中国大陆、台湾、香港、澳门，以及海外 5 500 万左右的华侨华人，总人口

12 亿多人。把这几个方面的经济实力结合起来，加强合作，携手努力，共同振兴中华，将形成一个在西太平洋地区和世界经济中发挥重大作用的"大中国经济圈"，即"华人经济圈"。"南中国经济圈"的形成，将大大有助于"华人经济圈"设想的实现。

（4）"南中国经济圈"将在加强西太平洋地区和世界经济技术合作过程中发挥重大作用。中国为迎接世界经济中心向亚太地区转移和适应世界经济集团化、国际化的趋势，将进一步加强与西太平洋地区的经济技术合作，加速形成具有本地区特色的"西太平洋地区经济共同体"。同时，由于中国大陆改革开放和现代化建设步伐的加快，经济的大发展必将推动西太平洋地区以至全世界经济的繁荣和发展。要实现这些要求，就要充分发挥"南中国经济圈"在衔接国际国内两个市场中的特殊作用。

二、"南中国经济圈" 面临的历史机遇

进入 20 世纪 90 年代后，世界局势发生了重大变化，最根本的标志是苏联解体，世界进入重新分化组合的新过程，由原来的两极世界转变为多极世界。在西太平洋地区，具体表现为：俄国暂时退出争夺，美国实力相对削弱，日本保持了世界经济大国的地位，亚洲"四小龙"以及其他发展中国家的经济地位有所改善，出现了经济持续高速增长的好势头。这种变化，为加快"南中国经济圈"和整个中国的现代化建设带来了不可多得的历史机遇。

（1）苏联的解体和美国实力的下降，减少了美俄两个大国的压力，改善了西太平洋地区特别是"南中国经济圈"地区的国际经贸合作环境，西太平洋地区内部各国（或地区）之间的贸易和投资需求也相应扩大了，这就为"南中国经济圈"和整个中国经济的发展提供了难得的机遇。

（2）日本作为西太平洋地区唯一的发达国家，一方面在政治上要与西方保持一致，另一方面在经济上与西方的矛盾和摩擦又日益加剧。日本以往都以出口导向为主，但 20 世纪 80 年代中期以来，由于美国和欧盟加强了贸易保护主义措施，迫使日本不得不从以出口导向为主转向以内需导向为主，从以输出商品为主转向以输出资本为主。亚洲"四小龙"则采取内外需相结合的方式，一方面实现出口市场的多元化，减少对美欧市场的依赖；另一方面扩大内部市场，促进其经济继续稳步增长。在这种情况下，日本和"四小龙"不得不加强与中国的经济贸易合作，这也为"南中国经济圈"和整个中国经济结构的调整、升级提供了极为有利的条件。

（3）近几年来，西太平洋地区大多数发展中国家的经济都有了较高速度的发展，如泰国、马来西亚、文莱、印度尼西亚、菲律宾、越南等，但这些国家之间都存在明显的差异性和互补性，都有加强经济技术合作的愿望，这也为"南中国经济圈"和整个中国与东南亚各国之间的经济合作提供了良好的发展机会。

（4）中国正在与关贸总协定谈判"复关"问题。"复关"将使中国取得相应的权利和义务，有利于中国在国际市场交换和竞争，可以在竞争中求得生存和发展，这也为"南中国经济圈"和整个中国扩大对外贸易和加强经济技术合作提供了更大更好的前景。

（5）"南中国经济圈"的构想符合中华儿女的共同愿望。中国大陆和香港、澳门、台湾地区现在尚处于不统一的状态，但在邓小平同志提出的"一国两制、和平统一"的方针指导下，香港和澳门分别将于1997年、1999年回归中国，海峡两岸的关系也有所改善，经贸、科技、文化、体育等交流日益密切。尽管两岸有些观点还不一致，经济发展水平也不同，甚至"台独"势力又有所抬头，但这些并不妨碍"南中国经济圈"的建立和发展，相反，它有利于逐步理顺圈内关系，做到求同存异、增加信任、加强合作、共同发展，加快中国和平统一的进程。这是符合中华儿女"统一祖国、振兴中华"的迫切愿望的。

三、"南中国经济圈"的发展思路

（1）中国大陆南部沿海各省区，要抓住当前机遇，坚持改革开放，加快发展步伐，尽快建立起比较完善的社会主义市场经济体制，使国民经济迅速转到市场经济的轨道上来，以利于进一步解放和发展生产力，提高人民生活水平，增强综合国力；大力调整和优化产业结构，实现经济的转型升级，解决经济生活中的深层次问题；加速转变企业经营机制，同时要上技术、上规模、上水平，向"提质量、增速度、促效益"的战略转移，使国民经济尽快进入良性循环的轨道；加速控制和解决起负效应作用的因素，如腐败现象、分配不公、环境恶化、通货膨胀等消极因素，增强国民的向心力和凝聚力。

（2）香港要继续保持其自由港的地位，充分发挥其商贸、金融、交通、信息中心的作用，使它真正成为沟通和联结国际国内两个市场的"东方明珠"。澳门也要在沟通国内外市场方面发挥其辅助作用。

（3）台湾是中国最大的宝岛，目前经济发展水平比大陆高，要更好地发挥其资金、技术、人才和经济管理方面的优势希望在"一个中国"的前提下，把台湾建设得更好，以便在"南中国经济圈"和整个中国的现代化建设中发挥更大作用。

（4）要全面加快中国大陆与香港、澳门、台湾地区的经济技术合作，把港澳台地区所具有的资金、信息、航运、经济管理和销售方面的优势，与大陆所具有的资源、劳力、科技、市场等优势结合起来，做到优势互补，共同振兴中华，加速形成"南中国经济圈"。若进一步与以上海为龙头的长江流域经济区结合起来，前景就更加广阔了。

（5）在"南中国经济圈"的基础上，要积极主动地加强与西太平洋地区各国的经济技术合作和友好关系。在条件成熟的时候，进一步联合起来，形成既能维护西太平洋地区经济利益、又不排斥与世界其他地区经济合作的比较松散的"西太平洋地区经济共同体"。

（6）中国要扩大对外贸易，争取尽快"复关"，与国际经济接轨，并在平等互利的前提下与世界各国发展经济合作关系，为世界经济的繁荣和发展做出应有的贡献。

（7）以搞好"南中国经济圈"为起点，进一步团结全世界的华侨华人，携手振兴中华，建设大中国，增强华人经济实力和地位，扩大华人经济在全球的影响力。

为此，希望海内外的中华儿女共同努力，争取"南中国经济圈"构想的早日实现！

（成文于 1994 年 9 月，此文是与陈庆合写的，原载于《经济与发展》1994 年第 4 期）

（五）

论我国东、中、西部地区区域经济协调发展问题

解决由于区域经济发展不平衡所造成的地区差距问题，必须在毛泽东思想、邓小平理论和"三个代表"重要思想的指导下，全面落实党的科学发展观，运用综观经济学理论研究分析地区差距和区域经济发展问题，实施"区内统筹协调，区际互补联动"战略，才能有效地整合和提升区域经济，提高综观经济效益和国内外的市场竞争力，逐步缩小地区差距，实现我国区域经济的全面、协调、可持续发展。

一、综观地看待我国的地区差距问题

解决由于区域经济发展不平衡所造成的地区差距问题，是实现我国区域经济协调发展的一个重要方面。因此必须运用综观经济学理论，运用综观发展观和综观思维方式，综观地、与时俱进地审视和处理我国的地区差距问题。

（一）我国地区差距变化概况

（1）中华人民共和国建立之前的旧中国是一个半殖民地半封建的农业大国，不但贫穷落后，而且发展极不平衡。战乱连年不断，在连续经过十年国内战争、八年抗日战争和三年解放战争的破坏后，留给中华人民共和国的是个"一穷二白"的烂摊子，地区差距问题原来就存在，而且差距甚大。

（2）中华人民共和国建立后，在经济恢复时期和社会主义建设时期，处于"百废待兴"的状态。在当时国力薄弱和帝国主义封锁包围的情况下，只能依靠全体中国人民，主要是广大农民的自力更生、艰苦奋斗，实行农村支援城市、农业支援工业和工农业产品的价格"剪刀差"政策，以推动社会主义工业化进程。1949—1978年，其中虽有过不少曲折，但社会主义改造和社

会主义建设取得了很大成就。在这个时期我国经济建设的资金主要来自农村，来自广大农民。经过近 30 年的奋斗，我国的地区差距大大缩小了，但是城乡人民的生产、生活水平还是很低的，还处于普遍的贫穷状态。

（3）到了 1978 年 12 月党的十一届三中全会，邓小平同志提出了改革开放的总方针，确定了"一个中心、两个基本点"的基本路线，指出"贫穷不是社会主义"，实行让一部分地区和一部分人先富裕起来、先富带后富、走共同富裕道路的政策。从沿海向内地实行"梯度发展、滚动前进"的战略，经过 20 多年的改革开放，我国的社会主义现代化建设取得了举世瞩目的成就，我国的社会生产力大大发展了，综合国力大大增强了，人民生活水平大大提高了，国际地位也大大提高了。这个时期，除了积极引进国外资金、技术、设备、管理经验外，我国工业和城市的资金积累能力也大大增强了，由农村支援城市、农业支援工业逐步转变为城市支援农村、工业支援农业。从 1979 年到现在，我国的经济体制，由原来的计划经济体制逐步转变为社会主义市场经济体制，大大加速了社会生产力的发展。总的来说，全国各个地区的生产、生活水平都提高了不少，从总体上达到了小康水平，但是，由于东部沿海地区的发展速度大大超过了中、西部地区，因而我国的地区差距不仅没有缩小，反而扩大了。

表 1　2002 年我国东中西部地区土地、人口、国内生产总值比较表

地区	省、区、市（个）	土地（万 km²）		人口（亿人）		国内生产总值占比（%）
		数量	占比（%）	数量	占比（%）	
东部地区	11	127.6	13.3	5.12	40.0	59.6
中部地区	8	147.0	15.3	4.01	31.3	23.4
西部地区	12	685.4	71.4	3.67	28.7	17.0
全国	31	960.0	100	12.8	100	100

　　资料来源：根据有关统计资料重新整理计算所得。

　　从表 1 数据可知，东部地区的土地面积只占全国的 13.3%，人口占全国的 40.0%，而国内生产总值却占全国的 59.6%；中部地区的土地占 15.3%，人口占 31.3%，而国内生产总值占 23.4%；西部地区的土地占 71.4%，人口占 28.7%，而国内生产总值只占 17.0%。东中西部地区的土地面积与国内生产总值成反比例，人口数量与国内生产总值成正比例发展。

1978 年，我国中西部地区与东部地区之间人均 GDP 的绝对值分别只有 153.6 元和 212.9 元（比值为 1：1.39），到 1990 年分别增加到 700.1 元和 885.8 元（比值为 1：1.27），1999 年又分别增加到 4 643 元和 5 930 元（比值为 1：1.28）。以上是中西部地区与东部地区的人均 GDP 相比，差距不大，但具体到各个省、市、区之间相比，其差距就大得多了。表 2 就 2000 年的有关数据，以上海、广东代表东部地区，河南、山西代表中部地区，甘肃、贵州代表西部地区，进行相应比较。

表 2　2000 年我国东中西部代表省（市）人均 GDP 比较表

地区	GDP 总值（亿元）	总人口（万人）	人均 GDP 产值（元/每人）
全国	89 403.5	126 583	7 062.84
上海市	4 551.2	1 674	27 187.58
广东省	9 506.0	8 642	11 035.52
河南省	5 126.1	9 256	5 538.14
山西省	1 640.1	3 297	4 974.52
甘肃省	983.0	2 562	3 836.85
贵州省	993.3	3 525	2 817.87

资料来源：《中国统计摘要》，北京：中国统计出版社 2001 年版。

如上表 2，从人均 GDP 来看，上海分别是河南、山西、甘肃和贵州的 4.91、5.47、7.09 和 9.65 倍，广东分别是河南、山西、甘肃和贵州的 1.99、2.22、2.88 和 3.92 倍。与全国相比，东部远远高于全国平均数，表 2 中取样的中西部四省都低于全国的平均数，且东部远远高于中部和西部，由此可见三大地域人均 GDP 差距已相当悬殊。[①]

再以上面相应省（市）为例，来比较 2000 年我国东中西部地区居民收入及消费水平。

---

① 曹以朋：《缩小地区经济差距，加快我国全面建设小康社会步伐》，《中共珠海市委党校、珠海市行政学院学报》2004 年第 1 期。

表3　2000 年我国东中西部代表省（市）居民收入及消费水平比较表

单位：元

地区	城镇家庭		农村家庭	
	人均全年可支配收入	人均全年消费支出	人均全年纯收入	人均生活消费支出
全国	6 280.0	4 998.0	2 253.39	1 670.11
上海市	11 718.0	8 868.2	5 596.37	4 137.61
广东省	9 761.6	8 016.9	3 654.45	2 646.02
河南省	4 766.3	3 830.7	1 985.82	1 315.83
山西省	4 724.1	3 941.9	1 905.61	1 149.01
甘肃省	4 916.3	4 126.5	1 428.68	1 084.00
贵州省	5 122.5	4 278.3	1 374.16	1 096.64

资料来源：《中国统计摘要》，北京：中国统计出版社 2001 年版。

从表 3 数据可见，东部地区居民收入及消费水平普遍大大高于中西部，尤其是农村家庭收入，上海的农村收入比中部取样省份高出近两倍、比西部取样省份高出近三倍，广东的农村收入比中部取样省份高出一倍左右，比西部取样省份高出近两倍。[①]

（二）对我国地区差距问题的看法

我国的地区差距问题，经由"不平衡—平衡—新的不平衡"的变化，在解决了旧矛盾的基础上又出现了新的矛盾。对这种新的矛盾、新的不平衡应该如何看待呢？

（1）地区差距是客观存在，是历史遗留下来的。就是在今后，也只能做到逐步缩小地区差距、相互协调发展，而不可能完全消除地区之间的差距。

（2）中华人民共和国现在的地区差距是在前进中出现的问题，是在社会主义现代化进程中出现的新问题、新矛盾。从辩证的意义上来说，不打破旧的平衡就不可能建立新的平衡，不让一部分地区和一部分人先富裕起来就不可能让全国人民走向共同富裕的道路，打破旧的平衡后出现新的不平衡，就为建立新的更高层次的平衡创造了条件。因此，这是一件好事，而不是坏事，

---

① 曹以朋：《缩小地区经济差距，加快我国全面建设小康社会步伐》，《中共珠海市委党校、珠海市行政学院学报》2004 年第 1 期。

是我国继续前进和走向更高发展阶段的基础。

（3）地区差距的存在，需要继续不断地加以解决。新的矛盾、新的不平衡出现了，就要积极努力去解决。现在地区差距有所扩大，但解决地区差距的经济实力和综合国力也大大加强了，解决的方法也更多了。在第一个五年计划时期，像投资一亿的武汉长江大桥工程，就算是一个巨大的工程了。现在搞西部大开发，建设西电东输工程、西气东输工程、三峡工程、南水北调工程等，投资几百亿、几千亿的也能算得上是特大工程了。

（4）地区差距问题已经引起党和国家的高度重视，如西部大开发、振兴东北老工业基地等。地区差距，除了全国范围的东、中、西地区的差距外，也包括各省（自治区、直辖市）、市、县、镇内部的地区差距。城市与农村、工业与农业、市民与农民之间的差距，实质上也是地区差距的表现或反映。

（5）在改革开放和社会主义现代化建设进程中，由于实行了让一部分地区和一部分人先富裕起来的战略思想和政策，把国内外的资金、技术、资源、人才吸引到东部沿海开放地区来，使东部沿海开放地区迅速发展起来、富裕起来，这是一件好事；但同时也出现了东中西部地区之间发展不平衡加剧、地区差距扩大的现象。在这种新的情况下，如果对地区差距扩大问题不重视、不解决，就会带来严重的问题和隐患，势必影响东部与西部、沿海与内陆、平原与山区之间的协调发展，势必影响全面建设小康社会和实现社会主义现代化的步伐。

二、实施"区内统筹协调、区际互补联动"战略，加快实现全国区域经济协调发展

温家宝总理在第十届全国人大二次会议上作的《政府工作报告》中指出："促进区域协调发展，是我国现代化建设中的一个重大战略问题。要坚持推进西部大开发，振兴东北地区等老工业基地，促进中部地区崛起，鼓励东部地区加快发展，形成东中西互动、优势互补、相互促进、共同发展的新格局。"① 这是以胡锦涛为总书记的新一届中央领导集体对新世纪新阶段我国区域经济发展做出的重大战略部署。它的实施对于全面建设小康社会、实现现代化和中华民族的伟大复兴具有重大的意义。因此，应在邓小平理论和"三个代表"

---

① 《人民日报》，2004年3月17日。

重要思想指导下，运用综观经济学理论全面贯彻中央提出的科学发展观，对东中西三部及东北地区等老工业基地实行地区内部统筹协调、全面整合的措施，地区之间形成东中西互补联动、相互提升、协调发展的制度和机制，才能加快实现全国区域经济协调发展。

（一）坚持推进西部大开发战略

"实施西部大开发战略"是党的十五届五中全会提出的一项重大战略决策，涉及广西、云南、贵州、重庆、四川、西藏、陕西、甘肃、青海、宁夏、新疆、内蒙古12个省、自治区、直辖市。从表1可知，2002年西部12个省区市，土地面积685.4万平方千米，占全国国土总面积的71.4%，人口3.67亿人，占全国人口总数的28.7%，国内生产总值占全国的17.0%。另据1999年统计，西部地区的农业总产值5 981亿元，占全国的18.9%；草原面积占全国的55.9%；森林面积占全国的36%；水资源储量占全国的82.3%[①]。实施西部大开发战略后，西部地区经济增长速度得到逐步提高，2000—2002年，12个省区市的国内生产总值比上一年分别增长8.7%、9.4%、10.3%，而1999年低于8%[②]。根据2004年3月11日《国务院关于进一步推进西部大开发的若干意见》，今后西部大开发必须抓住以下10项重点工作：①扎实推进生态建设和环境保护，实现生态改善和农民增收；②继续加快基础设施重点工程建设，为西部地区加快发展打好基础；③进一步加强农业和农村基础设施建设，加快改善农民生产生活条件；④大力调整产业结构，积极发展有特色的优势产业；⑤积极推进重点地带开发，加快培育区域经济增长极；⑥大力加强科技教育卫生文化等社会事业，促进经济和社会协调发展；⑦深化经济体制改革，为西部地区发展创造良好环境；⑧拓宽资金渠道，为西部大开发提供资金保障；⑨加快西部地区人才队伍建设，为西部大开发提供有力的人才保障；⑩加快法制建设步伐，加强对西部开发工作的组织领导。通过这些措施，使西部地区内部逐步加快全面、协调、可持续发展的进程。

东中西部地区互补联动是实现我国区域经济协调发展的重要原则，其前提是要从实际出发，形成各地区之间的产业分工协作体系，才能真正起到互补联动、相互提升、协调发展的作用。这几年实施西部大开发战略，一方面

---

① 彭珂珊：《中国西部退耕还林基本策略研究》，《综观经济》2001年第2—3期。
② 熊贤良：《实行东中西三方互动，促进区域经济协调发展》，红网，http://www.rednet.com.cn，2003年11月17日。

对促进东中部的资本、技术、人才、管理经验等向西部流动，大批东中部地区相对成熟的纺织、制鞋、家电、食品、旅游等企业到西部地区设点经营，建立跨区域的分工协作体系，大大加快了西部地区的发展。另一方面对东中部地区的发展也起到了积极的促进作用，比如，开发西部的优势资源，包括能源和原材料等，满足东中部产业发展的需要，如西电东输、西气东输、西矿东输等；西部江河上游大规模的生态建设，使地处江河中下游的东中部地区受益；西部地区大规模建设活动，扩大了对东中部地区设备、中间材料、资本、技术、产品和服务的消费需求等，有力地促进东中部地区的继续发展。西部大开发战略的实施，加快东中西地区之间的交通、通信网络建设，有助于整合市场，降低市场交易成本，密切东中西部的产品、服务和生产要素市场之间的联系，进一步扩大我国国内市场的规模，推动我国生产和产业的发展。实践证明，党中央提出的"实施西部大开发战略"的重大战略决策是完全正确的，其发挥的作用和影响将越来越大。

（二）振兴东北地区等老工业基地战略

"实施振兴东北地区等老工业基地战略"是党的十六大提出的一项战略性任务。东北地区三省，辽宁属东部沿海地区；黑龙江、吉林虽属中部地区，但离辽宁的几个海港都较近。2002 年，东北三省的人口为 1.07 亿人，国内生产总值之和约为 11 603 亿，与广东省的国内生产总值相当[1]。与西部地区比较，甚至与东中部地区相比，东北三省的自然环境和基础设施状况都是比较好的，水、土、草地、森林、矿产资源也比较丰富。自改革开放以来，在经济发展上，东北三省与沿海省市相比形成了较大反差：改革开放初期，辽宁的国内生产总值是广东的 2 倍，而 2002 年广东是辽宁的 2.14 倍；1980 年，黑龙江是浙江的 1.23 倍，而 2002 年浙江是黑龙江的 2 倍；1978 年，吉林是福建的 1.24 倍，而 2002 年福建是吉林的 2.09 倍[2]。究其原因主要是：体制性和结构性矛盾尖锐。企业设备和技术普遍老化，老职工社会保障和企业办社会负担沉重，产品竞争力低下，就业机会严重不足，特别是一批资源性城市资源枯竭，主导产业衰退，缺乏新的经济增长点，经济发展十分困难。因

---

① 熊贤良：《实行东中西三方互动，促进区域经济协调发展》，红网，http：//www. rednet. com. cn，2003 年 11 月 17 日。

② 熊贤良：《实行东中西三方互动，促进区域经济协调发展》，红网，http：//www. rednet. com. cn，2003 年 11 月 17 日。

此，实施东北地区等老工业基地振兴战略，必须认真落实中央提出的科学发展观和各项政策措施，突出体制创新、机制创新和技术创新，用新思路、新体制、新机制、新技术、新方式，走出加快老工业基地调整、改造和振兴的新路子，提高经济的整体素质和市场竞争力。具体应抓住以下 5 项工作重点：①加快改革开放步伐。加快国有经济布局和结构调整，深化国资管理体制改革。进一步推进国有企业股份制和公司制改革。鼓励、支持和引导个体、私营等非公有制经济发展。扩大对外开放，增强开拓国际市场能力。②加强经济结构调整和技术改造力度。按照走新型工业化道路的要求，加快培育新的优势产业和支柱产业。抓好重点行业、重点企业、重点产品调整改造。完善企业组织结构，健全企业经营机制。③继续加强农业基础工作。充分利用东北地区的土地和自然条件优势，把农牧业生产，特别是商品粮基础建设搞好，扩大优质农产品及其深加工食品生产，支援工业、支援全国，增加农民收入。④做好资源型城市经济转型和采矿沉陷区治理工作。建立资源开发补偿机制和衰退产业援助机制，加快发展持续产业，从根本上解决资源型城市的经济转型和可持续发展问题。⑤搞好就业和社会保障体系建设，创造有利于就业的体制和环境。

振兴东北地区等老工业基地，同样要贯彻东中西互补联动的原则，或者说地区互补联动原则。从统筹兼顾、协调发展的角度来看，东中西部加快发展，必将为东北地区的发展和振兴提供大量的市场机会，扩大对东北优质农产品及其深加工食品、高性能机械设备产品、适销对路中间制成品的需求；而东北地区大量国有企业的改革、改组和技术更新，各种优势资源及农牧产品的开发和深加工，传统装备制造业的结构升级，也都离不开大力引进东中西部地区的资金、技术、人才和管理经验。

（三）促进中部地区崛起

促进中部地区崛起，是区域经济协调发展的重要方面。中部地区有 8 个省，即山西、河南、湖北、湖南、安徽、江西、吉林、黑龙江，但其中吉林、黑龙江与东北地区等老工业基地相互交叉。从表 1 可知，中部地区 8 个省，2002 年土地面积 147.0 万平方千米，占全国国土总面积的 15.3%；人口 4.01亿人，占全国人口总数的 31.3%；国内生产总值占全国的 23.4%。加快中部地区发展，实现中部地区崛起，要立足中部地区的区位优势和经济优势，发挥承东启西、西转东移、沟通南北、相互促进的桥梁和纽带作用，不断探索改革和发展的新思路，把潜在的经济优势转化为现实的经济优势，实现自身跨越式发展。具体应抓住以下4项工作重点：①进一步推进改革开放。推进所有制结构调整，推动多种所有制经济共同发展。建立现代企业制度，完善国有资产管理制度。建立健全现代市场体系，充分利用国际国内两个市场。推进政府管理体制的改革。②加强现代农业和重要商品粮基地建设。实施优质粮食产业工程，加强粮食生产能力建设。扶持农产品加工业的发展，积极发展农区畜牧业。加强基础设施建设，提高农业科技水平。③发展有竞争力的制造业和高新技术产业。着力培育一批主业突出、核心竞争力强的骨干企业，发展特色产品和名牌产品。用高新技术改造提升传统产业，形成以高新技术产业为先导、以基础产业为支撑、服务业全面发展的产业格局。④加快工业化和城镇化进程。坚持走新型工业化道路，实现跨越式发展。加快城镇化进程，继续支持小城镇建设，为实现农业剩余劳动力转移创造条件。

（四）鼓励东部地区加快发展

继续加快东部沿海地区发展，率先基本实现现代化，对增强国家经济实力、更好地支持中西部地区发展具有重大作用。东部地区有11个省和直辖市，即海南、广东、福建、浙江、上海、江苏、山东、天津、北京、河北、辽宁，但其中辽宁与东北地区等老工业基地相互交叉。从表1可知，东部地区11个省和直辖市，2002年土地面积127.6万平方千米，占全国国土总面积的13.3%；人口5.12亿人，占全国总人口的40.0%；国内生产总值占全国的59.6%。

加快东部地区发展，要充分发挥区位优势，加快实现工业化，大力推进信息化，努力提高城镇化水平，进一步扩大对外开放，实现经济社会全面发展，城乡协调发展，有条件的地方要率先基本实现现代化。具体应抓住以下5项工作重点：①加快产业结构升级。积极主动地参与国际产业分工，提高承接国际产业转移的能力，形成更为完整的产业链和产业配套体系，形成以高新技术产业为先导、基础产业和制造业为支撑、服务业全面发展的产业格局。②进一步发展外向型经济，继续完善现代市场体系。努力提高对外开放水平，优化出口商品结构。深化外贸体制改革，发挥外商投资的积极带动效应。③发挥城市经济圈的辐射带动作用。充分利用长三角地区、珠三角地区以及环渤海地区三大城市经济圈对地区经济发展的带动作用，加大整合力度，形成各具特色、优势互补、密切合作、共同发展的区域经济协调格局。④加强与中西部地区多种形式的合作。推进东、中、西部地区开展经济技术协作，加强对口支援，带动中西部地区发挥优势，增强发展后劲。⑤有条件的地方要率先基本实现现代化，为加快全面建设小康社会和实现现代化做出更大贡献。

东部地区的继续发展，将大大增强地区之间的支援和协作能力，比如创造更多的就业机会吸纳更多的中西部地区劳动力，积累更多的资本向中西部输出，采购更多中西部出产的农矿产品、能源、原材料及制成品，扩大前往中西部旅游的客源等；与此同时，中央可以集中更多的财力，支援中西部地区建设，解决更多的发展难题，在协调发展中逐步实现共同富裕。

我国区域经济的发展，要在科学发展观的指导下，运用综观经济学理论及其基本观点，对区域经济发展问题进行深入的分析研究，从各个地区的实际出发，立足全国大局，切实贯彻落实中央确定的各项宏观调控政策措施，促进国民经济持续平衡较快增长。其中最重要的是要贯彻落实好东中西部地区发展及东北地区等老工业基地振兴的"区内统筹协调、区际互补联动"战略，加速推进区域经济的整合和提升，促进全国区域经济的全面、协调、可持续发展。

三、建议

我国的区域经济协调发展问题是一个复杂的大系统工程，经过上述分析可知，必须从多角度去考虑和解决相关问题，才能收到实效，为此特归纳提出几点建议：

（1）继续深化体制改革，加快发展，保持稳定。继续深化体制改革，进行经济结构调整、优化和升级，建立和完善适合市场经济体制要求的产业体系和区域分工体系，提高综观效益，才能解决区域经济发展中的深层次的体制问题和结构问题。

（2）建立按照市场经济规律运转的区域经济协调发展机制。区域经济整合的根本动力是市场经济体制和市场机制。在市场经济体制和市场机制基础上发展区域产业分工合作体系，强化区域性中心城市的"龙头"作用，强化政府政策和体制保障，以区域整体利益为最终归宿，清除阻碍区域整合的行政壁垒和市场障碍，探索形成利益共享、风险共担的协调联动机制，降低区域经济合作的交易成本，使欠发达区域与发达区域形成优势互补、相互促进、共同发展的产业和经济联系，促进各区域经济的整合、提升和共赢。

（3）转变经济增长方式，控制人口，节约资源，保护环境。经济发展与社会、环境发展密不可分，经济与人口、资源、环境相互制约，把粗放型经济增长方式转变为集约型经济增长方式，把控制人口、发展教育、保护耕地、节约资源、保护环境、防治污染、防治疾病等工作做好了，才能解决各个区域的经济社会的可持续发展问题。

（4）以城市带动农村，农村是主体，城市是"火车头"，要以城市化带动农村城镇化、工业化、产业化，提升区域经济整体实力，才能解决好"三农"问题。

（5）要调整对外贸易思路，把发展经济与优化出口商品结构结合起来，提高国际市场竞争力。我国是资源严重缺乏的国家，应该千方百计地严格控制资源消耗，但是目前那种以中低档产品为主的出口商品结构，出口越多消耗资源就越多，这种"得不偿失"的状态，必须尽快加以克服。

（6）调整好经济发展与人才教育的关系。人是生产力中最积极最活跃的因素，一切工作都离不开人。经济发展要以教育为基础、人才为根本。今后，必须全面实施"人才强国"战略，坚持以人为本，大力发展教育培训工作，大力开发人力和人才资源，把提高经济效益放在提高劳动者素质和人才素质的基础上来，把注意力转移到人才的培养、引进和使用上来。

（7）要加强法制建设，规范市场秩序，依法治理，保护广大人民的生命财产和正当权益，才能进一步促进区域经济协调发展。

（8）从全国来看，应充分发挥珠三角、长三角、环渤海三大城市群的"引擎"作用，建设成为城市集群化、产业集群化的外向型集群经济，以带动相关的区域经济协调发展，进而推动东、中、西部以及东北地区等老工业基地的协调发展。

（9）要加强国内外区域经济合作与交流。我国大的区域经济合作区，除了东、中、西部及东北地区等老工业基地外，"泛珠三角区域经济合作区"雏形已现。泛珠三角区域经济合作区（9＋2），横跨东、中、西三个地区，面向东南亚，将与东盟和中国（10＋1）相对接，甚至有可能进一步发展成为由中国、东南亚、东北亚、南亚以及上海合作组织的一些成员组成的类似欧盟的"东亚共同体"，在全球范围内形成北美、欧盟、东亚共同体三足鼎立的态势。所以，抓好泛珠三角区域经济合作与发展具有非常重要的意义，应将它列入国家"十一五"规划，加紧推进泛珠三角区域经济合作与发展进程。

解决好这些问题，加快区域经济的整合和提升，促进全国区域经济的全面、协调、可持续发展，对我国的和平发展、和平崛起，对全面建设小康社会、实现社会主义现代化和中华民族的伟大复兴，都具有重大的现实意义和深远的历史意义。

参考文献

1. 江泽民：《在中国共产党第十六次全国代表大会上的报告》，北京：人民出版社 2002 年版。

2. 胡锦涛、温家宝：《在中央经济工作会议上的重要讲话》，《人民日报》，2003 年 11 月 30 日。

3. 《中共中央关于完善社会主义市场经济体制若干问题的决定》，北京：人民出版社 2003 年版。

4. 温家宝：《政府工作报告——2004 年 3 月 5 日在第十届全国代表大会第二次会议上》，北京：人民出版社 2004 年版。

5. 尹成杰：《统筹区域协调发展》，《人民日报》，2004 年 4 月 3 日。

6. 魏双凤、黄灼明、陈钦凤：《21 世纪经济科学主流与综观经济学》，北京：中国新闻出版社 2002 年版。

（成文于 2005 年 3 月）

四

关于农业剩余劳动力转移趋势的研究

对珠江三角洲开放区大量输入外来劳动力的看法和建议

一、当前珠江三角洲农业剩余劳动力转移的方式和途径

珠江三角洲开放区自党的十一届三中全会以来，在中央的改革、开放、搞活的方针指导下，改革了农村经济体制，调整了产业结构，农村商品经济得到迅速发展，农业剩余劳动力大量向非农产业转移。其转移的方式和途径，归纳起来有如下几种：

（1）在农业内部，是从低值作物向高值作物转移，从种植业向养殖业转移。农民既不离土又不离乡，扩大家庭经营或联户经营的范围和规模，使新型的种养业能容纳更多劳动力。

（2）在农村三大产业之间，是从劳动生产率低的部门向劳动生产率高的部门转移，从第一产业向第二、三产业转移，转移的重点是乡镇工业。农民离土不离乡，到乡镇企业和小城镇就业。例如，顺德县北滘镇"六五"期间，转移到第二、三产业的农业剩余劳动力就有 9 700 多人。就整个珠江三角洲开放区来说，现在转移到第二、三产业上去的劳动力已占总劳动力的一半，其中一些商品经济比较发达的市县，像南海县，转移到第二、三产业上的劳动力已占总劳动力的 60% ~70%。

（3）在城乡之间，是从农村向城市转移。农民离土又离乡，到大城市和工业中心就业，多数是从事工业和建筑业。但是由于政策上限制农民进城等多种原因，目前转移到城市的劳动力，除了一些有组织的外，为数不多。

（4）在地区之间，是从经济不发达的地区向经济比较发达的地区转移。一部分农民离乡不离土，受雇到发达地区从事农业劳动；另一部分农民则离乡又离土，受雇到发达地区从事第二、三产业劳动。这几年，珠江三角洲开放区的经济发展快，特别是乡镇工业利用有利的市场机制迅速崛起，不仅吸引了大批当地的农业剩余劳动力，而且还吸收了大批外地的劳动力。例如，

顺德县桂洲镇在"六五"期间总共吸收了外来劳动力 5 000 多人，北滘镇 2 000多人。当然，也有相反的情况，就是有一小部分劳动力是从发达地区向不发达地区转移，农民异地经营，离乡不离土，到不发达地区承包土地经营，或者搞技术承包，例如桂洲镇，到不发达地区去搞技术承包的就有 1 000 多人。

二、应该如何看待大批外来劳动力向珠江三角洲开放区转移

目前珠江三角洲开放区，由于外资外企大量涌进来，省内外的农业剩余劳动力纷纷到这里寻找工作，逐步形成"孔雀东南飞"的态势。据估计，东莞市已吸收外来劳动力 20 万人、宝安县 19 万人、南海县 12 万人，仅这三个市县合计就达 51 万人。整个珠江三角洲开放区 17 个市县总共吸收了外来劳动力近 100 万人，这在全国来说都是比较突出的。对这样一种现象应该怎样评价呢？笔者认为，像珠江三角洲这样商品经济比较发达的地区，在改革和开放的条件下，农村经济得到了迅速发展，特别是区（镇）乡工业得到了迅速发展，使得劳动力相对紧缺，工资比较高，外地劳动力就向这里转移；加上本地劳动力由于就业门路多了，对工种诸多挑剔，如劳动强度大的不干、收入少的不干、对身体有损伤的不干，于是给外来劳动力提供了就业机会，所以，外来劳动力连年不断地向珠江三角洲涌来，而且逐日增多，这是必然的趋势，没有什么可怕的。外地劳动力转移到珠江三角洲地区，不仅对加快珠江三角洲的经济发展有利，而且对派出劳动力的不发达地区的经济发展也有利。作为雇工，从不发达地区到发达地区工作，当然要为当地经济发展做出较大的贡献。但是，第一，发达地区的工资较高，劳动者本人的收入增加了，可以积累一部分资金；第二，这些从不发达地区来的劳动者，在这里工作几年后，学到了珠江三角洲开放区的新观念、新技术和新的经济管理经验，就能把这些宝贵的知识、技术、才能带回原来的地区去，将大大加快不发达地区的经济发展。从某种意义上来说，发达地区实质上是一个资金积累和人才技术培训中心，先是把不发达地区的劳动力转移到发达地区来，后是把发达地区的资金、技术、经验转移到不发达地区去。

当然，大量外来劳动力转移到珠江三角洲来，也带来了一些新的经济问题和社会问题，这就需要适当加以控制和加强管理，做好必要的工作。

三、建 议

（1）要充分发挥珠江三角洲开放区的优势和枢纽作用，激活劳务市场。要通过一定的组织形式，发展横向经济联系，有计划有步骤地组织山区的一部分剩余劳动力转移到珠江三角洲来，这样，可以促进双方经济的发展，也是珠江三角洲地区支援山区的一项义不容辞的义务。

（2）要适当控制基建投资和超前消费，把工资水平稳定在企业能够承受的水平上。不然，过高的工资，势必导致：一是外来劳动力继续大量涌进珠江三角洲地区，造成新的困难；二是企业的生产成本增大，使产品失去竞争能力，丧失珠江三角洲地区原来因工资水平较低形成产品在国际市场上竞争能力较强的优势。

（3）要加强对输入外来劳动力的控制和管理。对输入外来劳动力，在数量上要加以控制，在质量上要有所选择，在管理上应该从严，做到既有利于经济发展，又有利于维护安定团结的社会环境。

（成文于 1987 年 3 月，广东劳动学会 1987 年年会文稿）

把 "民工潮" 导向有组织的劳务市场

一、"民工潮" 的原因及问题的实质

今年初春，全国各地有几百万农民朝城市和沿海开放地带蜂拥而来，顷刻之间，这种 "民工潮" 成了震动全国的大事。其原因及问题的实质是什么呢？

从 "民工潮" 产生的原因来看，笔者认为：

1. 我国农村存在大量潜在的农业剩余劳动力

1949 年我国农村人口为 4.8 亿人，到 1983 年上升到 7.9 亿人，差不多在同一期间内，适龄劳动人口由 1.7 亿人急升到 3.7 亿人，而可耕地面积反而从 1952 年的 16.2 亿亩下降到 1984 年的 14.7 亿亩，减少 8.86%，劳均耕地由 1952 年的 9.35 亩下降到 1984 年的 4.26 亩。若以 1952 年劳均耕地为标准，1984 年农业剩余劳动力约为 1.7 亿人。[①] 1989 年我国总人口突破 11 亿大关，而农村适龄劳动人口增加到 4 亿人，可耕地面积继续下降到 14 亿亩左右，劳均耕地下降到 3.5 亩。这样，若仍以 1952 年劳均耕地为标准，则目前农村的农业剩余劳动力已达到 2 亿人左右。我国农村存在大量潜在的农业剩余劳动力，这是最基本的国情，也是产生 "民工潮" 的潜在根源。

2. 十年改革开放的推动

十年来的改革开放，对我国广大农村社会经济面貌的改变和农民思想的解放起了极大的推动作用。我国最初是从农村开始经济体制改革的，在全面实行家庭联产承包责任制之后，广大农民在生产经营上有了自主权，生产积极性大大提高，加上人民政府在各项农村经济政策上的大力扶持，农业生产和整个农村经济有了很大发展，农民生活得到了显著的改善，基本上解决了广大农民的低水平温饱问题，而且还有一部分农民走上了富裕的道路。与此同时，在改革开放浪潮的推动下，广大农民从长期被禁锢的小生产者的意识

---

① 高筱、苏王可：《劳动力过剩——潜伏在中国农村的危机》，《现代化》1987 年第 11 期。

形态中摆脱出来，接受了改革开放中带来的各种新思想、新观念、新思维，大大开拓了农民的眼界，逐步萌发脱贫求富的思想和信心。农民生产积极性的调动，农业劳动生产率的提高，农村经济实力的增强，加上农民思想的大解放，这就使农村潜在的农业剩余劳动力有可能向外转移，从而使"民工潮"的出现有了客观的可能性。

3. 农村商品经济迅速发展的结果

随着农村经济体制改革的深化，商品经济模式逐步取代了产品经济模式，农村商品经济得到了急速发展。农村商品经济的发展，使广大农民在市场交换过程中逐步增强了商品意识和价值观念，懂得了如何在市场上捍卫自己的经济利益，懂得了如何通过市场实现自己的劳动价值，懂得了如何利用市场寻求自己的致富门路。总之，农民在实践中，通过价值规律找到了自己的出路，看到了自己的前途，并且决心为实现自己的目的而奋斗，这是促使农业剩余劳动力向城市和沿海开放地带流动而引发"民工潮"的内在动力。

4. 城乡之间、地区之间收入差距扩大的诱导

在党的十一届三中全会的路线指引下，十年来全国城市和乡村，沿海经济发达地区和内地经济不发达地区的生产都迅速发展了，人民的生活水平普遍得到了提高，这是铁一般的事实，所以全国人民一致拥护党的十一届三中全会的路线。但是，由于城市和乡村之间、沿海和内地之间的条件不同，经济增长的速度也是大大不同的，十年来它们之间的收入差距不是缩小而是在继续扩大。例如，地处粤西北山区的连南瑶族自治县农村的人均收入，1978年为78元，1987年增加到417元，1987年为1978年的5.34倍；而地处珠江三角洲的中山市（即原中山县）农村的人均收入1978年为146.5元，1987年增加到1 134元，1987年为1978年的7.74倍。两地的收入差距，从1978年的1：1.88扩大到1987年的1：2.74。十年来，珠江三角洲开放区由于引进了大量外资，工农业和第三产业迅速发展，当地原有的劳动力已经不够用了，于是引起工资逐步提高，一般民工每月可拿到200~300元；相反在内地贫困山区，由于条件差，乡镇企业一时难以发展起来，就业门路少，就连每月只能拿到几十元工资的岗位都要千方百计地通过"走后门"才能进去。对比之下，农民就宁愿冒风险朝城市和沿海开放地带流动。所以，城乡之间、地区之间收入差距的扩大，是诱导农业剩余劳动力向城市和沿海开放地带流动而迅速形成"民工潮"的直接因素。

综上所述，农民特别是青壮年农民，在有了经营自主权和农业劳动生产率有所提高的情况下，就有可能摆脱土地的束缚，向外寻求新的发展门路；在城市和乡村之间、沿海经济发达地区和内地经济不发达地区之间的经济收入差距比较悬殊的条件下，大量的农业剩余劳动力就会自觉或不自觉地涌向经济比较发达的城市和沿海开放地带。因此，"民工潮"问题的实质，就是在目前城乡二元经济结构条件下，大量从改革开放中逐步苏醒过来的农业剩余劳动力，在商品市场环境中萌发起来的致富冲动驱使下迫切要求向非农产业转移，去寻找和开拓新的发展道路。

二、对"民工潮"应持的态度

从前面的分析可知，"民工潮"的出现有其深刻的社会经济根源，也是十年改革开放和商品经济大发展的必然结果。"民工潮"的出现，同任何其他新生事物的出现一样具有两面性：一方面它是进步的、合乎规律的，有其进步性和合理性的一面，这一点必须肯定；另一方面它又不可避免地带有一定的自发性和盲目性，如果引导不好，就会发展成为产生动乱的一种消极因素。因此，我们对"民工潮"应该持积极疏导、妥善处理的态度。

笔者在1987年提交广东劳动学会年会的《对珠江三角洲开放区大量输入外来劳动力的看法和建议》一文中，曾经说过："像珠江三角洲这样商品经济比较发达的地区，在改革和开放的条件下，农村经济得到了迅速发展，特别是区（镇）乡工业得到了迅速发展，使得劳动力相对紧缺，工资比较高，外地劳动力就向这里转移；加上本地劳动力由于就业门路多了，对工种诸多挑剔，如劳动强度大的不干、收入少的不干、对身体有损伤的不干，于是给外来劳动力提供了就业机会。所以，外来劳动力连年不断地向珠江三角洲涌来，而且逐日增多，这是必然的趋势，没有什么可怕的。外地劳动力转移到珠江三角洲地区，不仅对加快珠江三角洲的经济发展有利，而且对派出劳动力的不发达地区的经济发展也有利。作为雇工，从不发达地区到发达地区工作，当然要为发达地区的经济发展做出较大的贡献。但是，第一，发达地区的工资较高，劳动者本人的收入增加了，可以积累一部分资金；第二，这些从不发达地区来的劳动者，在这里工作几年后，学到了珠江三角洲开放区的新观念、新技术和新的经营管理经验，就能把这些宝贵的知识、技术、才能带回原来的地区去，将大大加快不发达地区的经济发展。从某种意义上来说，发达地区实质上是一个资金积累和人才技术培训中心，先是把不发达地区的劳动力转移到发达地区来，后是把发达地区的资金、技术、经验转移到不发达地区去。当然，大量外来劳动力转移到珠江三角洲来，也带来了一些新的经济问题和社会问题，这就需要适当加以控制和加强管理，做好必要的工作。"在"民工潮"出现之前，社会舆论都认为必须把加快农业剩余劳动力的转移问题放到重要的议事日程上来，否则，要实现四个现代化是不可能的。但是，当广大的农业剩余劳动力真正要求向非农产业转移的时候，有的人却惊慌失措起来了。因此，在对待"民工潮"问题上，再也不能重演"叶公好龙"的故事了，只有在坚持改革开放的前提下，采取疏导、分流、控制的办法去解决，才能收到好的效果。

三、应积极把"民工潮"纳入有组织的劳务市场

全国统一的有组织的劳务市场，是实现疏导、分流、控制农业剩余劳动力转移的重要形式。要吸取1989年初"民工潮"突发的教训，防止类似情况的再现，就应把有组织的劳务市场建立、发展和完善起来。

笔者在1987年的同一篇文章中，从珠江三角洲的角度出发提出了三点建议：

（1）要充分发挥珠江三角洲开放区的优势和枢纽作用，激活劳务市场。要通过一定的组织形式，发展横向经济联系，有计划有步骤地组织山区的一部分剩余劳动力转移到珠江三角洲来，这样，可以促进双方经济的发展，也是珠江三角洲地区支援山区的一项义不容辞的义务。

（2）要适当控制基建投资和超前消费，把工资水平稳定在企业能够承受的水平上。不然，过高的工资，势必导致：一是外来劳动力继续大量涌进珠江三角洲地区，造成新的困难；二是企业的生产成本增大，使产品失去竞争能力，丧失珠江三角洲地区原来因工资水平较低形成产品在国际市场上竞争能力较强的优势。

（3）要加强对输入外来劳动力的控制和管理。对输入外来劳动力，在数量上要加以控制，在质量上要有所选择，在管理上应该从严，做到既有利于经济发展，又有利于维护安定团结的社会环境。

这三点建议，现在看来还是适用的，但是已经大大不够用了。应该从更高的角度来考虑这个问题，这就是要逐步建立和发展全国统一的、多层次的、有组织的劳务市场。不然，当"民工潮"再次爆发的时候，单靠行政命令、四处拦截围堵，是堵不住的，即使一时堵住了，但问题并没有解决，一有适当的时机还是会爆发起来，冲击社会的安宁。因此，希望各级领导能下决心

把有组织的劳务市场组建、发展和完善起来，才能担负起接纳大量农业剩余劳动力大转移的历史重任，把"民工潮"纳入到有计划有组织地转移的轨道上来，努力做到既有利于经济的发展又有利于社会的长治久安。

（成文于 1989 年 7 月，原载于《经济与发展》1989 年第 4 期）

论我国农业剩余劳动力的转移问题

——兼评"向城市转移是主要战略方向"的观点

一、农业剩余劳动力的转移是一项紧迫而又艰巨的战略任务

任何一个国家要由农业国转化为工业国，都有一个农业劳动力逐步向非农产业转移的过程，所不同的只是采取的方式、途径和产生的后果罢了。我国农业剩余劳动力的大量存在，是一个客观的现实。我国 1949 年的农村人口为 4.8 亿人，到 1983 年上升到 7.9 亿人，差不多在同一期间内，适龄劳动人口由 1.7 亿人急升到 3.7 亿人，劳均耕地面积由 1952 年的 9.35 亩下降到 1984年的 4.26 亩，农业剩余劳动力达到 1.7 亿人。[①] 1989 年，我国总人口突破 11 亿大关，而农村适龄劳动人口增加到 4 亿人，劳均耕地面积继续下降到 3.5 亩，农业剩余劳动力已经达到 2 亿人左右。另据农牧渔业部、城乡建设和环境保护部的材料，1982 年我国总人口为 10 亿人，农村人口有 8 亿人，农村总劳动力是 3.41 亿人，其中农业部门 3.04 亿人，非农产业部门 3 700 万人。预测到 2000 年，我国总人口达到 12 亿人，农村人口达到 9 亿人，农村总劳动力达到 4.5 亿人，其中农业部门 2.5 亿人（种植业 1.5 亿人，林牧副渔业 1 亿人），非农产业部门 2 亿人。农业部门所占的劳动力比重从 1982 的 89% 下降到 2000 年的 56%；非农产业部门所占的劳动力比重从 1982 年的 11% 上升到 2000 年的 44%。这就是说，根据预测到 2000 年我国农业剩余劳动力也将有 2 亿人左右。[②]

我国的人口过剩主要表现在存在大量的农业剩余劳动力方面，人口过剩带来了沉重的负担，但也可以把它转化为加速经济发展的巨大潜力。由于人

---

① 高筱、苏王可：《劳动力过剩——潜伏在中国农村的危机》，《现代化》1987 年第 11 期。
② 《人民日报》，1984 年 8 月 18 日。

口基数大和社会生产力发展水平相对低下，就是在严格控制人口增长率的情况下，每年也要新增 1 500 万人左右，人口过剩的压力还是很大的。但是，在社会主义公有制条件下，由于实行了改革开放的总方针，有计划的社会主义商品经济得到迅速发展，这就为农业剩余劳动力的大转移创造了必要条件。党的十一届三中全会以来，通过农村经济体制改革，普遍采用了家庭联产承包责任制，实现双层经营，把广大农民的积极性和集体经济的优越性有机地结合起来。农民在生产经营上有了较大的自主权，加上人民政府在各项农村经济政策上的大力扶持，农民的生产积极性和农业生产率大大提高，市场条件改善，农村经济实力显著加强，这就使得一部分农业劳动力有可能摆脱农业向第二、三产业转移，从而引发农村第二、三产业的兴起，乡镇企业如雨后春笋般急速发展起来。据估算，到 1987 年底全国农业劳动力已向乡镇企业转移了 8 000 万人。与此同时，每年还有近百万农业劳动力转为城市工人，还有几百万农民组成的建筑队进城承包建筑工程，农业剩余劳动力的大转移取得了初步成效。[①] 但是，应该看到：农业剩余劳动力的转移是一项关系到我国社会主义现代化建设成败的大问题，是一项十分紧迫而又艰巨的战略任务。要把 2 亿农业剩余劳动力转移到非农产业部门去，难度极大，必须引起全党和全国各族人民的高度重视和支持。

二、农业剩余劳动力转移的形式

我国农业剩余劳动力转移的形式，归纳起来有如下几种：

第一种形式是在农业内部，从低值作物向高值作物转移，从种植业向养殖业转移，从现有耕地向开发性农业转移。农民既不离土又不离乡，扩大家庭、联户、集体经营的范围和规模，向生产的深度和广度进军，使新型的种养业能容纳更多的劳动力。有的人认为，严格地说，这种形式不属于农业剩余劳动力转移的范围，这是没错的，因为它没有离开农业这个产业部门。但是，在农业内部通过向生产的深度和广度进军，特别是通过大力发展开发性农业，确实能够容纳更多的劳动力，使一部分农业剩余劳动力有了用武之地，既能为社会创造更多的财富，又能使这些农民逐步富裕起来，突破了以原有耕地为基础的狭小天地。这样，可以使现有农业劳动力在农业内部充分发挥作用，创造条件向非农产业转移。还应该看到，随着传统农业向现代农业转

_____

① 李东明、李耀锋：《关于农业剩余劳动力转移的思考》，《人民日报》，1989 年 7 月 21 日。

化，小农业向大农业转化，农业生产逐步走向集约化、专业化、工厂化、社会化的农业工业化道路，农业生产的领域不断扩大，从而向农业内部不断扩展的工业化新领域转移的劳动力，也应该视为农业剩余劳动力转移的一种必要形式。

第二种形式是在农村三大产业之间，从劳动生产率低的部门向劳动生产率高的部门转移，从第一产业向第二、三产业转移，转移的重点是乡镇企业。农民离土不离乡，到乡镇企业和小城镇就业。例如广东省顺德县北滘镇在"六五"期间，转移到第二、三产业的农业剩余劳动力就有 9 700 多人。就整个珠江三角洲开放区来说，现在转移到第二、三产业上去的劳动力已占农村总劳动力的 50%，其中商品经济比较发达的市县，如顺德、南海、宝安、东莞等，转移到第二、三产业上去的劳动力已占农村总劳动力的 60% ~ 70%。

第三种形式是在地区之间，从经济不发达地区向经济比较发达地区转移，从内地、山区向沿海开放地带转移。一部分农民离乡不离土，到发达地区从事农业劳动；另一部分农民则离乡又离土，到发达地区从事第二、三产业劳动。党的十一届三中全会以来，珠江三角洲开放区的经济发展快，特别是乡镇企业利用有利的市场机制迅速崛起，不仅吸收了大批当地的农业剩余劳动力，而且还吸收了大批外来的劳动力。例如，顺德县桂洲镇在"六五"期间总共吸收了外来劳动力 5 000 多人，北滘镇 2 000 多人。就整个珠江三角洲开放区来说，到 1988 年底，总共吸收了外来劳动力约 150 万人，其中东莞、宝安、南海等三个市县吸收外来劳动力就占了三分之一以上。当然，也有相反的情况，就是有一小部分农民从发达地区向不发达地区转移，从沿海开放地带向内地、山区转移，这些农民利用自身的经济、技术、信息、市场渠道等优势，异地经营，到内地不发达地区承包土地经营，或者搞技术承包，或者经营第二、三产业。例如，顺德县桂洲镇到内地去搞技术承包的就有 1 000 多人。

第四种形式是在城乡之间，从农村向城市转移。农民离土又离乡，到大城市和工业中心就业，多数是从事工业生产。但是，大城市本身，由于人口的自然增长，每年都有大批新增加的劳动力需要安排，加上产业结构的调整也有不少劳动力需要重新安排，因而城市能够再从农村吸收劳动力的数量是有限的，除了有组织地吸收一批农民进城转为工人外，只有为数不多的临时工能进城罢了。

第五种形式是在国际上，从国内向国外转移，利用我国丰富的劳动力资源向国外输出劳务。但是，向国外输出劳务只是农业剩余劳动力转移的一种补充形式。目前我国向国外输出的劳动力数量不多，就是将来也不可能大量增加，这是由国外的劳动力市场的需求量所决定的，绝不能把我国农业剩余劳动力的出路寄托在向国外大量输出劳务上。

三、农村工业化、城市化道路是我国农业剩余劳动力转移的主要途径

从前面对我国农业剩余劳动力转移形式的分析，概括起来，无非是两种途径：第一种是通过农村工业化、城市化的道路就地转移，第二种是直接向现有城市或国外转移。根据我国的国情，第一种途径应该是主要的途径，第二种途径是次要的、辅助性的途径，绝不能把两者颠倒过来。

我国农村工业化、城市化的过程大致设想如下：

农村经济起点是单一的农业，随着农村经济体制改革和商品经济的发展，农村的分工扩大，在原有农业的基础上，一方面农业内部的分工扩大，出现了农、林、牧、副、渔五业并举的大农业局面；另一方面又从农业中分离出新的非农产业，即以小城镇为依托的乡镇企业。乡镇企业的迅速崛起，开始阶段还比较分散，继之则相对向小城镇集中，逐步加快农村工业化、城市化的步伐，并将有选择地在农村适当地点发展成一批新的中小城市。在这一发展过程中，农业与非农产业逐步消长，农业比重缩小，非农产业比重扩大，到了非农产业占绝对优势之后，70%～80%的农业劳动力已转移到非农产业部门，基本上实现了农村人口城市化，这时农村工业化、城市化也就初步实现。当然，随着农村经济的进一步发展，农村工业化、城市化的水平不断提高，到了农业实现企业化、工厂化、现代化，农村与城市的本质差别不再存在时，农村工业化、城市化也就可以说基本实现了。

那么，为什么说农村工业化、城市化道路是我国农业剩余劳动力转移的主要途径呢？这是因为：

（1）我国是一个后起的发展中的社会主义大国，是一个在11亿人口中具有8亿农民的大国，除了沿海一些大城市之外，城市经济发育极不充分，我国现有城市能够吸收的劳动力是很有限的，不可能把近2亿的农业剩余劳动力都向现有城市转移。因此，我国农业剩余劳动力转移的主要途径只能在农村就地转移，只能通过农村工业化、城市化的道路逐步转移到农村在小城镇

基础上新发展起来的中小城市中去。改革开放十多年来，珠江三角洲开放区农村的乡镇企业蓬勃发展，小城镇也有很大发展，并在这一基础上出现了一批像中山、东莞、高明、桂洲、西樵等新兴的中小城市，以及深圳、珠海两个新兴的现代化城市，吸纳了大批农业剩余劳动力，这是最有力的证明。

（2）据一些专家预测，假设以1.2亿农业剩余劳动力为基数，再考虑其抚养的人口，将有2.7亿农业人口要转为非农业人口。若将这些人都转移到城市，则相当于增加百万人口的大城市270个，需要投资20 000亿元。以现阶段的我国国力来说，是承担不起的。[①] 相反，若走农村工业化、城市化的道路，将这些农业人口在农村就地转移，则顺理成章，只要给予一定的政策支持，依靠群众自己的力量，不花多少投资，就可以比较容易地实现向非农产业转移的目的。

（3）我国农业劳动力的素质较低，难以适应社会主义现代化建设的需要，在这种情况下若把他们大量从农村转移到原有城市特别是大城市中去，只能带来更多的问题和更大的困难。相反，若走农村工业化、城市化的道路，从乡镇企业起步，通过小城镇逐步转向新兴的中小城市，比较适合实际，能更好地调动和发挥他们的积极性和创造性，不仅对发展经济有利，而且可能带来的问题和困难也会少得多。

（4）农村工业化、城市化的道路，是从我国实际出发的具有中国特色的社会主义道路。它避免了发达的资本主义国家曾经走过的剥夺农民、使农民破产而被迫进城当雇佣工人的悲惨道路及其所带来的一系列弊端。走农村工业化、城市化的道路，既可以使人口相对集中于中小城市以提高规模效益和聚集效益，又可以防止人口过分集中在少数几个大城市造成畸形发展的局面，从而使人口和工业的分布更趋合理。

当然，笔者在这里强调的只是要以农村工业化、城市化作为我国农业剩余劳动力大转移的主要途径。除此之外，并不排斥向原有城市转移或向国外输出劳务等向外转移的途径，但是这些途径，在我国的现实条件下，只能作为次要的、辅助性的途径发挥其作用。

---

① 许学强等：《中国小市镇的发展》，广州：中山大学出版社1987年版，第35—39页。

四、评"向城市转移是主要战略方向"的观点[①]

持这一观点的同志提出的理由，归结起来基本上有三点：

（1）农业剩余劳动力在农村就地转移将会带来占用耕地、污染环境、难以管理和经济效益低等问题，因此，"我国农业剩余劳力必须走多渠道向外转移的道路，既可以向国内的发达地区（包括城市地区、新开发地区和有发展前途的集镇）转移，也可以向国外提供劳务"。这是第一点理由。

笔者认为，这一理由是不充分的。其实，农业剩余劳动力不管是在农村就地转移，还是向外转向城市，代价总是要付的，不过要权衡哪一种做法所付的代价大一些罢了。绝不能因为在农村就地转移会带来一些弊病，要付出一定的代价，就认为此路不通，从而得出必须"向外转移"到"城市"的结论。这是因为，如果从中国的实际出发，"向外转移"比"就地转移"所带来的问题要严重得多，所付的代价也会大得多。

（2）我国的经济是有计划的商品经济，商品经济要求包括劳动力在内的生产要素向效益更高的地区集中。从经济效益来看，大城市明显高于中小城市，而中小城市又高于乡镇企业，因此，"既然农业剩余劳力向城市转移能带来更高的效益，我们就应该坚持向城市转移的战略方向"，"向城市转移是我国农业剩余劳动力转移的主要战略方向"。这是第二点理由。

笔者认为，这一理由也是不充分的。作为一种理论观点或一种政策措施，总要从国情出发，以客观实际为基础，既要具有理论性，又要具有可行性，否则就会成为一种无法实现的空谈，这对解决现实问题是没有什么帮助的。我国有计划的社会主义商品经济的发展，的确要求包括劳动力在内的各种生产要素实行优化组合，要求它们向经济效益更高的地区集中，而且一般地说来，大城市的经济效益高于中小城市，中小城市的经济效益高于乡镇企业（当然也有例外，如珠江三角洲开放区不少乡镇企业的经济效益就高于城市国营工业企业的经济效益），这是无可否认的事实。但是，决不能因为城市比农村的经济效益高，农业剩余劳动力向城市特别是大城市转移能够带来更高的效益，就认为"应该坚持向城市转移"以及"向城市转移是我国农业剩余劳力转移的主要战略方向"。假如能够实现向城市转移取得更高的效益，这当然

---

① 孙文广：《如何实行农村剩余劳力的战略转移》，《地区发展战略研究》学员文选专辑，1989年，第 63－64 页。

是一件好事，但是问题在于有无可能实现，根据前面分析过的我国国情，根本没有可能把近两亿农业剩余劳动力主要转移到原有城市去。愿望是好的，但客观上无法实现。因此，这种构想就不是什么"主要战略方向"，而不过是一种不切实际的空想。

（3）有一种观点，"认为国外农民向城市转移的道路是资本主义国家所走的道路，我们不能再走这条道路。其实，人口城市化的道路实际上是人类必经之路，这是人类多少年经验的总结，发达的资本主义国家曾经走过这条道路，发展中国家也正在走着这条道路，我们也绝不应该排斥这条道路"。这是第三点理由。

笔者认为，这一理由更是站不住脚的。外国的经验可以借鉴，但不能照搬。人口城市化的目标是共同的，但达到目标的途径却不尽相同。西方资本主义国家在工业化初期，为了满足城市工业迅速发展对劳动力的急剧需要和造成国内的统一市场，曾经采取在农村大规模剥夺农民、使农民破产被迫进城当雇佣奴隶的办法，实现了农业人口向城市转移的目的，这是一条以"血与火、饥饿与死亡"为代价的惨绝人寰的道路。我国是一个以公有制为基础的社会主义国家，是共产党领导的以工农联盟为基础的人民民主专政国家，是维护包括农民在内的广大人民的根本利益的国家，它绝对不可能再走西方资本主义国家所走过的这条老路，因为这条道路必然会破坏工农联盟，把占我国总人口80%的广大农民推到敌对阵营中去，这样，社会主义现代化建设事业就会失败，社会主义的中国就会灭亡。我们必须逐步实现农村人口城市化的目标，但不能走剥夺农民、破坏工农联盟的道路。如果认为，人口城市化的道路是人类共同的道路，就要去照搬西方资本主义国家所走过的具体道路，那只会导致社会主义事业的失败，是一条走不通的"死胡同"。我们应该从社会主义国家的性质和中国的国情出发，寻找一条既有利于社会主义现代化建设、又有利于维护广大农民利益和巩固工农联盟的具有中国特色的社会主义道路，这就是通过农村工业化、城市化使农业剩余劳动力在农村就地转移为主与直接向城市转移为辅相结合的道路。马克思在《资本论》第一版序言中引用诗人但丁的格言激励自己："走你的路，让人们去说吧！"在当前社会主义的思想体系和社会制度在世界范围内受到诋毁的时候，我们更应该如此，更应该勇敢地坚持走自己的道路！相信只要沿着这条道路走下去，我国农业剩余劳动力大转移和农村人口城市化的目标是一定能够达到的。

（成文于1989年11月，原载于《经济与发展》1990年第1期）

再论我国农业剩余劳动力的转移问题

农业剩余劳动力的转移问题，已经成为我国经济发展和实现现代化的核心问题，在社会主义市场经济体制下问题就显得更加突出，必须花大力气去加以研究和解决。笔者在 1989 年写了《论我国农业剩余劳动力的转移问题》一文（见《经济与发展》杂志 1990 年第 1 期），论述了农业剩余劳动力转移的战略任务、基本形式和主要途径。现在，根据我国近几年来出现的新情况，对农业剩余劳动力的转移问题作进一步的论述，以便引起更多的关注。

一、从"民工潮"看农业剩余劳动力的转移问题

农业剩余劳动力问题是我国人口问题中的一个关系全局的大问题，农业剩余劳动力的转移则是一个关系我国社会主义现代化建设成败的大问题。从 1989 年起，相继出现的具有相当规模的"民工潮"就是一个证明。"民工潮"的出现是从社会主义计划经济转向社会主义市场经济的必然产物，从侧面反映了农业剩余劳动力转移的必然性和迫切性。到 1993 年我国总人口达到 11.85 亿人（不包含台港澳地区），其中农村人口约 9 亿人，农村适龄劳动人口约 4.2 亿人，农业剩余劳动力 1.5 亿人到 2 亿人。我国农村存在这样多的农业剩余劳动力，在市场经济条件下，必然引发向沿海开放地带和大中城市转移的"民工潮"。因为随着农村经济体制改革的深化和农村商品生产的发展，广大农民在市场交换过程中唤起的商品意识和价值观念，促使农民特别是青壮年农民，在有了经营自主权和农业劳动生产率有所提高的前提下，就有可能逐步摆脱土地的束缚，寻求新的出路，加上城乡之间、地区之间发展的不平衡，收入差距扩大，诱发大批农业剩余劳动力涌向经济比较发达的沿海开放地带和大中城市。越是往后，"民工潮"的来势将越猛，反映出农村潜在的大量农业剩余劳动力，在市场经济环境中萌发起来的致富冲动驱使下，迫切要求向非农产业、沿海开放地带和大中城市转移，去寻找和开拓新的发展道路。农民的这种要求是进步的、合理的。我们党和政府必须把加快农业剩余

劳动力的转移问题放到重要的议事日程上来，采取积极疏导、分流和管理的办法，下大力气去加以研究和解决。

二、农业剩余劳动力转移带来的效应

首先，从有利方面来看，主要是：

（1）适应市场经济发展的需要，农业剩余劳动力的转移实现了在大地区范围内的劳动力优化组合，能更好地发挥创造社会财富的能力，有利于城乡之间、地区之间的经济协调快速发展。

（2）大批农业剩余劳动力的转移，不仅满足了经济发达地区所急需的劳动力大军，为劳动工资制度改革和增强企业活力提供了必要条件，而且增加了农民收入，繁荣了市场，加快了城乡经济发展步伐。

（3）大批农业剩余劳动力的转移，必然促使他们转变观念，拓宽思路，学习技术和经营管理经验，为内地经济腾飞准备了有利条件。

（4）大批农业剩余劳动力的转移，有利于转出地区的农业和乡镇企业转向适度规模经营和加快现代化步伐，有利于在全国范围内逐步形成统一的劳动力市场体系。

（5）通过农业剩余劳动力的转移，使贫困地区与富裕地区之间的优势有机地结合起来，取长补短，共同发展，使广大农民逐步走向脱贫奔康、共同富裕的道路。

（6）加快农业剩余劳动力的转移，对改变我国农村人口比重过大和构筑新的城乡经济格局有重大意义，对加速社会主义现代化建设有重大意义。

其次，从不利方面来看，它带有暂时性或过渡性，经过一段时间的工作，是可以逐步消除的，这主要是：

（1）削弱了农业生产和农村工作。在一些地方，由于农业劳动力在短期内大批向非农产业和外地转移，造成农业生产的不稳定和农村基层工作无人管的现象。

（2）农业剩余劳动力大量转移，特别是有一部分暂时找不到工作的农民工，他们的存在将给转入地带来不少的劳资纠纷问题、社会治安问题、流动人口的计划生育问题等。

（3）农业剩余劳动力大量转移形成"民工潮"，给政府部门增加了大量开支和压力，政府需要做大量的工作。

三、农业剩余劳动力转移的趋势和特点

我国农业剩余劳动力的大转移，已经成为不可逆转的趋势。随着改革开放的深化，现代化建设步伐的加快，农业剩余劳动力必然要寻找新的出路，必然要以更大的规模向非农产业、沿海发达地区、大中城市转移，以及向国外输出劳务。

（1）农业内部扩大领域、增加就业还有很大潜力，也是农民脱贫致富的一条路子。

改革开放以来，我国已逐步从小农业转向大农业，摆脱了原有耕地的束缚，扩大了农业生产领域，为发展开发性农业开辟了道路。通过在农业内部向生产的深度和广度进军，可以吸纳更多的劳动力，使农民找到了一条在农业内部扩大领域、增加就业的脱贫致富路子。随着农村工业化、城市化进程加快，农民也将转化为农业工人，将来城乡之间、工农之间的差别会逐步消失。

（2）在农村产业结构变动中，劳动力分布与经济增长仍处于二元结构状态。

据统计，1990年在广东全省农村经济中，第一产业在农村总劳动力中占67.7%，而在国内生产总值中则只占26.1%；第二产业在农村总劳动力中占16.4%，而在国内生产总值中却占39.9%；第三产业在农村总劳动力中占15.9%，而在国内生产总值中却占34%。就是在经济最发达的珠江三角洲小三角地区来看，也是形成同样的二元结构状态，在1990年，在该区的农村总劳动力和国内生产总值中，第一产业在农村总劳动力中占56.9%，而在国内生产总值中只占13.6%；第二产业在农村总劳动力中占26.3%，而在国内生产总值中却占47.4%；第三产业在农村总劳动力中占16.8%，而在国内生产总值中却占39%。这种二元结构的特点，就是在第一产业与第二、三产业之间不成比例增长，第一产业占用劳动力多而产值小，第二、三产业占用劳动力少而产值大，这种二元结构状态在相当长的时期内还将继续存在，直到第一产业的劳动生产率普遍提高到第二、三产业的劳动生产率水平时才能彻底转变。

（3）农业剩余劳动力从就地转移到向沿海发达地区的步伐加快。

由于沿海地区和内地的投资环境不同、差距较大，造成资金和劳动力都向沿海地区倾斜，尤其是向像珠江三角洲、长江三角洲这样的地区倾斜。目

前珠江三角洲地区，吸收的外来劳动力大约 700 万人。从 1989 年起，每年春节前后，就有来自四川、贵州、广西、湖南、湖北、江西等内陆地区的大批农民工涌向沿海地区，少则几万，多则几十万，甚至更多。农民工来势越来越猛，人数越来越多。

（4）通过转移充分暴露了农业剩余劳动力数量大而素质低的弱点。

从内地和山区转移到沿海地区的农民工，一般受教育程度低，没有经过一定的技术培训，只能干一般的粗活、脏活和当地人不愿意干的活，不能适应市场经济发展和现代化建设的需要。这就有一个加强教育和培训的任务，要有统一的全盘的考虑，在思想道德、文化知识、专业技能和社交艺术上加强教育和培训工作。逐步培养成一支有组织有纪律的、能适应现代化建设要求的产业大军。

（5）从地区需要来说，农业剩余劳动力既要大批"走出去"，又要有一部分"返回来"。

农业剩余劳动力先"走出去"，到一定时期后再"返回来"，都有其必然性，这是因为：①沿海开放地区由于走在改革开放的前头，当政策放宽、经济升温后，除了安排本地的劳动力外，还要从内地和山区吸收一批急需的劳动力，为农业剩余劳动力转移至沿海开放地区提供了条件；②随着沿海开放地区经济的进一步发展，技术层次提高了，经济增长将由以增加劳动力为主转变为以提高科学技术水平为主，所需要的劳动力将相对减少；③沿海开放地区经济发展起来了，机会成本会上升，工资水平也会相应提高，这时，为了降低成本，增强市场竞争力，需要的是具有一定科学知识和技术的人才，也必然会相对减少吸纳一般的劳动力；④随着改革开放从沿海向内地逐步推进，促进内地和山区的经济也走向新的发展时期，急需大批的经营管理人才和熟练工人，这时，就会从沿海发达地区召唤一部分从本地出去的、经过锻炼的农民工回来。总之，先有"出"的需要，后有"回"的需要，都是必然的，应有思想准备，做好相应工作。

四、坚持走农村工业化、城市化和"以乡镇企业—小城镇模式为主"的农业剩余劳动力转移道路

从对我国农业剩余劳动力转移形式的分析，概括起来，无非是两种途径：第一种是通过农村工业化、城市化的道路在农村就地转移或异地转移，第二

种是直接向现有城市或国外转移。根据我国的国情，第一种途径应该是主要途径，第二种途径是次要的、辅助性的途径，绝不能把两者颠倒过来。

农村经济起点是单一的农业，随着农村经济体制改革和商品经济的发展，农村的分工扩大，在原有农业的基础上，一方面农业内部的分工扩大，出现了农、林、牧、副、渔五业并举的大农业局面；另一方面又从农业中分离出新的非农产业，即以小城镇为依托的乡镇企业。乡镇企业的迅速崛起，开始阶段还比较分散，继之则相对向小城镇集中，逐步加快农村工业化、城市化的步伐，并将有选择地在农村适当地点发展成一批新的中小城市。在这一发展过程中，农业与非农产业逐步消长，农业比重缩小，非农产业比重扩大，到了非农产业占绝对优势之后，70%～80%的农业劳动力转移到非农产业部门，基本上实现了农村人口城市化，这时农村工业化、城市化也就初步实现。当然，随着农村经济的进一步发展，农村工业化、城市化的水平不断提高，到了农业实现集约化、企业化、工厂化、现代化，农村与城市的本质差别不再存在时，农村工业化、城市化也就可以说基本实现了。

那么，为什么说农村工业化、城市化和"以乡镇企业—小城镇模式为主"的道路是我国农业剩余劳动力转移的主要途径呢？这是因为：

（1）实践证明，在中国的具体条件下这条路子是可行的。

我国是一个后起的发展中的社会主义大国，是一个在 12 亿人口中具有 9 亿农民的大国，除了沿海一些大城市之外，城市经济发展极不充分，我国现有城市能够吸收的劳动力是很有限的，不可能把近 2 亿的农业剩余劳动力都向现有城市转移。因此，我国农业剩余劳动力转移的主要途径只能在农村就地转移，只能通过农村工业化、城市化的道路逐步转移到在小城镇基础上新发展起来的中小城市中去。改革开放以来，在我国农村，特别是沿海开放地区的农村，由于乡镇企业的发展，有力地推动了社会化现代化商品经济的大发展，开辟了一条以发展乡镇企业带动小城镇建设、以小城镇为依托进一步发展乡镇企业的农村工业化道路，大大促进了农村城市化的进程，同时也成为农业剩余劳动力转移的主要途径。到 1993 年底，我国的乡镇企业吸纳的农业剩余劳动力已逾 1.2 亿人，超过了国有企业职工的总人数（1.1 亿人）；到 1996 年底，我国乡镇企业吸纳的农业剩余劳动力已达到 1.314 亿人，乡镇企业是吸纳农业剩余劳动力最多的渠道，也是我国最重要的新就业机会来源。1993 年珠江三角洲小三角地区的农村劳动力已有 43.1% 转移到乡镇企业—小城镇就业，在长江三角洲的农村劳动力也已有 40% 转移到乡镇企业—小城镇就业。"九五"计划提出，5年实现向非农产业转移4 000万农业剩余劳动力的目标，是完全可以做到的。珠江三角洲经济区由于农村的乡镇企业蓬勃发展，小城镇也有很大发展，并在这一基础上出现了一批像中山、东莞、高明、桂洲、西樵等新兴的中小城市，以及深圳、珠海两个新兴的现代化城市，吸纳了大批农业剩余劳动力，就是一个最有力的证明。

（2）发展乡镇企业，加快小城镇建设，所能吸纳的农业剩余劳动力还有极大潜力。

乡镇企业—小城镇模式是农业剩余劳动力在农村就地转移的途径之一。据一些专家预测，假设以1.2亿农业剩余劳动力为基数，再考虑其抚养的人口，将有2.7亿农业人口要转为非农业人口。若将这些人都转移到城市，则相当于增加百万人口的大城市270个，需要投资20 000亿元。以现阶段的我国国力来说，是承担不起的。[1] 相反，若走农村工业化、城市化的道路，将这些农业人口在农村就地转移，则顺理成章，只要给予一定的政策支持，依靠群众自己的力量，不花多少投资，就可以比较容易地实现向非农产业转移的目标。据统计，全国现有建制镇12 500个、乡政府驻地集镇42 500个，共计55 000个，这些地方都有一定的城镇发展基础，如果每个小城镇吸纳5 000人，共计可吸纳2.75亿人。所以，小城镇的崛起，不仅能把农村分散的乡镇企业逐步集中到小城镇，形成规模效益和聚集效益，加快农村工业化步伐，提高农村城市化水平；而且能促使农村庞大的农业剩余劳动力较快地转移到以小城镇为依托的乡镇企业中来。

（3）在农业内部扩大生产领域，向生产的深度和广度进军，能吸纳的农业剩余劳动力也还有很大潜力。

这是农业剩余劳动力在农村就地转移的途径之二。由于受到土地资源相对短缺的限制，在农业内部转移会受到一定影响，但就近期来说，其潜力还是很大的。随着我国农业的现代化，用高新技术武装起来的集约化、工厂化的农业企业，本质上已与乡镇企业一样，已属于乡镇企业的范畴了。

（4）从生产力布局的长远观点来看，大力开发西部地区，特别是大西北地区，所能吸纳的农业剩余劳动力有极大的潜力。

这是农业剩余劳动力在农村异地转移的主要途径。西部地区的地域辽阔，人口稀少，资源丰富，是我国进一步发展的希望所在。依照我国已定的东、

---

[1] 许学强等：《中国小市镇的发展》，广州：中山大学出版社1987年版，第35—39页。

中、西三部滚动式发展战略，随着时间的推移、综合国力的增强、科学技术的进步，全面开发西部地区将逐步提到议事日程上来。这样，通过大力开发西部地区，特别是大西北地区，兴办工矿企业和农牧业，就有可能吸纳大量的农业剩余劳动力，使我国的生产力布局和人口在全国范围内得到更加合理的分布，从而保证我国的经济社会长期持续、快速、健康地发展。

（5）向农村以外的地方转移，其所能吸纳的农业剩余劳动力都是有限的。

首先，我国原有城市发育不充分，不可能吸纳大量的农业剩余劳动力。据1990年第四次全国人口普查统计，全国有城镇人口2.9亿人，城市化水平远远落后于发达国家。城市自身在劳动力优化组合过程中，需要重新安排的仅国有企业富余劳动力就有1 000多万人。另据1993年统计，我国城市已达570个，总计城市人口17 344.7万人，平均每个城市为30.4万人，如果只靠城市转移农村的2亿农业剩余劳动力，平均每个城市要吸纳35万人，等于要再造570个城市。这种情况，是国家财力、物力难以承受的。今后，随着经济发展，大中城市仍然需要从农村吸纳一部分农业剩余劳动力，但其数量是很有限的。再次，向国外输出劳务和移民，则由于国际劳动力市场的容量所限，加上限制的条件很多，只有极少数经过严格培训的具有特种技能和专长的劳动力和有海外关系的人，才能出得去。据统计，1979—1993年的15年间，我国向160个国家和地区输出的在外劳务人员总共才17.4万人。

（6）我国农业劳动力的素质较低，难以适应社会主义现代化建设的需要。

在这种情况下若把他们大量从农村转移到原有城市特别是大城市中去，只能带来更多的问题和困难。相反，若走农村工业化、城市化的道路，从乡镇企业起步，通过小城镇逐步转向新兴的中小城市，比较符合实际，能更好地调动和发挥他们的积极性和创造性，不仅对发展经济有利，而且可能带来的问题和困难也会少得多。

（7）农村工业化、城市化的道路，是从我国实际出发的具有中国特色的社会主义道路。

走农村工业化、城市化的道路，既可以使人口相对集中于中小城市以提高规模效益和聚集效益，又可防止人口过分集中在少数几个大城市造成畸形发展的局面，从而使人口和工业的分布更趋合理。

当然，笔者在这里要强调的只是要以农村工业化、城市化和"以乡镇企业—小城镇模式为主"作为我国农业剩余劳动力大转移的主要途径。除此之外，并不排斥向原有城市转移或向国外输出劳务等向外转移的途径，但这些途径，在我国的现实条件下，只能作为次要的、辅助性的途径发挥其作用。综观以上分析可知，要成功实现我国农业剩余劳动力的大转移，必须走以乡镇企业—小城镇模式为主、其他模式为辅的道路。坚持农村工业化、城市化和以乡镇企业—小城镇模式为主的道路，就是坚持走中国特色的社会主义农业剩余劳动力转移道路，既不同于西方资本主义国家曾经走过的剥夺农民、使农民破产而被迫进城当雇佣奴隶的道路，也不同于苏联曾经走过的扩大工农产品价格"剪刀差"、使农民长期处于贫困状态的道路，而是在我们党和政府的领导下，通过农民自己的努力，大力发展乡镇企业和"三高"农业，加快小城镇建设，使广大农民尽快走向脱贫奔康、共同富裕的道路。目前珠江三角洲地区，正在形成以中心城市广州为核心，现代化的大中小城市相配套的新兴城市群体。在农村城市化的过程中，原来的农村正在转化为城市以及城市群体之间的绿化带（包括农田、池塘和林木等）。我们相信，中国几万个小城镇的崛起，必将吸纳大量的农业剩余劳动力，推动农业和乡镇企业日益现代化，加速农村工业化、城市化步伐；必将使我国的人口和工业分布更加合理，避免人口和工业过分集中在少数几个大城市和特大城市的畸形局面；必将从中出现一批新型的、现代化的新兴城市群体。

（成文于1994年8月，原载于《经济与发展》1994年第4期以及《综观经济学理论与应用》，广州：广东人民出版社2000年版）

三论我国农业剩余劳动力的转移问题

　　笔者曾于 1989 年写了《论我国农业剩余劳动力的转移问题》（见《经济与发展》杂志 1990 年第 1 期），1994 年写了《再论我国农业剩余劳动力的转移问题》（见《经济与发展》杂志 1994 年第 4 期）。现在根据党的十六大提出的统筹城乡经济社会发展和与时俱进精神，运用综观经济学整体性、系统性、协调性的原理和综合分析方法，对我国农业剩余劳动力战略性大转移这一根本性问题作个新的探讨。

一、农业剩余劳动力转移是全面建设小康社会的重要问题

　　全面建设小康社会，必先解决"三农"问题。解决"三农"问题，必须跳出"农"字圈子，应把它放到三大产业的相互关系中去解决，工农、城乡、地区之间的矛盾和差距才能在相互协调发展中逐步得到解决。党的十六大报告提出："统筹城乡经济社会发展，建设现代农业，发展农村经济，增加农民收入，是全面建设小康社会的重要任务。""三农"问题是全面建设小康社会的重中之重，重点在农村、难点在农村、潜力在农村、希望在农村，只有统筹城乡经济社会发展，使广大农民富起来，才能实现全面建设小康社会。这里要着重研究的是"三农"问题的核心和要害是什么？笔者认为它就是农业剩余劳动力的战略性大转移问题。正如 2003 年的全国农业工作会议上农业部部长杜青林指出：要把转移农村剩余劳动力作为促进国民经济发展的战略，要使农民富裕起来，就必须减少农民数量，要使农村繁荣，就必须推进农村城镇化。按我国（不包括台、港、澳地区）2002 年底约 13 亿人口计算，农村人口约 8.06 亿人，占 62%；城市人口约 4.94 亿人，占 38%。现有农村劳动力约 4.5 亿人，按我国现有耕地面积和农业劳动生产率计算，农业有 2 亿劳动力就足够了，尚有农业剩余劳动力 2 亿 ~2.5 亿人。农业部介绍，我国现有农村劳动力 4.8 亿人，其中农业劳动力 3.2 亿人。从现有情况看，农业生

产需要劳动力约 1.7 亿人，大约有剩余劳动力 1.5 亿人①。

因此，"富裕农民必须减少农民"，这就是说，要把 4.5 亿农村劳动力中的 2 亿～2.5 亿人转移到第二、三产业和小城镇以及现有大中小城市中去。这样，第一，可以使继续留在农村中的 2 亿农民有能够施展手脚的空间，可以利用新科技、新知识搞规模经营，提高经济效益，逐步富裕起来。第二，可以把 2 亿～2.5 亿农业剩余劳动力转移到农村小城镇和大中小城市从事第二、三产业工作，并逐步锻炼成为新的产业大军，使他们的生活日益富裕起来，除安排好自身的生活外，还可以有一部分资金反哺农业。第三，农村小城镇发展起来了，农产品加工的龙头企业壮大起来了，就可以通过农业产业化形式带动农业和农村经济发展，可以加速农业和农村现代化建设的步伐。第四，通过农业剩余劳动力的大转移，逐步实现农村工业化、城镇化，一方面留在农村的农民富裕起来后，可以扩大工业品的销售量；另一方面转移到城镇的农民增加了工薪阶层人数，可以扩大农产品的销售量。这样，对开发国内市场、扩大内需、增加出口、拉动工农业和整个国民经济的持续发展将发挥重大作用。如果不能解决农业剩余劳动力的大转移问题，农村经济发展将受严重影响。农村经济"活"不起来，"三农"问题就无法解决，从而全面建设小康社会的目标也就无法实现。可见，抓住了农业剩余劳动力大转移问题，就抓住全面建设小康社会的核心问题。只有解决好农业剩余劳动力的大转移问题，才能实现全面建设小康社会和推进社会主义现代化建设的宏伟目标。

二、农业剩余劳动力转移的形式与新趋势

1. 我国农业剩余劳动力转移的形式

（1）在农业内部从低值作物向高值作物转移，从种植业向养殖业转移，从现有耕地向开发性农业转移。

（2）在农村三大产业之间，从劳动生产率低的部门向劳动生产率高的部门转移，从第一产业向第二、三产业转移。

（3）在地区之间，从经济不发达地区向经济比较发达的地区转移，从内地、山区向沿海开放地区转移。

（4）在城乡之间，从农村向大中小城市转移。

（5）在国际上，从国内向国外转移，利用我国丰富的劳动力资源向国外

---

① 《人民日报》，2003 年 4 月 3 日。

输出劳务。

2. 农业剩余劳动力转移的新趋势

（1）农业剩余劳动力转移的对象多元化了。

1994 年笔者在写"再论我国农业剩余劳动力的转移问题"时，农业剩余劳动力在农村转移的对象主要还是农村集体所有制的乡镇企业。到 1993 年底，我国乡镇企业已吸纳的农业剩余劳动力达到 1.2 亿人，当时笔者强调要坚持走"以乡镇企业—小城镇模式为主"的农业剩余劳动力转移道路。但是，随着我国以公有制为主、多种所有制经济共同发展的基本经济制度的发展，在农村形成了集体所有制的乡镇企业、股份合作制企业、合资企业、外资企业以及个体、私营企业等并存发展的局面，其中个体、私营等非公有制企业正在加速发展。所以，现在农业剩余劳动力转移的对象更多元化了，其转移重点将出现由乡镇企业逐步向个体、私营企业转移的趋势。

（2）农业剩余劳动力转移中外出务工经商和就业的增多了，特别是跨省区流动的呈上升趋势。

2002 年我国农村劳动力到乡以外的地方就业的人数已超过 9 400 万人，比上年增加 470 万人[①]。这些农民外出异地务工经商年总收入约 5 278 亿元，其中寄带回家的约 3 274 亿元。这种收入使全国农民人均增收 43.5 元，占当年农民增收总量的 42%，成为当前农民增收的一个重要渠道。这些外出异地务工经商的农村劳动力，加上随同外出的 2 000 多万非劳动力，使全国流动农业人口已超过 1.2 亿人。他们绝大部分为跨县（市）流动，且跨省区流动呈上升趋势。

（3）农业剩余劳动力转移中随着城镇化水平的提高，城市的吸纳能力也增强了。

据有关资料，2002 年中国现有城市 668 个，1993 年是 570 个，增加 98 个，增长率为 17.2%。其中百万人口以上的城市约有 40 个，1993 年为 20 个，对比增长一倍，百万人口以上的城市占城市总数的 6%。此外，全国农村已有建制镇 12 500 个，乡政府驻地集镇 42 500 个，两者合计 55 000 个。2002 年全国城市化比率达到 38%（1993 年为 24%），其中城市化水平较高的广东省的城市化比率为 55.7%，广东省珠三角地区则高达 72.7%；而城市化水平较低的广西壮族自治区的城市化比率却只有 30%。由此可见，10 年来我国城市化

---

① 《人民日报》，2003 年 4 月 3 日。

发展水平不断提高，不仅城市的数目增加了，而且城市的规模和现代化水平也提高了，因而我国现有大中小城市吸纳农业剩余劳动力的能力比过去增强了。相对来说，我国农村的小城镇建设，在改革开放以来虽然有了较大发展，但是最近几年来，随着农村的乡镇企业发展进入转型期，农村小城镇的发展步伐放慢了，除了东部沿海地区外，中西部地区的小城镇建设进展不大，今后必须把发展农村小城镇建设作为重点，加大发展力度。

（4）对外出务工经商和就业农民工自身素质的要求更高了。

现在外出进城寻找工作的农民工多了，不仅竞争十分激烈，而且对农民工自身素质和能力的要求也更高了。必须经过培训，提高政治思想、文化教育、科技知识、工作能力和市场风险意识，才能在城市中找到适当的工作。

（5）外出进城务工经商的农民工返回家乡发展经济的比率提高了。

农业剩余劳动力第一步是要求"走出去"，经过一个时期的工作，积累了一些资金，学到了生产技术和经营管理知识之后，就会有一部分人要求"返回来"家乡务工经商，发展经济造福家乡，回报家乡父老。过去只有少数人这样做，现在人数增加了。在进城农民工中，现在有近14%的人计划回乡办企业，有25%的人有回乡当个体户的打算，这个比率逐步提高了①。

三、农业剩余劳动力转移的途径问题

笔者在写《论我国农业剩余劳动力的转移问题》《再论我国农业剩余劳动力的转移问题》中都提出"农村工业化、城市化道路是我国农业剩余劳动力转移的主要途径"，并批判了"向城市转移是主要战略方向"的观点，现在看来，笔者这一观点仍然是对的，但要作局部的修正。从总体上来说，在新世纪新阶段，我国仍然应坚持走农村工业化、城市化为主的农业剩余劳动力转移道路，但是，由于经济发展水平和城镇化水平的提高，在以农村小城镇为主的前提下，现有大、中、小城市吸纳农业剩余劳动力的能力增强了。

对农业剩余劳动力转移的途径问题，在2003年3月北京召开"两会"期间，全国人大代表、政协委员讨论十分热烈，发表了许多很好的意见，归纳起来有三种看法：

第一种观点是以全国政协委员厉有为同志为代表，认为农业剩余劳动力的转移"应以城市为主，而不是以小城镇为主"。其理由是"与小城镇比较，

---

① 《人民日报》，2003年3月17日。

城市接纳农村劳动力的优势十分明显：城市有资金来源，镇则很困难；城市比镇人均占有土地可节约一半左右；城市公用设施比镇好很多；城市环境建设比镇建设投入多、容量大；城市比镇能产生更好、更大的集聚效应，更有利于发展现代服务业，更有利于生产的协作、配套；城市比镇交通便利，往来方便；城市比镇更有利于发展教育事业，从而提高人口素质；城市比镇扩容要容易得多。因此，城镇化中接纳农村劳动力应以城市为主，镇辅之，而不是相反"。①

第二种观点是以全国人大代表王守祯同志为代表，认为农业剩余劳动力的转移应以县级以上的中、小城市为重点，"县以上的中、小城市是吸纳劳动力发展的最好载体"。其理由是"因为它接近农村，是农村经济、政治、文化中心，可以向农村提供多种服务，还能从一定程度上缓解'大城市'病。所以，把城市化的重点放在县级以上的中、小城市，会给农民提供更多就业机会，尤其是降低农民进入城市的成本，让他们较短时间内，除了有相对稳定的工作收入，还能有一个相对稳定的居所"。②

第三种观点是以全国人大代表杨枫、刘满仓等同志为代表，认为农业剩余劳动力的转移应以农村小城镇为主，"以小城镇建设为方向，大力推进农村城镇化，以城镇化带动农村的工业化、现代化，加速农业剩余劳动力转移步伐"。其理由是"农业的根本出路在于工业化，农村的发展方向在于城镇化、规模化、集约化。要加快农业剩余劳动力向非农产业转移，要跳出以农业论农业，就农村论农村的二元思维定式，要统筹城乡社会经济发展，走减少农民、富裕农民、工农互动、城乡一体化的发展路子"。③ 农业剩余劳动力就地向农村小城镇转移，贴近农民，只要给予一定的政策支持，依靠农民自己的力量，不花多大的投资，就可以比较容易地实现向非农产业转移的目的。

概括起来，在21世纪的头20年内，要转移我国2亿~2.5亿农业剩余劳动力，从可能吸纳的数量角度来说，应坚持以发展农村小城镇建设作为主要途径；但从经济效益的角度来说，则大城市的效益最大，中等城市次之，小城市再次之，农村小城镇的效益相对最小，数量和效益两方面都要兼顾到。与此同时，要从我国人口众多、劳动力资源丰富的国情出发，实行比较优势

① 《人民日报》，2003年3月12日。
② 《人民日报》，2003年3月12日。
③ 《人民日报》，2003年3月12日、18日。

的发展战略，在产业结构调整和技术选择中，除重点发展现代化的大型企业和高新技术产业外，要尽量多发展一些技术适宜的劳动密集型产业，尽量多发展一些非国有经济、中小型企业和服务业，以便提供更多的就业机会，从而使其在一定的空间和规模下能够吸纳更多的农业剩余劳动力。所以，从总体上来说，以大城市为中心、中小城市相协调带动农村小城镇发展的城市化道路，必须从各省市区的实际出发，在坚持以发展农村小城镇为主的前提下，把发展农村小城镇建设与发展大中小城市结合起来，实行比较优势发展战略，统筹城乡经济社会发展，才能解决好农业剩余劳动力的转移问题。在具体做法上，要统筹规划、合理布局、城乡协调、分步发展，以城市化为发展的载体和基点，带动农村工业化和农业产业化，实现"三化联动、协同发展"，既可以加速农业剩余劳动力转移的步伐，又可以促进工业和农业现代化的进程，将经济增长与社会、人口、资源、环境相互协调起来，做到经济、社会、生态、环境四大效益相统一，走城乡可持续发展道路，到2020年使我国的城市化比率从现在的38%达到60%～70%，逐步实现农业剩余劳动力的战略性大转移，从而实现全面建设小康社会和加快推进社会主义现代化的总体目标。

广东是改革开放的前沿阵地，是经济强省。经济发展水平较高，城市化水平也较高，但与广东经济社会发展的需求相比还不适应，存在问题还不少。2003年广东省委、省政府提出，要把城镇化作为广东下一轮发展的载体和突破口，作为迎接挑战、抓住机遇、加快发展的重大战略选择。为了加大城镇的空间整合力度，2003年以来，广东江门市的新会，佛山市的顺德、南海、三水、高明，汕头市的潮阳、澄海，惠州城的惠阳等先后撤市（县）设区，壮大了城市的实力，扩展了城市发展空间。同时，一批农村小城镇也向中心镇合并，在全省1 551个镇中，已确定了266个中心镇，建设步伐不断加快，已有一批逐步发展成设施配套、环境舒适的小城市，成为集聚力和辐射力较强的农村地区区域中心。日前广东省委、省政府和国家建设部合作，邀请中国及海外的城市规划专家到广东省，联手对珠三角城市群展开调研，以促使珠三角在高水平规划的指导下进行资源整合，修编新的《珠江三角洲城市群规划》，从更高层次推进城市化进程，必将对全省全国全面建设小康社会产生新的带动作用。中共中央政治局委员、广东省委书记张德江同志指出，"立足广东、着眼全国、面向世界，高起点地做好珠三角城市群规划，通过资源整合增创发展新优势，进一步做大做强珠三角，推动全省加快率先基本实现社会主义现代化"。[①] 这就要求，从广东的实际出发，以珠江三角洲为重点加快推进广东城市化进程，探索出一条特大城市、大城市、中小城市和农村中心镇协调发展的城市化道路，使广东的农业剩余劳动力能够得到顺利转移，为全面建设小康社会、开创中国特色社会主义事业新局面做出新的贡献。

参考文献

1. 许学强等：《中国小市镇发展》，广州：中山大学出版社 1987 年版，第 35 - 39 页。

2. 陈钦凤：《论我国农业剩余劳动力的转移问题》，《经济与发展》1990 年第 1 期。

3. 陈钦凤：《再论我国农业剩余劳动力的转移问题》，《经济与发展》1994 年第 4 期。

（发表在《综观经济》2003 年第 1—2 期和《广东外语外贸大学学报》2004 年第 15 卷第 1 期）

---

① 《人民日报》，2003 年 3 月 31 日。

西部大开发与向西部移民

　　党的十五届五中全会提出要不失时机地"实施西部大开发战略"。实施西部大开发战略是一项重大的战略决策，是改革开放和社会主义现代化建设发展的需要，是发展少数民族地区经济和巩固边防的需要，也是国际政治经济形势演变和国家安全战略重心西移的需要，以及全面振兴中华和更好地发展中国的需要。本文仅就西部移民问题，谈点个人的看法。

　　我国西部地区地广人稀，大部分省区人口密度较小。据统计，1999 年西部 12 个省、区、市土地总面积 683 万平方千米，占全国国土面积的 71.2%；总人口 3.73 亿人，占全国总人口的 28.6%；国内生产总值约占全国的 17%，人均国内生产总值还不到东部的 40%。农业总产值 5 981 亿元，占全国的 18.9%。另外，草场面积占全国的 55.9%，森林面积占全国的 36%，水资源储量占全国的 82.3%。从人口密度来看，1998 年全国人口平均密度（人/平方千米）为 130，西部地区人口平均密度为 52，只相当于全国平均水平的 40%。就西部地区内部来说，不同省、区、市之间也相差很大，其中，重庆人口密度 371，贵州 208，甘肃 55，新疆 10，青海 7，西藏 2。西部地区的具体情况是，耕地所占比例很低，水资源和矿产资源分布极不平衡，生态环境十分脆弱，因而现阶段对移民的承受能力也很弱。但西部地区毕竟是一个尚未完全开发的广阔天地，为我国 21 世纪经济发展提供了广阔的空间。

　　由于西部大开发战略的实施和推进，除了开发利用本地区的人才和劳动力外，必然需要从区外输入一定数量的急需人才和劳动力，所以，随着西部大开发向广度和深度发展，向西部移民是必要的和必然的，是符合经济发展规律的。这里的关键问题是要正确处理好西部大开发与向西部移民的关系。

　　目前在向西部移民问题上有两种倾向：一种是认为西部地区地广人稀，可以容纳更多的人口，因而应大量向西部移民，这样既缓解了东、中部地区人口过分密集的压力，又满足了西部大开发的需要；另一种是认为西部地区山多地少，气候条件恶劣，生态环境脆弱，生产力水平低下，承受不起移民所带来的压力，因而不应向西部移民。这两种倾向都带有相当大的片面性，因而是不可取的。

笔者个人主张向西部移民必须与西部大开发结合起来考虑，要根据西部大开发的需要和承受能力来考虑向西部移民问题，要采取渐进的、逐步扩大的方式，经过几代人的积极努力，最后达到我国的人口地区结构在东、中、西部地区之间相对合理的目的。党的十五届五中全会通过的《中共中央关于制定国民经济和社会发展第十个五年计划的建议》（简称《建议》）指出："实施西部大开发是一项艰巨的历史任务，既要有紧迫感，又要有长期奋斗的思想准备。要坚持从实际出发，积极进取，量力而行，统筹规划，科学论证，突出重点，分步实施。"① 这个精神对向西部移民问题同样是适用的。在实施西部大开发战略的过程中，一方面是随着科学技术的进步，生态环境和投资环境的改善，西部地区吸纳移民的承受能力也将逐步增强；另一方面是随着西部大开发步伐的加快，也需要不断地从地区之外补充输入一部分移民（主要是具有高素质的人才、劳动力及其家属）。因此，笔者认为，应该按照综观经济学理论中宏观与微观、经济与科技、整体与局部、长期与近期相结合的观点，把经济发展与人口资源环境有机地结合起来，实现可持续发展，做到有计划、有步骤地向西部移民。经过几代人的努力，大约 50 年，使我国西部地区的人口从现在的 3.73 亿人增加到 5.7 亿人左右是可能的，也是必要的。这样，更有利于我国人口和生产力的合理布局，更有利于整个国家和中华民族的更大发展。

（成文于 2000 年 12 月，原载于《综观经济》2001 年第 1 期，统计资料来源见同期彭珂珊的论文《中国西部退耕还林基本策略研究》）

---

① 《人民日报》，2000 年 10 月 19 日。

关于综观经济学发展的研究

综观经济学具有强大生命力

魏双凤教授创建的综观经济学，在国内外引起了广泛的关注，具有强大生命力。对综观经济学及其申报诺贝尔经济学奖问题，我们想谈几点看法。

第一，综观经济学既是我国改革开放和社会主义现代化建设蓬勃发展的产物，也是当代国际经济急速变化和发展的产物。

党的十一届三中全会决定实行改革开放的总方针，把党的工作重点转移到经济建设上来，由原来的计划经济体制逐步转到市场经济的轨道上来，后来又提出了建立社会主义市场经济体制的目标，有力地促进了社会主义现代化建设的蓬勃发展。与此同时，国际经济形势也在急速变化和发展。为了能适应国内国际经济大变化、大发展的形势，既要解决微观经济的运行机制问题，又要解决宏观经济的调控问题，要把微观搞活与宏观调控有机地结合起来，才能在瞬息万变的国内外市场环境中站稳脚跟，提高市场竞争能力，提高整体经济效益。于是，把微观经济学与宏观经济学有机结合为一体的综观经济学就应运而生了。这说明，综观经济学的产生和发展，是符合客观经济规律要求的，具有强大生命力。

第二，综观经济学是今后我国实现两个根本性转变的需要。

党的十四届五中全会通过的《建议》指出："实现'九五'和2010年的奋斗目标，关键是实行两个具有全局意义的根本性转变：一是经济体制从传统的计划经济体制向社会主义市场经济体制转变；二是经济增长方式从粗放型向集约型转变，促进国民经济持续、快速、健康发展和社会全面进步。"因此，要实现这两个根本性转变，就必须充分运用和发挥综观经济学中微观经济与宏观经济紧密结合的原理，把市场机制与宏观调控有机地结合起来，把各方面的积极性引导好、保护好、发挥好。既要充分发挥市场调节的作用，特别是发挥市场在国家宏观政策指导下对资源配置起的基础性作用，激发经济活力，又要对市场加以正确的指导和调控，充分发挥国家对宏观经济的调控作用，实现经济总量平衡和结构优化；既要通过企业改革，着力建立起

"产权清晰、权责明确、政企分开、管理科学"的现代企业制度，增强企业适应现代化大生产和市场经济的活力和能力，才能综合性地从根本上解决国有企业的那些深层次问题，建立起社会主义市场经济的微观基础，又要通过政府职能转换，加强和改善宏观调控，正确运用宏观调控的方式和手段，把握好时机和力度，保持宏观经济环境的稳定。所以，必须运用综观经济学理论，把市场机制与宏观调控有机地结合起来，把微观搞活与宏观调控有机地结合起来，才能更好地推动两个根本性转变的实现，使我国的国民经济真正转到以经济效益为中心的轨道上来。

第三，综观经济学不仅在大陆得到了积极支持，而且在港澳台地区和国外也得到了热烈反响。

《综观经济学》一书，1990年获得"广东重大科学技术研究成果奖"，1992年又获"中国农村经济研究会论著一等奖"。1994年还被英国剑桥国际传记中心授予"20世纪卓越学术成果奖"。从1994年下半年起《粤海同心》《南方日报》《广东商报》《广东电视周报》《经济与发展》以及香港《大公报》等报刊，都先后发表了有关综观经济学的文章和评价。去年六七月间，魏教授又应邀赴台讲授综观经济学，获得热烈反响和高度评价。《台湾日报》在1995年7月6日的报道说，"《综观经济学》理论，引起岛内外学界热烈反应，认为其学说填补了中外经济理论空白，对世界经济学的发展，做出了巨大贡献"，并指出"魏教授以《综观经济学》申请诺贝尔大奖，为中国人在世界上争光，其壮举与划时代的学说，堪称百年来华夏民族第一人"。香港《大公报》亦在1995年7月20日的文章中指出，"魏双凤教授的综观经济学，为解决中、西方的经济困境，提供了一种崭新的理论及分析方法，我们期待魏双凤教授的综观经济学取得更大的进展，预祝他申报诺贝尔经济学奖成功"。

魏双凤教授于1982年发表论文《浅谈综观经济学》，到1988年出版《综观经济学》和1989年出版《综观经济学论文集》，逐步形成了一套比较完整的综观经济学理论体系。综观经济学既是从纵向方面研究微观经济与宏观经济两者相互联系、相互制约，从整体上研究经济问题，又是从横向方面研究客观事物自然的、技术的、社会的和经济的诸因素相结合，运用综合分析方法，把客观经济现象进行整体性、协调性、系统性的研究，纵横有机结合，从中找出本质的、规律性的东西，其目的是提高整体的综观经济效益。而诺贝尔经济学奖的标准，即"特别注意于研究成果的独创性、科学性、实践性和多元性，以及对科学研究和社会进步产生的影响"。按照这个标准，我们认为《综观经济学》（精华本）中、英文合订本是完全有可能获得诺贝尔经济学奖的。正如香港《大公报》的文章所说的："由于综观经济学具有独特性、科学性、实践性和多元性，在国际经济学界已有较大的影响，具备了申报诺贝尔经济学奖的基本条件。"

当然，可能性不等于现实性，从可能到现实还有一段相当长的路要走，难度还不小，还要做大量艰苦奋斗工作，我们要牢记马克思的话："在科学上没有平坦的大道，只有不畏劳苦沿着陡峭山路攀登的人，才有希望达到光辉的顶点。"

（这篇论文是笔者与钟远著、暴奉贤两位教授合署发表的。原载于《国际综观经济与企业综观管理》，广州：广东经济出版社 1997 年版，第 84－87 页）

对综观经济学研究的思考

一、对综观经济学研究现有成果的评价

由魏双凤教授创立的综观经济学，是在邓小平同志建设中国特色社会主义理论指导下，以马克思主义经济学为基础，大胆吸收和借鉴西方经济学中合理科学的成果而建立起来的。它是运用系统论、控制论、信息论以及当代科学技术最新成果和方法，把宏观经济学与微观经济学有机结合起来的一门现代系统科学意义上的经济学。它以横向经济联合为基础，以纵向经济联系为轴心，把宏观分析与微观分析、定性分析与定量分析、静态分析与动态分析、单个分析与综合分析结合起来，以提高整体的最佳综合效益（即综观效益）。综观经济学创建 14 年来，通过各方面努力，在理论上已经初步形成了一套比较完整的理论体系，在实践上也已经取得显著的综合效益，适时地填补了国内外经济学理论的空白，发展为一门具有独创性、科学性、实践性和多元性的经济学科，具备了申报诺贝尔经济学奖的基本条件。实践证明，综观经济学的基本理论是正确的，是经得起检验的。

但是，作为一门新的理论经济学与应用经济学相结合的当代经济学，综观经济学还显得比较单薄，无论在理论上、体系上和方法论上，还是实践上、具体应用上，都还要继续不断地充实、完善和发展，就像一棵正在成长中的乔木需要不断松土、施肥、护养，才能长成参天大树一样。

二、综观经济学研究应紧紧抓住世纪之交的大好时机

现在离世纪之交已经不足 5 年了，要将一个更加繁荣美好的世界带给 21世纪，这是全世界人民的共同愿望。目前，中国的经济已经逐步与国际经济接轨。中国需要世界，世界也离不开中国。包括中国在内的东亚地区已经成为世界经济新的增长中心，只要中国的社会主义现代化建设不断发展壮大，就会带动世界经济的稳定发展，这对全世界都有好处。否则，世界经济特别

是资本主义发达国家的商品、资金、技术及其国内的失业问题，就更难以解决。中国 12 亿人口的大市场的巨大吸引力，是世界上任何国家都不能轻视和不得不面对的现实。中国在迈向 21 世纪过程中，虽然还将会遇到许许多多的困难和挑战，但是我们常说，有困难、有希望、有办法，中国人民定能尽一切力量去战胜它们。在这种世纪之交的时代背景下，相信 21 世纪将是中国经济学有重大发展的时代，必然会产生世界一流的中国经济学，这是肯定无疑的。综观经济学研究必须紧紧抓住世纪之交的大好时机，把自己充实、完善和发展起来，成为一门融汇中西方经济学优点的、对中国和世界经济都能发挥重要指导作用的、世界一流的主流经济学派。

三、综观经济学申报诺贝尔经济学奖不是最终目的

伟大的时代，必然产生伟大的理论。理论来自实践，反过来又高于实践、指导实践。我们研究综观经济学的目的，就是要使它成为一门在现代科学技术发展水平下，能够从理论上阐明中国和世界经济领域中所出现的新情况、新问题，提出解决的新思路、新方法的经济学。而申报诺贝尔经济学奖只是一个阶段性目标，或者说是一场考试，用以检验一下这门经济学是否已经达到了一定的标准、一定的水平而已。申报诺贝尔奖的宗旨，只在于进一步推动综观经济学的研究，不断出新成果、上新水平，使综观经济学本身能够不断充实、完善和发展起来，真正成为一门无愧于这个伟大时代的、世界一流的、能够指导中西方经济发展的经济学。因此，申报诺贝尔奖，不论是成功还是不成功，都不应该影响综观经济学的研究工作。成功了，证明综观经济学研究已经在世界范围内达到了一定的水平和高度；不成功，也证明综观经济学的研究仍需做更大努力。

四、综观经济学研究必须做好几项工作

从当前的实际来说，综观经济学的研究工作还存在许多的困难，为了进一步开展这门学科的研究工作，必须做好如下几项具体工作：

（1）解决研究经费问题。建议建立综观经济学研究基金，筹集必要的经费。

（2）解决研究人才问题。应广泛吸纳和培养综观经济学研究人才。①吸纳一批有志于综观经济学研究的、有才华的中青年人才进来，以充实现有研究队伍；②通过各种形式，如办培训班、办研究班、招收研究生等，培养后

继人才；③同时组织力量编写《综观经济学导论》《综观经济学教材》等。

（3）办好《综观经济探索》杂志。《综观经济探索》杂志作为综观经济学研究、探索、交流的"窗口"，应在邓小平建设中国特色社会主义理论指导下，结合国内社会主义现代化建设和国际经济发展变化的实际，以综观经济理论及其方法研究国内外经济发展中出现的现实和理论问题，提出解决问题的新思路和新对策，以推动综观经济学的发展。在这方面，必须做一系列的工作，才能使《综观经济探索》办出特色、办出水平。

（4）争取对研究工作的支持和支援。综观经济学的研究需要取得海内外专家学者、企业家和各界人士的大力支持和支援，获得研究所需的人才、资金、信息。

（原载于《国际综观经济与企业综观管理》，广州：广东经济出版社1997年版，第102 – 105页）

综观经济学与现代经济管理

一、综观经济学是对当代经济理论的重大突破

马克思主义经济学是在唯物论和辩证法的指导下，有选择地继承和吸收西方古典经济学的基础上发展起来的，扬弃其庸俗的部分，吸收其科学的部分，建立起了科学的劳动价值理论和剩余价值理论，进一步发展为一门具有完整体系的、科学的经济学。马克思在《资本论》中，从分析"商品—货币—资本"演变过程中，揭示了资本主义的基本生产关系，同时，也全面论证了由生产、交换、分配、消费四个环节组成的整个再生产过程，揭示了社会再生产的一般规律，成为指导当代经济发展的基本理论和方法。而西方经济学发展到今天，虽然其基本的经济观点仍然是为资本主义制度粉饰和辩护的庸俗经济学理论，但其在解决资本主义经济发展过程中的某些问题的观点和方法，则有其合理的科学的成分，反映了当代社会化大生产过程中的一些共同性的问题，例如将整个经济细分为微观经济和宏观经济，这对加强经济管理是有利的。小平同志说，"社会主义要赢得与资本主义相比较的优势，就必须大胆吸收和借鉴人类社会创造的一切文明成果，吸收和借鉴当今世界各国包括资本主义发达国家的一切反映现代社会化生产规律的先进经营方式、管理方法"。由魏双凤教授所创立的综观经济学，正是在马克思主义经济学的基础上，大胆吸收和借鉴西方经济学中的合理科学的成果而建立起来的。

综观经济学是在马克思主义经济学的基础上，运用当代科学技术的最新成果和方法，并大胆吸收和借鉴西方经济学中的合理成分，把宏观经济学与微观经济学有机结合起来的现代系统科学意义上的经济学。它是以横向经济联合为基础，以纵向经济联系为轴心，并吸收信息论、系统论、控制论和电子计算机的理论和方法，把宏观研究与微观研究、定性分析与定量分析、静态分析与动态分析、单个分析与综合分析结合起来，以提高整体的最佳综观经济效益。

综观经济学的创立，填补了中外经济理论的空白，为解决中外的经济困境提出了一种崭新的理论及分析方法，对当代经济理论的发展是一个重大突破，也是魏双凤教授对世界经济发展做出的一个重大贡献。

二、现代经济管理是一个庞大的系统工程

现代经济管理是一个庞大的系统工程，分为宏观经济管理与微观经济管理两个大的层次。宏观与微观是互相促进、互相制约的关系，如果处理得好，就会促进国民经济的持续、快速、健康发展；如果处理得不好，就会阻碍国民经济的正常发展。现代经济管理的任务，就是要通过全面系统的研究，运用综合分析的方法，找出宏观与微观的最佳结合点，使整个国民经济健康地运转，以提高整体的经济效益。在宏观经济管理方面，从生产要素的角度来说，涉及资金、技术、土地、资源、人才、劳动力和市场的相互关系；从经济结构的角度来说，涉及地区与地区、产业与产业、行业与行业之间的相互关系；从经济发展与人口、社会、环境关系的角度来说，涉及社会主义市场经济的逐步建立和完善，以公有制为主体的多种经济成分并存，以按劳分配为主的多种分配形式并存，以及建立适合社会主义市场经济体制的社会保障制度等。

在微观经济管理方面，从管理层次的角度来说，可分为基础管理、经营管理、发展管理三个层次，目的都是要使企业内外环境优化，能持续、高效发展，以取得最大的整体经济效益；从资本营运的角度来说，资本营运采取产品形态、资产形态、房地产形态、金融形态和无形资产形态五种形态。产品营运是企业的最基本的营运形态，其余四种营运是企业进入高层竞争的重要手段，要善于相互结合运用，否则企业在激烈竞争中就会处于被动的地位；从增强企业的市场竞争能力的角度来说，在市场经济条件下，企业的生存和发展最终依靠市场竞争能力，这就要靠正确处理有关的战略问题，如产品战略、质量战略、市场战略、管理战略、科技战略、投资战略、商标战略、人才战略等。

总之，现代经济管理是一个庞大的系统工程，离不开系统的、综合的、辩证的理论及方法作指导，而这正是综观经济学最基本的内容。

三、在现代企业制度的建立和管理中充分发挥综观经济学的作用

综观经济学是建立在辩证唯物主义理论基础上的，它以全面观点、发展观点、辩证观点看待问题，反对片面观点、停滞观点、形而上学观点，用综观观点和综合分析方法处理经济社会问题，推动经济发展和社会进步。在当今的中国，国有企业的改革是经济体制改革的中心环节，经济体制改革关键是要深化国有企业的改革，建立现代企业制度，并在这个过程中充分发挥综观经济学的作用。

（1）制度创新，配套改革，建立起与社会化大生产相适应的现代企业制度。

公司制（主要包括有限责任公司和股份有限公司）是市场经济条件下企业普遍采取的组织形式，而其中的股份有限公司是现代市场经济中最适合大中型企业的组织形式。我国国有企业改革的方向是：要在坚持公有制为主体、国有经济为主导的前提下，找到适合社会主义市场经济发展的最佳实现形式，使企业真正成为市场竞争的主体。这就要进行制度创新和配套改革，建立起与市场经济相适应的企业制度。吸收和借鉴发达国家的经验，经过我国自己的试点实践，可以肯定现代企业制度中的公司制是国有企业较好的实现形式。公司制作为一种新型的生产组织形式，在运行机制上突破了传统企业的模式，它以一种契约关系形成所有权与经营权的相对分离：资本所有者不直接经营企业，而是将经营权委托给职业经营者（或称为经理），由后者代理经营。我国现代企业制度，就是要在公有制为主体、国有经济为主导的原则上，使国有大中型企业逐步转型为公司制企业，与此同时，要进行相应的配套改革，转变政府职能，改革投资、财税、金融、外贸体制，建立新的劳动、工资、福利保障制度，使企业的资本所有者、经营管理者和广大职工处于一种互相联系、互相制约的利益共同体之中，以提高企业的综合经济效益。可见，在党的十四大提出建立社会主义市场经济体制之后不久，中央又提出建立与社会主义市场经济体制相适应的现代企业制度，是一项非常正确的决策。

（2）强化企业内部管理，苦练内功，建成民主的科学的高效的企业管理新体系。

从微观经济管理方面看，建立现代企业制度，转换经营机制，苦练内功，强化企业内部管理，是搞活国有企业的基本方向。在同样的条件和经济环境

下，企业的总体经济效益的高低就取决于企业内部管理的好坏。当前我国国有企业的基本情况是：一是国有企业的数量大，情况复杂，产权关系尚未理清；二是国有企业领导体制向规范化的公司领导体制转换与现行制度存在矛盾；三是国有企业长期以来承担了许多社会职能，妨碍现代企业制度的建立和发展；四是国有企业多数设备老化，技术落后，重新改造难度大；五是国有企业原来的管理落后，新产品的开发能力低下，缺乏发展后劲等。针对这种状况，国有企业在建立现代企业制度，转换经营机制的过程中，必须强化企业内部管理，苦练内功，主要是完善企业的规章制度，加强职工培训，建成民主的科学的高效的企业管理新体系。

（3）加强经济立法和宏观调控，形成适应市场经济发展需要的有序而又宽松的经济环境。

从宏观经济管理方面看，在市场经济条件下，必须为企业的发展创造一个能够公正、公平、安全地进行平等竞争的经济环境。要做到这一点，就必须加强经济立法和宏观调控。当然，宏观调控是一项十分复杂而又艰巨的工作，不仅要在总量调控上做文章，而且要在结构的优化调整上下功夫。现在面临的基本情况是：一是政府职能转变滞后；二是国有资产管理体制尚未完全理顺；三是企业自主经营的市场环境尚不具备。因此，必须加速转变政府职能，建立国有资产管理的新体制，加快市场体系建设，全面加强经济立法和宏观调控，为国有企业及其他类型的企业创造一个能适应市场经济发展需要的有序而又宽松的经济环境。

当前国有企业存在的问题是一种综合征，只有采取综合治理的措施才能解决问题。也就是说，只有运用综观经济学的理论和方法，才能比较好地解决国有企业所面临的问题和挑战，真正按照现代企业制度的要求把国有企业改革好、管理好。

（原载于《国际综观经济与企业综观管理》，广州：广东经济出版社1997年版，第226-231页。此文被编入《中国社会科学文库》）

"综观管理"

——迎接知识经济时代知识化管理挑战的有力武器

当前世界经济日益走向集团化、区域化、全球化和知识经济时代，对经济管理理论和方法提出了新的要求，需要有新的管理体制、管理模式和管理途径。而"综观管理"则是综观经济学理论的一个重要组成部分，能够适应世界经济发展的新形势，是迎接知识经济时代知识化管理挑战的有力武器。

一、"综观管理"是综观经济学的一个重要组成部分

综观经济学的主要观点是综观观点、综观方法、综观管理、综观调控、综观效益、综观人才、综观思维方式等。综观管理是其中的一个重要组成部分。

综观经济学是在邓小平理论的指导下，以马克思主义经济学为基础，大胆吸收和借鉴西方经济学中合理的科学成果而建立起来的。它是运用系统论、控制论、信息论以及当代科学技术最新成果和方法，把宏观经济学与微观经济学有机地结合起来的一门现代系统科学意义上的理论经济学。它既从纵向方面研究微观经济与宏观经济相互联系、相互制约，从整体上研究经济问题；又从横向方面研究客观事物自然的、技术的、社会的、经济的诸因素相结合，运用综合分析方法，对客观经济现象进行整体性、协调性、系统性的研究，纵横有机结合，从中找出本质的、规律性的东西，其目的是提高整体的综观经济效益，以促进社会生产力的更大发展。综观经济学就是把宏观经济学与微观经济学有机结合起来的一门新的经济学科。由于魏双凤教授创建和发展了这门综观经济学，经济学从过去的微观经济学、宏观经济学两门体系，发展到微观经济学、宏观经济学、综观经济学三门体系。正如 1996 年 12 月 14 日《人民日报》发表的《综观经济学简评》一文指出的："综观经济学是在信息论、系统论、控制论的基础上建立起来的，它把定性分析与定量分析相结合，动态分析与静态分析相结合，全面调查与典型调查相结合，对客观经

济现象进行研究。它试图为人们提供一种崭新的理论和方法，去分析社会经济现象，寻找解决问题的新方法。当前世界经济发展中存在着公平与效益等矛盾，长期影响社会经济的发展。综观经济学为如何化解这些矛盾提供了新思路。"

唐代诗人韦应物诗云："春潮带雨晚来急，野渡无人舟自横。"经济领域与自然界一样，需要管理和控制，否则就会乱象丛生，不利于经济发展。现代企业，尤其是以股份制或股份合作制形式组建起来的企业集团，是一个庞大的系统工程，它的管理也不同于单个的独立企业，而是要实行"综观管理"。从微观经济管理角度来说，涉及生产、成本、销售、技术、财务、人事等的管理问题；涉及产品、资产、房地产、金融、无形资产等形态的资本运营管理问题；涉及产品、质量、市场、科技、投资、商标、人才战略等的管理问题。从宏观经济管理角度来说，涉及科研、开发、生产、资金、技术、土地、资源、人才、劳动力、市场、政策等之间的相互关系问题；涉及地区、产业、行业之间的相互关系问题；涉及企业经济发展与人口、社会、生态、环境之间的相互关系问题；涉及经济体制、政治体制、经济结构、社会保障之间的相互关系问题；涉及对外贸易、跨国经营、国际市场、国际风险等之间的相互关系问题。由此可见，"综观管理"是一个非常复杂的系统工程，它的内涵是极其广泛而又丰富的。

二、知识化管理是知识经济时代对经济管理的必然趋势

在知识经济中，知识资源是基础，具有高附加值的高新科技产业群是其核心，具有高素质并会运用高科技手段处理信息的各类人才队伍建设是其发展的关键。知识经济可以说是一种基于最新科技和人类知识精华的经济形态，它以不断创新的知识为基础，是一种知识密集型、智慧型的新经济形态。科学技术，尤其是以信息产业为代表的高科技，将日益成为经济发展的"第一推动力"。信息技术革命开展得越快，经济发展的前景就越好。随着世界新技术革命蓬勃发展，知识提供的生产率将成为决定一个国家、一个民族、一个行业、一个企业竞争地位的关键因素。

在人类开始进入知识经济时代的今天，全球的企业管理正面临一次创新性的革命，这就是适应知识经济时代要求的、以拥有知识资本的人才作为管理核心的、以"人本管理"为标志的"知识管理"时代。这种知识管理，将是创造、使用、保存并转让知识和智力的一种全新的管理模式，它以知识为

纽带，将人力资源、信息技术、生产过程、市场开发乃至企业的经营战略等协调统一起来，使企业的经营管理高效运作，产生局部大于整体的效果，从而促进企业更好更快地发展。这就是知识经济时代所要求的知识化管理。

根据一些专家分析，知识化管理将呈现出管理知识化、市场化、信息化、系统化、综合化、人本化、国际化的特点，因而，我国企业管理的发展趋势将是：①企业经营管理者将由非职业者转向职业化的企业家队伍。培养和造就一支高素质的企业家队伍是加强 21 世纪我国企业经营管理水平的保证。②企业经营管理的重点将由以物为主的管理转向以人为本的管理。知识经济发展的根本是人才，企业之间的竞争实质是知识的竞争、人才的竞争。"以人为本"是知识经济时代企业管理的核心，目的是充分调动人的积极性和创造性，挖掘人的潜力，创造出最佳的综观效益。③企业经营管理观念将由模仿型转向创新型。创新包括观念创新、工艺创新、技术创新、产品创新、原料创新、组织创新、体制创新等，既包括工艺、技术、原料、产品或劳务的创新知识，也包括观念、组织、管理、体制的创新知识。④企业经营管理模式将由生产经营型转向资本经营型。资本经营要求把企业所拥有的一切有形与无形的存量资产变为可以增值的活化资本，通过流动、裂变、组合、优化配置等各种重组方式进行有效运营，促进资本组合和产业结构调整，以最大限度实现资本的增值。⑤企业经营管理手段将由封闭落后式转向开放智能式。随着经济体制改革的发展，企业原有的那种封闭落后式的信息管理手段已不适用，企业需建立起科学化、现代化的管理信息系统，使国内国际网络连成一体，让外部信息带动企业技术、产品、质量、生产、经营的全面发展。⑥企业经营管理决策将由传统短期决策转向现代长期决策。知识经济时代的经济是以高度信息化、技术化、知识化、国际化为特征的，企业必须由传统短期决策向现代长期决策转变，以避免企业经营战略的重大失误。

三、把"综观管理"与知识型、综合型管理有机地结合起来

"综观管理"作为综观经济学理论的重要组成部分，作为经济管理的基本理论和方法论，对知识经济时代如何实现知识化管理具有重大的意义。

随着中国和世界经济逐步走向知识经济时代，一方面企业规模趋向小型化，以适应灵活多变的市场需求；另一方面企业规模又通过联合趋向产业化、集团化、区域化、全球化，走跨国经营道路，越来越集中化、大型化，以适

应激烈的市场竞争的需要。我们所面临的国内外形势是十分严峻的，我们所
面临的知识经济时代的知识型、综合型管理又是一个巨大的、多元的、复杂
的系统工程，没有综观经济学的理论和方法论的指导是难以推进的。因此，
必须在综观经济学的理论和方法论的指导下，把宏观管理与微观管理有机地
结合起来，把"综观管理"与知识化管理有机地结合起来，开创我国企业管
理的新时代，才能适应 21 世纪国内外形势的发展和迎接知识经济时代的挑
战，更好地为建设创新型国家服务。

参考文献

1. 刘松说、李艳波：《二十世纪我国企业经济管理的发展方向》，《经济
与发展》1998 年第 4 期。

2. 陈钦凤：《综观经济学与现代经济管理》，魏双凤：《国际综观经济与
企业综观管理》，广州：广东经济出版社 1997 年版。

树立"综观人才观",培养博而专的高级人才

作为培养高级人才的高等院校,面对 21 世纪国内国际的复杂形势和严峻挑战,我们认为应该树立新型的"综观人才观",即新的综合型博而专的人才观,培养出既懂政治又懂经济,既懂基本理论又懂高新科技,既有专业知识又有较广阔的知识面,既有较高的综合分析能力又有较强的实际操作管理能力,既有较好的中文表达、写作能力又有熟练的外语口、笔译能力的高层次人才。只有按照这种新的综合型博而专的综观人才观的要求,转变教学思想,改进教学方法,调整院、系、专业结构,调整课程内容,改变教学方式,形成适合 21 世纪要求的人才培养体系和创新机制,才能够发展自然科学和社会科学,繁荣经济,造福人类,加速实现人才强国战略,促进经济社会协调发展和人的全面发展。

从经济类高等院校的角度来说,就是要在 21 世纪经济科技迅速发展的复杂环境下,按照以上综合型博而专的综观人才观,培养出具有真才实学的、热爱祖国的、高层次的经济理论和经济管理的人才。

在知识经济中,知识资源是基础,具有高附加值的高新科技产业群是其核心,具有高素质并会运用高科技手段处理信息的各类人才队伍建设是其发展的关键。知识经济可以说是一种基于最新科技和人类知识精华的经济形态,它以不断创新的知识为主要基础,是一种知识密集型、智慧型的新经济形态。科学技术,尤其是以信息产业为代表的高科技,将日益成为经济发展的"第一推动力"。信息技术革命开展得越快,经济发展的前景就越好。随着世界新技术革命蓬勃发展,知识提供的生产率将成为决定一个国家、一个民族、一个行业、一个企业竞争地位的关键因素。

在人类开始进入知识经济时代的今天,全球的企业管理正面临一次创新性的革命,这就是适应知识经济时代要求的、以拥有知识资本的人才作为管

理核心的、以"人本管理"为标志的"知识管理"时代。这种知识型管理，将是创造、使用、保存并转让知识和智力的一种全新的管理模式，它以知识为纽带，将人力资源、信息技术、生产过程、市场开发乃至企业的经营战略等协调统一起来，使企业的经营管理高效运作，提高综观经济效益，从而促进企业更好更快地发展。

随着中国和世界经济逐步走向知识经济时代，一方面企业规模趋向小型化，以适应灵活多变的市场需求；另一方面企业规模又通过联合趋向产业化、集团化、区域化、全球化，走跨国经营道路，越来越集中化、大型化，以适应剧烈的市场竞争的需要。我们所面临的国内外形势是十分严峻的，我们所面临的知识经济时代的知识型、综合型管理又是一个巨大的、多元的、复杂的系统工程，没有综观经济学的理论和方法论的指导是难以推进的。

综观经济学是在中国特色社会主义理论的指导下，以马克思主义经济学为基础，大胆汲取和借鉴西方经济学中合理的科学成分，由魏双凤教授于1982年建立发展起来的。它是运用系统论、控制论、信息论以及当代科学技术最新成果和方法，把宏观经济学与微观经济学、经济发展理论与社会可持续发展理论有机地结合起来的一门现代系统科学意义上的经济学。正如中国科学技术协会原主席钱学森教授的来信中指出的："综观经济学是现代系统科学意义上的经济学。"（原载于《科技导报》1986年第3期）它既从纵向方面研究微观经济与宏观经济相互联系、相互制约，从整体上研究经济问题；又从横向方面研究客观事物自然的、技术的、社会的、经济的诸因素相互结合，运用综合分析方法，对客观经济现象进行整体性、协调性、系统性的研究，纵横有机结合，从中找出本质的、规律性的东西，以达到提高整体的综观经济效益，促进社会生产力发展的目的。

由于综观经济学的建立和发展，提出了综观观点、综观方法、综观调控、综观管理、综观效益、综观人才、综观思维方式等新概念，经济学从过去的微观经济学、宏观经济学两门体系，发展到微观经济学、宏观经济学、综观经济学三门体系。正如新华社记者殷云所报道："综观经济学的创立，解决了宏观经济学和微观经济学的一些难题和弊端，标志着国际上经济学从两门体系发展到三门体系，是我国经济理论上一项具有独创性的研究成果。"[1]

在当前世界经济日益走向集团化、区域化、全球化和知识经济的时代，

---

[1] 《广州日报》，1996年1月19日。

综观经济学的理论和方法，特别是它所强调的整体性、系统性、协调性、实践性、多元性和综观调控，其核心是提高综观经济效益，加快发展社会生产力，它将成为新世纪分析研究经济问题的主要理论和方法，为化解中国和世界经济发展中存在的各种矛盾提供了一种崭新的理论和方法。正如《人民日报》发表的《综观经济学简评》（1996 年 12 月 14 日）一文指出："当前世界经济发展中存在着公平与效益等矛盾，长期困扰影响社会经济的发展。综观经济学为如何化解这些矛盾提供了新思路。"综观经济学的创立，填补了中外经济学理论的空白，专家预言这将是 21 世纪经济科学发展的主流。

由于综观经济学是一门新创建的学科，需要不断充实、完善。希望通过扩大理论界和各大学之间的交流与合作，协调发展，充分发挥高等院校在 21 世纪中实现知识创新和培养综合型博而专的高级人才的作用。

（成文于 2001 年 4 月，本文是与魏双凤教授合写的，题目作了修改。原载于《21 世纪经济科学主流与综观经济学》，北京：中国新闻出版社 2002 年版，第 14 – 17 页）

综观经济学

——21 世纪的主流经济学

　　暨南大学经济学院世界经济学专家钟远蕃教授，在 1996 年 6 月于广东西樵山召开的"国际综观经济与企业综观管理研讨会"上，首先提出"综观经济学将成为 21 世纪经济科学的主流"的论点。[①] 现就此问题，做个简要的论述。

一、综观经济学是对当代经济理论的重大突破

　　经济学的发展，从以亚当·斯密为代表的古典政治经济学分裂出两大主流派。一派是以马克思和恩格斯为代表的马克思主义经济学，为无产阶级革命和社会主义建设指明了方向；另一派是西方经济学。在西方经济学内部又先后分为两派，一派是以马歇尔为代表的微观经济学，从 1776 年亚当·斯密的《国富论》出版到 20 世纪 20 年代是自由放任经济理论、微观经济学学风流行和统治的时期；另一派是以凯恩斯为代表的宏观经济学，从 1936 年凯恩斯的《就业·利息·货币通论》出版到二十世纪七八十年代，是政府干预经济理论、宏观经济学学风盛行的时期。

　　马克思主义经济学是在唯物论和辩证法的指导下，有选择地继承和吸收西方古典经济学的基础上发展起来的，扬弃其庸俗的部分，吸收其科学的部分，建立起了科学的劳动价值理论和剩余价值理论，进一步发展为一门具有完整体系的科学经济学。马克思在《资本论》中，从分析"商品—货币—资本"演变过程中，揭示了资本主义的基本生产关系，同时，也全面论证了由生产、交换、分配、消费四个环节组成的整个再生产过程，揭示了社会再生产的一般规律，成为指导当代经济发展的基本理论和方法。而西方经济学发展到今天，虽然其基本的经济观点仍然是为资本主义制度粉饰和辩护的庸俗

---

　　① 　陈钦凤：《国际综观经济与企业综观管理》，广州：广东经济出版社 1997 年版，第 21 – 22 页。

经济学理论，但就其在解决资本主义经济发展过程中的某些问题的观点和方法来看，则有其合理的科学的成分，反映了当代社会化大生产过程中的一些共同性的问题，例如将整个经济细分为微观经济和宏观经济，这对加强经济管理是有利的。小平同志说："社会主义要赢得与资本主义相比较的优势，就必须大胆吸收借鉴人类社会创造的一切文明成果，吸收和借鉴当今世界各国包括资本主义发达国家的一切反映现代社会化生产规律的先进经营方式、管理方法。"由魏双凤教授所创立的综观经济学，正是在马克思主义经济学的基础上，大胆吸收和借鉴西方经济学中的合理的、科学的成分而建立起来的。

从 20 世纪 80 年代开始，中国进入了综观经济学的开创和发展时期。由魏双凤教授创建的综观经济学继承了经济学发展的优良传统，它是在邓小平理论的指引下，以马克思主义经济学为基础，大胆吸收和借鉴西方经济学中合理的科学成分，是将微观经济学与宏观经济学有机地结合起来的一门现代系统科学意义上的经济学。它既从纵向方面研究微观经济与宏观经济相互联系、相互制约，从整体上研究经济问题；又从横向方面研究客观事物自然的、技术的、社会的、经济的诸因素相互结合，运用综合分析方法，对客观经济现象进行整体性、系统性、协调性的研究。纵横有机结合，从中找出本质的规律性的东西，以达到经济、社会、生态、环境相统一的综观效益，促进社会生产力的更大发展，满足广大人民日益增长的物质文化生活需要的目的。

综观经济学的创立，填补了中外经济理论的空白，为解决中外的经济困境提出了一种崭新的理论及分析方法，对当代经济理论的发展是一个重大突破，也是魏双凤教授对世界经济发展做出的一个重大贡献。

二、综观经济学完全有可能成为 21 世纪的主流经济学

当前世界经济日益走向集团化、区域化、全球化和知识经济时代，综观经济学的理论和方法，特别是它所强调的综合性、整体性、系统性、协调性、实践性、多元性等，具有极大的适应性和强大的生命力。在综观经济学的研究和应用过程中，先后提出了综观观点、综观方法、综观管理、综观调控、综观效益、综观人才、综观思维方式等新概念，这对进一步研究经济现象和经济问题，提高整体的综观经济效益，促进社会生产力的更大发展，具有重大的作用和意义。我们坚信，只要把自身的工作做好，综观经济学完全有可能成为 21 世纪分析研究经济问题的主要理论和主要方法，完全有可能成为 21 世纪中国和世界的主流经济学。其主要理由如下：

1. 综观经济学是经济全球化与知识经济时代的需要

随着现代科学技术的急速发展，全球经济一体化的步伐正在加快，世界各国、各地区之间的联系越来越密切，相互依赖性越来越强。与此同时，以知识资源为基础的知识经济时代已经到来。知识经济是一种基于最新科技和人类知识精华的经济形态，它是以不断创新的知识为主要基础的一种知识密集型、智慧型的新经济形态。世界新技术革命正在蓬勃发展，知识提供的生产率将成为决定一个国家、一个民族、一个行业、一个企业竞争地位的关键因素。因此，需要有一种能够适应经济全球化与知识经济时代要求的新的经济理论做指导，而这种新的经济理论就是综观经济学。只有运用综观经济学理论提出的综观观点和综观方法，才能综观和预测全球经济发展的态势，才能总揽全局，应对知识经济时代的严峻挑战。

2. 综观经济学是现代经济管理发展的需要

现代企业，尤其是以股份制或股份合作制形式组建起来的企业集团，是一个庞大的系统工程。从微观经济管理角度来说，涉及生产、成本、销售、技术、财务、人事等的管理问题；涉及产品、资产、房地产、金融、无形资产等形态的资本运营管理问题；涉及产品、质量、市场、科技、投资、商标、人才等各种发展战略的管理问题。从宏观经济管理角度来说，涉及科研、开发、生产、资金、技术、土地、资源、人才、劳动力、市场之间的相互关系问题；涉及地区、产业、行业之间的相互关系问题；涉及经济发展与人口、社会、资源、生态、环境之间的相互关系问题；涉及对外贸易、跨国经营、国际市场、国际风险等之间的相互关系问题。现代经济管理已经不同于单个的独立企业的管理，而是一个庞大的管理系统。随着经济全球化和知识经济时代的到来，一方面是企业规模趋向小型化，以适应灵活多变的市场需求；另一方面是企业规模趋向大型化，走跨国经营道路，以适应剧烈的市场竞争需要。我们将面临的是一个巨大的、多元化的、复杂的知识经济时代的知识化管理系统，没有综观经济学理论和方法的指导是难以推进的。因此，必须在综观经济学的指导下，把宏观管理与微观管理有机地结合起来，把综观管理与知识化管理有机地结合起来，开创我国现代经济管理的新时代，适应21世纪国内外形势和知识经济时代的需要。

3. 综观经济学是我国实现两个根本性转变和跨越式发展的需要

改革开放以来，我国的经济体制与经济增长方式的转变取得了突破性进展，有力地推动了社会主义现代化建设事业的发展，极大地提高了我国的社会生产力、综合国力和人民的生活水平，但是离"两个根本性转变"要求仍有很大的距离。要真正实现这两个根本性转变，一方面必须充分运用综观经济理论中微观经济与宏观经济相结合的原理，把市场机制与宏观调控有机地结合起来，既要充分发挥市场调节的作用，特别是发挥市场在国家宏观政策指导下对资源配置起的基础性作用，以激发经济活力，又要对市场加以正确的指导和调控，充分发挥国家对经济发展的调控作用，实现经济总量平衡和结构优化，加速经济体制从传统的计划经济体制向社会主义市场经济体制转变；另一方面必须充分运用综观经济学理论中经济与科技相统一的原理，大力发展现代科学技术，特别是高新科学技术，以高新技术为核心，以经济结构调整为主线，加快经济发展，加速经济增长方式从粗放型向集约型转变。因此，只有运用综观经济学的理论和方法，把宏观与微观、经济与科技、东部与西部结合起来，把信息化与工业化结合起来，实行综观调控，适应我国经济发展长远目标的需要，促进两个根本性转变，使我国的国民经济真正转到质量效益型的轨道上来，才有可能充分发挥后发优势，实现跨越式发展。

4. 综观经济学是经济社会可持续发展的需要

综观经济学是根据人类社会可持续发展的战略思维提出来的，是经济学上的可持续发展理论。它纠正了亚当·斯密的自由放任微观经济学和凯恩斯的政府干预宏观经济学都从单纯经济学本身来考察研究经济问题，并纠正了只是单纯追求经济效益这种带严重片面性的缺点，而从社会自然环境等方方面面来考察研究经济增长与人口控制、资源利用、环境保护等诸方面的协调发展，通过综观调控手段，实现经济、社会、生态、环境效益相统一的最佳综观效益。江泽民总书记强调："切实做好计划生育、资源管理和环境保护的工作，对于实现我国跨世纪发展的宏伟目标具有全局性的重大意义。在改革开放和社会主义现代化建设的过程中，我们必须始终把经济发展与人口资源环境工作紧密结合起来，统筹安排，协调推进。"[①] 这个要求与综观经济学的理论观点是完全一致的，在某种意义上来说，也是对综观经济学的进一步肯定。从国内来说，我国是世界上人口最多的发展中国家，人均资源很有限，必须始终坚持把控制人口、节约资源、保护环境放在重要的战略地位，只有这样，我们才能实现可持续发展；从国际来说，经济发展与人口资源环境的相互关系问题，同样是一个亟待解决的严重问题。因此，对人口资源环境问

① 《人民日报》，2000年3月13日。

题，必须按照综观经济学理论及综观调控原理进行综合治理。在进行经济社会发展决策时，要认真贯彻可持续发展的思想，统筹考虑人口资源环境与经济社会发展，正确处理微观与宏观、近期与远期、局部与全局的关系，把经济社会发展建立在人口资源环境良性循环的基础上，做到统筹兼顾、协调发展、相得益彰，这是保证实现经济社会可持续发展的需要。

综观经济学本身就是综合的、综观的，它是在马克思主义经济学的基础上，综合吸收了国内外相关的多种现代学科的优点和方法而建立起来的一门新的综合性的经济学科，因而，它具有强烈的时代特征和强大的生命力。21世纪将是群星灿烂的时代，既是中国经济学有重大发展的时代，也是中国经济学走向世界、攀登高峰的时代。我们一定要更加努力地工作，把综观经济学的理论体系进一步完善和丰富起来，使之成为21世纪中国和世界的主流经济学。

三、为21世纪中国经济学进入世界前列而努力

在邓小平同志建设有中国特色社会主义理论和党的基本路线指引下，中国的经济已逐步与国际经济接轨。中国需要世界，世界更离不开中国。中国在前进中虽然还会遇到许许多多的困难和挑战，但是有困难、有办法、有希望，我们中国人民将尽一切力量去战胜它。现在，中国已经成为世界经济的新的增长中心，只要中国的社会主义现代化建设不断发展壮大，就会吸引更多的商品、资金、技术、人才流向中国，就会带动世界经济的稳定发展。否则，世界经济特别是资本主义发达国家的商品、资金、技术的出路及其国内的失业问题就更难解决。中国社会主义现代化建设的成功所带来的强大影响力，中国12亿多人口的市场的巨大吸引力，是世界上任何国家都不敢轻视和不得不面对的现实。相比之下，那股制造"中国威胁论"和鼓吹"遏制中国论"的国际反华逆流，却显得多么渺小！

在这样的时代背景下，中国的经济学应该有更大的发展和作为。当前，中国的经济学正处在一个新的蓬勃发展时期。一方面表现为从统一走向分支分流，在摆脱了过去苏联教科书模式的束缚之后，中国经济学进入了"百家争鸣、百花齐放"的发展阶段。据不完全统计，现在中国经济学的分支已达50种左右，包括部门经济学、地域经济学、边缘经济学、生态经济学、空间经济学、海洋经济学等，越分越细，形成了百花争艳、万紫千红的景象。另一方面表现为从分散走向综合统一，在新的国际环境和社会主义市场经济条

件下，情况越来越复杂，随着国际国内经济的急速发展，对经济学的要求更高了，要求有新的综观的经济理论和方法来指导经济社会的发展。在这方面著名经济学家魏双凤教授创建了综观经济学，复旦大学洪远朋教授提出了建立综合经济学的构想，他们都是把中国经济学引向综合统一的代表。

在 21 世纪，笔者认为：

（1）21 世纪将是中国经济学有重大发展的时代，也是中国经济学攀登高峰的时代。伟大的时代，必然产生伟大的思想、伟大的学说。相信 21 世纪在有中国特色的社会主义市场经济体制下，中国经济学必然会有一个重大的发展，必然会产生世界一流的中国经济学，这是肯定无疑的。

（2）21 世纪将是"华人经济圈"，或者说"大中国经济圈"兴起的时代，也是中国经济学兴起的时代。只要中华一条心，中华儿女紧密团结起来，树立起坚强的民族自信心和自尊心，为和平统一祖国、全面振兴中华而共同奋斗，相信不仅在经济和社会发展方面将取得更加灿烂的光辉成就，而且在中国经济学建设方面也将取得令全世界瞩目的光辉成就。

（3）21 世纪将是群星灿烂的时代，也是中国经济学走向世界的时代。不论是诺贝尔经济学奖，还是其他世界性的经济学奖，我们都要去占领制高点，摘取世界经济学奖的金牌。

最后，希望我国经济学界，特别是年青一代，都能为 21 世纪的中国经济学进入世界前列做出自己应有的贡献。

（原发表在《云南农村经济》2000 年第 4 期，后经修改发表在《21 世纪经济科学主流与综观经济学》，北京：中国新闻出版社 2002 年版。此文先后入选《中国现代化建设研究文章文库》《中国现代化建设论文大系》《中华学人理论文献》等书）

努力把我国建设成为一个节约环保型社会

建设节约环保型社会涉及经济社会发展的方方面面：一是涉及节能、节水、节地、节矿产、节设备、节约原材料、节约人力资源等节约生产要素问题；二是涉及节能、节水、节粮、节约日常生活消费用品和建筑节能合理适用住房等节约生活资料问题；三是涉及发展循环经济、清洁生产、生态安全、环境保护、污染防治等经济发展模式问题；四是涉及植树造林种草、水土保持、保护生物多样性、防止空气—土地—水质污染、防治各种传染性疾病等自然生态环境问题。总之，建设节约环保型社会与经济、社会、人口、资源、自然生态环境等有密切的相互关系，与调整经济结构、转变经济增长方式有密切的相互关系，与城乡区域协调发展、人与自然和谐发展有密切的相互关系。

党的十六届五中全会提出"建设资源节约型、环境友好型的节约环保型社会"的战略任务。为了把我国建设成为一个节约环保型社会，就必须在科学发展观的统领下，按照综观经济学理论的要求把发展经济与人口、社会、资源、生态、环境结合起来，把发展经济与节约资源、合理消费、保护生态环境结合起来，努力实现资源节约型的生产、科学健康型的消费、和谐友好型的环境，切实把经济社会发展转入科学发展的轨道，才能达到以人为本、全面协调可持续发展的目的。

一、建设节约环保型社会的资源和环境背景

目前，我国经济正处于快速发展阶段，但资源和环境状况越来越严峻，对经济社会发展的约束加大。其背景资料如下：

1. 我国资源总量和人均资源量都严重不足

在资源总量方面，我国石油储量仅占世界的 1.8%，天然气占 0.7%，铁矿石不足 9%，铜矿不足 5%，铅矿不足 2%。在人均资源方面，我国人均矿产资源是世界人均水平的 1/2，人均耕地、草地资源是世界人均水平的 1/3，

人均水资源是 1/4，人均森林资源是 1/5，人均能源占有量是 1/7，其中人均石油占有量是 1/10。

2. 我国的资源消费增长速度惊人

从 1990 年到 2001 年，我国石油消耗量增长 100%，天然气增长 92%，铜增长 189%，铅增长 380%，锌增长 311%，十种有色金属增长 276%。如今，我国钢材消耗量已经达到大约 2.5 亿吨，接近美国、日本和欧盟钢铁消耗量的总和，约占世界的 50%；电力消耗已经超过日本居世界第二位，仅低于美国。中国油气资源的现有储量将不足 10 年消耗，最终可采储量勉强可维持 30 年消耗。在铁、铜、铅、铝等重要矿产的储量上，无论是相对还是绝对，中国已无大国地位。而我国原储量、产量和出口量均居世界首位的钨、稀土、锑和锡等优势矿种，因为滥采乱挖和过度出口，绝对储量已下降了 1/3 ~ 1/2。

3. 我国在资源利用上仍处于粗放型增长阶段

例如，以单位 GDP 产出能耗量表征的能源利用效率，我国与发达国家差距非常大。日本为 1，意大利为 1.33，法国为 1.5，德国为 1.5，英国为 2.17，美国为 2.67，加拿大为 3.5，而我国高达 11.5。每吨标准煤的产出率，我国相当于美国的 29.6%，欧盟的 16.8%，日本的 10.3%。2005 年，我国 GDP 按当年计算为 2.26 万亿美元，占全世界 GDP 的 5%，但为此消耗的资源量却异常巨大，其中石油、原煤、粗钢、氧化铝、水泥分别占世界总消耗量的 7.8%、39.6%、31.8%、24.4% 和 47.7%。而从经济结构看，工业能耗占全社会能耗的 70%，特别是高耗能的钢铁、建材、化工、石油化工、有色金属五大行业就占工业全部能耗的 69%。

4. 我国在资源再生利用率上也远低于发达国家

例如：我国水的人均资源量仅为世界人均水平的 1/4，但水资源循环利用率还不及发达国家的 50%，资源再生利用率也普遍较低。我国即将进入汽车时代，大量废轮胎再生利用率仅有 10% 左右，远低于发达国家。

5. 环境污染日趋严重

当前，我国生态环境总体恶化的趋势尚未得到根本扭转，环境污染状况日益严重。一是水环境每况愈下。大量未经处理或不达标的废水直接排入江河湖库。饮用水安全受到威胁，生态用水匮乏。二是大气环境不容乐观。全国酸雨面积已占国土面积的 1/3。三是固体废物污染日益突出。四是城市生活垃圾无害化处理率低，二次污染严重。此外，农村畜禽粪便、水产养殖污染，农药、化肥的不合理使用，使农村环境问题日益严重，直接威胁到农产品质量安全；生态环境恶化，草地退化、水土流失、森林生态系统质量下降、生物多样性锐减，生态安全受到严重威胁。

二、建设节约环保型社会的重大意义

在 21 世纪新阶段，随着国内经济社会发展、国际形势与经济全球化、构建社会主义和谐社会与经济社会可持续发展的变化，建设节约环保型社会具有极其重大的意义。

1. 国内经济社会发展的迫切需要

当前我国正处在经济转型时期，经济体制由计划经济体制转向市场经济体制，经济增长方式由粗放型经济增长方式转向集约型经济增长方式，旧的体制和方式被冲破了，但新的体制和方式又还没有完全建立和完善起来，因此就出现：一方面是国民经济全面快速增长，另一方面是经济社会的各种矛盾日益凸现。自从改革开放以来，特别是进入 21 世纪新阶段以来，我国经济社会发展取得了举世瞩目的成就，但同时也存在不少严重的隐患和问题，如经济增长方式总体为粗放型，经济结构调整尚未完全到位，能源资源消耗过大，生态破坏和环境污染日益突出，自主创新能力不强，城乡区域发展差距和部分社会成员之间收入差距继续扩大，社会事业发展滞后，就业、再就业压力增大等。从 2005 年上半年开始，由于基建和房地产投资规模急速膨胀，某些行业盲目扩张，从而造成煤、电、油、路全面紧张。经中央采取紧急调控措施之后，虽然情况有所好转，但直到目前这些部门的增长速度仍然过快，矛盾仍然很突出。这充分说明，要解决资源短缺、资源消耗过大、生态破坏、环境污染等制约经济可持续发展、影响就业和社会不公的问题，就必须尽快建设节约环保型社会，提高资源利用效率，降低能耗物耗，才能缓解日益凸现的各种经济社会矛盾。因此，建设节约环保型社会是我国国内经济社会发展的迫切需要。

2. 中国和平崛起、和平发展的迫切需要

和平与发展仍然是当今时代发展的主流，经济全球化趋势进一步加强，多极化趋势有所发展。但世界并不安宁，不确定因素增加，局部地区的动乱和战争时有发生，贸易保护主义有新的抬头，国际的能源资源争夺战加剧。在这样的世界大格局下，就形成了机遇与挑战、希望与危难并存的局面。在这种情况下，我国必须向世界阐明：中国的发展是机遇而不是威胁，中国的发展是和平的发展、开放的发展、合作的发展、共赢的发展。现在有些西方

国家中伤中国，乘机制造"中国威胁论"，指责中国是掠夺别国资源的"新殖民主义者"，这是毫无道理的。中国的发展主要依靠自己的国内资源和国内市场。当然，中国的发展也离不开国际市场的正常贸易和相互支持，离不开国际的交流与合作。由于我国发展的规模巨大，需要大量的能源和资源，怎样才能解决呢？从根本上来说，就是要通过构建节约环保型社会，才能解决这一重大问题。中国的发展主要依靠国内资源和国内市场，将通过建设节约环保型社会来实现发展的目的。在国际上，我们主张在平等、互利、合作、共赢的前提下实现优势互补、互通有无，绝不会像西方新老帝国主义国家那样去掠夺别国的领土和资源，"新殖民主义者"的帽子绝对扣不到中国人民的头上。因此，建设节约环保型社会也是中国和平崛起、和平发展的迫切需要。

3. 构建社会主义和谐社会和实现经济社会可持续发展的迫切需要

我国要构建社会主义和谐社会和实现经济社会可持续发展，就必须全面贯彻落实党中央提出的"五个统筹"的方针，即统筹城乡发展、统筹区域发展、统筹经济社会发展、统筹人与自然的和谐发展、统筹国内发展与对外开放。要贯彻落实"五个统筹"的方针，就必须通过建设节约环保型社会。国家在制订发展规划纲要时就需要有新的思路，要着力调整经济结构，转变经济增长方式，发展循环经济，提高发展质量，充分利用各种可以利用的资源，变废为宝，减少污染，利国利民；要着力提高我国的管理水平和科技水平，将能源资源的浪费现象加以消除，将能源资源的利用率大大提高，努力赶超国际先进水平，将高能耗、高物耗降下来；要着力做好生态安全和环境保护工作，通过生态建设和环境保护，植树造林种草，特别是营造水源林，保持水土，防治荒漠化，治理各种污染，可以全面地、大面积地保护我国的可耕地、动植物资源和水资源，可以大大减缓各种自然灾害，可以大大缓解气候变化所带来的不利影响，可以大大扩宽可供利用的资源和极大地提高广大人民的生活质量等。总之，节约环保是一种新的增长方式，建设节约环保型社会，关键是转变经济增长方式，依靠科技进步，走集约型道路，实现可持续发展。所以，要着力建设节约环保型社会，以实现民主法治、公平正义、诚信友爱、充满活力、安定有序、人与自然和谐相处的可持续发展社会。因此，建设节约环保型社会也是我国构建社会主义和谐社会和实现经济社会可持续发展的迫切需要。

三、建设节约环保型社会的综观对策

1. 转变思想观念以提高全民节约与环保意识

唐代诗人李商隐有诗云："历览前贤国与家，成由勤俭败由奢。"这是从中国过去的历朝历代中总结出来的历史经验教训。首先，一个国家，一个民族，一个企业，一个家庭，如果不注重勤俭节约，奢侈浪费，挥霍无度，生之者少，吃之者众，最后必然走向腐败没落的下场。其次，由于生态环境的破坏和污染所造成的严重后果，大自然对人类的报复日益严重，这也是人类无法回避的问题。再次，从个人成长角度来说，正如诸葛亮所说："静以修身，俭以养德，非淡泊无以明志，非宁静无以致远。"淡泊明志，宁静致远。只有勤俭节约，不为私利，志存高远，关心社会，才能真正成才成器。作为中国人更应该以前贤范仲淹在《岳阳楼记》中所说的"先天下之忧而忧，后天下之乐而乐"为座右铭，不断提高自己的思想境界。因此，我们必须转变思想观念，深刻认识节约与环保问题是关系到国家民族和人类未来的生死存亡的大问题，绝不能等闲视之。一定要从现在开始强化节约与环保意识，使之形成社会风气，做到人人都来关注节约与环保问题，从我做起，从现在做起，这是建设节约环保型社会、实现经济社会可持续发展的重要思想基础。

2. 创新体制机制为建设节约环保型社会提供可靠保障

建设节约环保型社会要求进一步创新体制机制，以新的体制机制来保障节约环保型社会建设的健康有序进行。一是要创新能源资源管理体制机制，建立起与生产、流通、分配、消费各个环节相适应的、符合节约环保要求的体制机制，整顿滥采乱伐、浪费资源、破坏生态、污染环境的现象，努力做到节约为先、效率为本、立足国内、多元发展，将我国的和平发展牢固地建立在主要依靠国内资源和国内市场的基础之上，为建设节约环保型社会提供可靠保障。与此同时，也要加强国际合作、互通有无、相互促进、互利共赢，使世界更加和谐。二是要创新能源资源的投融资体制机制，把资金引导到对我国的能源资源进行有序开发和环保加工上来，通过资金多元化解决资金来源问题。三是要创新科技体制机制，增强科技进步和自主创新能力，为建设节约环保型社会提供科技和智力支持。

3. 调整经济结构、转变经济增长方式、创新发展模式是节能降耗、保护生态环境的根本途径

建设节约环保型社会要从宏观上采取措施，把节能降耗、提高资源利用

效率、减少污染、保护生态环境统一起来考虑。一是要调整经济结构，建立节约环保型的国民经济体系。我国现有经济结构不合理，主要表现在第一、二产业比重偏高，第三产业比重偏低。为此，要努力提高低能耗物耗的第三产业和高新技术产业在国民经济中的比重。大力发展现代物流业，有序发展金融服务业，积极发展信息服务业，规模发展商务服务业。推进工业结构优化升级，调整原材料工业结构和布局，降低消耗，减少污染，提高产品档次、技术含量和产业集中度，加快制造业信息化，深度开发信息资源，加快淘汰钢铁、有色金属、化工、建材、电力等高能耗物耗的落后生产能力、工艺装备和产品。在农业方面，要严格保护耕地，推广节水节能技术，发展现代农业和农产品加工业，走市场化、集约化、规模化、产业化经营道路。二是要转变经济增长方式，要将粗放型增长方式迅速转变为集约型增长方式。由于粗放型增长方式靠外延扩大来扩大生产，技术含量和管理水平低，能源资源消耗大，产品质量和经济效益差。为此，必须迅速将粗放型增长方式转变为集约型增长方式，通过内延扩大来扩大生产，通过提高技术含量和管理水平提高资源利用效率，提高产品质量和经济效益，才能将高能耗物耗降下来。三是要创新发展模式，大力发展循环经济。发展模式，根据不同的具体情况可以有多种选择。从我国的国情出发，当前应该选择"节约环保型集约发展模式"，而节约环保型集约发展模式的最理想模式就是"循环经济发展模式"。循环经济发展模式要求运用生态学规律指导人类社会的生产活动，以"减量化、再利用、资源化、再循环"为准则，按"资源—产品—废物—再生资源"的循环途径组织生产，可以最大限度地减少能源和原材料消耗，并将生产过程中产生的废弃物变为再生资源，重复循环使用，从而达到经济与资源环境双赢的目的。循环经济是我们坚持以科学发展观为指导，以经济建设为中心，将发展作为第一要务，用发展解决资源约束和环境污染的现实途径；是在生产和再生产的各个环节中利用一切可以利用的资源，按照"物质代谢"和"共生"的关系延伸产业链的一种集约型的发展模式。因此，遵循以上三个方面去努力，就能少走弯路，做到健康有序地实现节约环保型社会。

4. 要在全民中提倡科学健康型的生活消费方式

衣、食、住、行、教育、文化、旅游等是人们生活的基本环节，但人们不同的生活消费方式会带来不同的后果。现在我们既要反对那种好逸恶劳、骄奢淫逸、挥霍无度、大量浪费劳动人民血汗的腐朽生活方式，又要反对那些有害的、不健康的、过分吝啬的生活消费方式。生产与消费是辩证的统一，生产为了消费，消费拉动生产，如果大家都借节约为名，少买或不买，那么生产怎么发展？同时也不利于个人的身心健康发展。因此我们要在全民中提倡科学健康型的生活消费方式，逐渐形成既勤俭节约又科学健康、既有利于国民经济发展又有利于生态环保的生活消费方式，以推进我国节约环保型社会建设的顺利发展。

5. 大力调整优化对外贸易进出口产品结构是建设节约环保型社会的重要环节

在对外贸易进出口产品结构上我国还处于极其不利的地位，在进口方面大量的是农矿产品、机械设备、电子元件、化妆品等，在出口方面大量的是低价值的劳动密集型产品和组装产品，大量消耗资源或是会造成破坏生态、污染环境的产品，使我国在国际竞争上处于劣势。因此，应将建设节约环保型社会与调整优化进出口商品结构结合起来，在进口方面要根据国内的需要严格把关，严格控制污染环境、破坏生态安全的产品，以及禁止那些有毒有害、污染环境的工业废品和垃圾进口。在出口方面要努力提高高新技术产品出口的比重，严禁破坏国内资源和生态环境的产品出口，特别要抑制低价竞销和中国特有资源如稀土、钨矿和青蒿等外流，逐步降低劳动密集型产品出口的比重，改变目前那种以中低档产品为主的出口商品结构，克服出口越多消耗资源越多的得不偿失状态。只有对外贸易进出口产品结构调整优化好，才能节约资源、减少污染、保证生态安全，进一步提高我国在国际市场上的竞争力，从而有利于建设节约环保型社会。

6. 大力培养建设节约环保型社会的急需人才

建设节约环保型社会最终是要靠人才，没有人才再好的构想也无法实现。目前，我国在这方面的人才短缺是急需解决的一个重大问题。一是要培养一大批将才，各级党政领导班子的核心人物就像部队的将军一样，要能驾驭指挥全局，要党性强、有理想、有魄力、熟悉业务，能在任何艰苦困难的条件下去实现目标、取得胜利，这样的将才我们十分需要，也十分缺乏，必须抓紧培养；二是要培养一大批新型企业家，他们是生产经营管理第一线的领军人物，没有他们，社会主义现代化建设就无法进行，必须抓紧培养一大批德才兼备、文武双全的新型企业家队伍；三是要培养和使用好一大批综合型的科技人才和管理人才，这些人才是拼搏在第一线的实干人才，许多具体的问题要靠他们去解决，这对建设节约环保型社会也是绝对不能缺少的；四是要大力加强哲学社会科学的理论创新人才队伍，培养一批哲学社会科学方面的大师级人才。因此，必须按照综观人才观的要求规划好这四种急需人才的培养计划，及早安排，否则就会延误我们的事业。

7. 健全相关的法律制度和严格执法

社会主义市场经济是法制经济，要依法治国，如果没有严格的法律制度，就会混乱不堪。建设节约环保型社会尤其需要有健全严格的法律制度，对有关节约环保的治理，要做到有法可依、严格执法、重点惩处。目前的问题是，由于相关的法律制度还不健全，有的还无法可依，有的则是有法不依，有的执法不严，不痛不痒地轻轻处罚一下，根本起不到惩戒作用，致使节约环保问题越治越严重，严重违法排污、破坏生态环境、铺张浪费国家资财之事屡见不鲜。这种情况，若不加以改变，怎能建设节约环保型社会？因此，必须尽快健全相关的法律体系，严格执法，从严从重惩处严重违法事件，才能保证资源节约、环境友好、社会和谐、经济可持续发展的节约环保型社会建设的顺利进行。

参考文献

1.《中共中央关于完善社会主义市场经济体制若干问题的决定》，北京：人民出版社 2003 年版。

2.《中共中央关于制订国民经济和社会发展第十一个五年规划的建议》，北京：人民出版社 2005 年版。

3. 温家宝：《政府工作报告》，北京：人民出版社 2006 年版。

4. 中国城市环境卫生协会：《我国资源拥有与消耗状况》，《环卫信息》2005 年第 3 期。

（原载于《综观经济学与建设节约环保型社会》，广州：广东经济出版社2007 年版。同时在《综观经济》杂志 2007 年第 1—2 期发表）

六

关于其他问题的研究

"和平统一、一国两制"：解决台湾问题的最佳选择

　　1997 年香港回归祖国，"一个国家、两种制度"从构想变成现实，1999 年澳门也将按照这个模式顺利回归祖国，最后是要解决台湾问题。台湾问题与港澳问题不同，它纯属中国的内政问题。针对这一特点，邓小平同志提出"和平统一、一国两制"方针。由于台湾问题有其自身的特点，因此台湾可以采取更加灵活、宽松的政策，但"和平统一、一国两制"的基本框架和基本模式仍然是适用的，所以它仍是解决台湾问题的最佳选择。

一、在新的形势下，"和平统一、一国两制"的发展已经进入了一个新的阶段

　　1995 年 1 月 30 日江泽民同志根据"和平统一、一国两制"的方针发表重要讲话，提出了发展两岸关系、推动祖国和平统一进程的八项主张，在海内外引起了热烈反响和拥护。但是，李登辉却为了一己私利，置民族大义于不顾，竟于同年 6 月跑到美国去大肆鼓吹"两个中国""一中一台"的"台独"谬论，进行分裂祖国活动。为了维护祖国统一和中华民族的根本利益，我们开展了声势浩大的反分裂、反"台独"斗争，在台湾岛内和海内外引起了强烈的震撼。进入 1997 年后，随着香港回归、党的十五大召开、江泽民主席访美成功以及一系列首脑会议和国际会议的召开，进一步加强了国内的团结，发展了有利于和平与发展的国际环境。在"和平统一、一国两制"的基本方针推动下，海峡两岸关系有了很大发展，但是，台湾岛内的分裂势力与某些外国反华势力的互相勾结，严重地阻碍着和平统一的进程。在这一新的形势下，"和平统一、一国两制"的发展已经从过去以宣传为主的阶段进入到以排除干扰、实现政治谈判、解决两岸和平统一问题为主的新阶段。这个新阶段的主要特点是：

（1）通过反分裂、反"台独"斗争，揭开了李登辉"明统暗独"的假面具和打击了"台独"分子的气焰。进而促进了台湾岛内各派政治力量的重新分化、改组和联合，唤醒了广大台湾同胞反对分裂、维护祖国统一的爱国主义热情，为"和平统一、一国两制"的实现创造了有利条件。

（2）香港回归祖国，不仅洗雪了150多年的屈辱，而且使"一国两制"的构想转变为现实，为用"和平统一、一国两制"方式解决台湾问题树立了榜样。广大台湾同胞将会认识到，实行"和平统一、一国两制"不仅能保障台湾同胞的现实利益，而且符合台湾同胞的长远利益。

（3）党的十五大的胜利召开，高举邓小平理论伟大旗帜，为祖国展现了美好前景。十五大进一步确认了党在社会主义初级阶段的基本路线、基本纲领和发展战略，为发展社会生产力、增强社会主义综合国力、提高人民生活水平和全面实现社会主义现代化指明了方向，极大地增强了中华民族的向心力和凝聚力，为海峡两岸和平统一与祖国发展展现了美好前景。

（4）在国际上，通过最近中美、中俄、中日接连举行的首脑会议和双边会议，世界和亚太地区大国正在建立一种多极关系体制，为和平与发展奠定了新的基础。特别是在中美关系和中日关系上，通过江克会谈，就中美关系、国际形势和地区问题进行了深入的讨论，并发表了《中美联合声明》。美方重申坚持一个中国的政策，遵守中美三个联合公报的原则；克林顿和美方高级官员在会谈和公开场合多次明确表示，美国政府不支持"两个中国""一中一台"的主张，不支持"台湾独立"，不支持台湾加入联合国，并按照"八一七公报"的原则处理售台武器问题。在中日会谈中，桥本强调，日本同台湾只发展非官方关系，不支持"两个中国"和"台湾独立"。日本认为，台湾问题是中国人内部的问题，应由海峡两岸谋求和平解决。桥本明确表示，在台湾问题上，日本将坚持遵循《日中联合声明》和《日中和平友好条约》的原则，在此基础上慎重行事。现在亚太地区初步形成的中、俄、美、日四极关系体制以及中美、中日关系的改善，营造了一个有利于中国改革开放和社会主义现代化建设的国际环境，以及有利于发展海峡两岸关系、推进祖国和平统一的外部条件。

（5）"台独"势力也有了新的发展。要密切注意台湾岛内分裂势力的发展和某些外国反华势力干涉的新动向。目前台湾岛内的分裂势力在加紧进行活动，"明独""暗独"合流日趋明显，李登辉一再声称"中华民国是主权独立国家"，妄图把台湾视为与祖国大陆完全分离的另一个国家，把海峡两岸的统一问题变成两个主权国家之间的事情。"台独联盟"公开宣称："'台独'建国越来越迫切，亟须加速完成，为了避免台湾被中国并吞，我们必须早日建立自主国家，以谋求台湾国民尊严与福祉。""台独"势力图谋借"公民投票"之名行"台独"之实，以便改变台湾是中国领土一部分的事实。最近民进党在台湾县市长选举中获得多数席位，台湾岛的政局进一步复杂化。与此同时，某些外国反华势力迫于世界形势，虽不便公开支持"台独"和公开干涉，却仍在暗中出谋献策、提供资助支持台湾的分裂势力，破坏两岸的和平统一。

二、坚持"和平统一、一国两制"方针，实现祖国完全统一和全面振兴中华

在当前国内外的新形势下，必须坚持"和平统一、一国两制"的基本方针，发展两岸关系、推进祖国和平统一和最终解决台湾问题，以达到实现祖国完全统一和全面振兴中华的目的。对此，我们具有坚定的信心和决心：

（1）祖国的日益强大是解决台湾问题的最基本条件。

中华人民共和国成立以来，特别是改革开放以来，我国在经济上有了很大发展，社会各方面得到了全面进步，综合国力大大提高，充分显示了一个蒸蒸日上的社会主义中国及其无限美好的光明前途。中国离不开世界，世界更需要中国。中国已经成为世界经济的发动机和主要经济支柱之一，中国的丰富资源和12亿人口的广阔市场，正在世界和亚太地区发挥越来越大的作用。社会主义祖国在世界上树立起了积极维护世界和平与发展的光辉形象。江泽民同志在党的十五大报告中郑重强调："中国是维护世界和平和地区稳定的坚定力量。我们进行社会主义现代化建设，需要一个长期的和平国际环境特别是良好的周边环境。中国的发展不会对任何国家构成威胁。今后中国发达起来了，也永远不称霸。中国人民曾经长期遭受到列强侵略、压迫和欺凌，永远不会把这种痛苦加之于人。"只要我们坚持邓小平的外交思想，始终不渝地奉行独立自主的和平外交政策，在和平共处五项原则的基础上，与世界各国友好合作，继续改善同发达国家的关系，就能更好地维护世界和平和推动全球经济发展，就能营造出一个更有利于实现海峡两岸和平统一的国际环境。

（2）完全统一祖国，全面振兴中华，是人心所向、大势所趋，是海内外全体中华儿女的共同愿望。

在一个中国的前提下，通过"和平统一、一国两制"模式解决台湾问题，实现祖国完全统一、全面振兴中华，这是包括台湾同胞在内的全体中华儿女的共同愿望，是实事求是的、合情合理的。祖国要统一，人民要团结，民族要振兴，这是人心所向、大势所趋，是不可阻挡的历史潮流。孙中山先生说："世界潮流，浩浩荡荡，顺之者昌，逆之者亡。"搞分裂，搞"台独"，是注定要失败的。

（3）中国的统一大业是正义的事业，得到了海内外中国人与世界各国政府和人民的热烈拥护和支持。

"得道多助，失道寡助。"世界上一切正义的事业，最终都必将取得胜利，这是历史发展的客观规律。中国的统一大业是正义的事业，台湾海峡两岸的统一问题纯属中国的内政问题，应当由两岸中国人自己解决，任何其他国家不得干涉。采用"和平统一、一国两制"的办法实现祖国的和平统一，得到了全体中国人的热烈拥护，得到了世界各国政府和人民的积极支持，某些外国反华势力与台湾分裂势力狼狈为奸，破坏中国统一的图谋是一定要失败的。

（4）我们完全相信具有光荣爱国主义传统的台湾同胞，是一定能够站到反对分裂、维护祖国统一的正确立场上来的。

党的十五大报告提出："我们寄希望于具有光荣爱国主义传统的台湾同胞。"这表明，我们既要与极少数顽固坚持"台独"立场的人划清界限，进行斗争，又要坚决相信广大台湾同胞，欢迎台湾各党派、各界人士同我们共商发展两岸关系、推进祖国和平统一的大计。毛泽东同志指出："人民，只有人民，才是创造世界历史的动力。"我们中华民族有光荣的爱国主义传统，从屈原、岳飞、戚继光、文天祥、郑成功、林则徐、孙中山、李大钊、张学良、杨虎城、吉鸿昌到毛泽东、周恩来、刘少奇、朱德、邓小平等，一切抗拒外来侵略、维护祖国统一、爱国爱民的人物都是受人爱戴、敬仰的中华民族伟大的民族英雄。从石敬瑭、秦桧到汪精卫，一切投敌叛国的、分裂祖国的败类都是万人唾弃的千古罪人。在香港、澳门相继回归祖国，看到"一国两制"的落实及其带来的好处之后，相信广大台湾同胞会进一步觉醒起来，认清形势，分清是非，以民族大义为重，坚决站到反对分裂、维护祖国统一的立场上来的。李登辉及其追随者搞分裂、搞"台独"的阴谋是绝对不会得逞的。

（5）台湾的前途系于祖国统一，分裂是没有出路的。

现在两岸的经济交流与合作已经得到了很大发展，科技、教育、体育、人员的交流与合作也有了一定的发展。据台湾方面统计，1979年以后，两岸同胞经香港往来，10 年间超过 1 000 万人次；1996 年两岸经香港的转口贸易额达 243 亿美元，香港、台湾和祖国大陆贸易总额超过 330 亿美元。我们一贯主张，在一个中国的前提下，海峡两岸应尽快实现通邮、通航、通商的直接"三通"。最近台湾工商界的知名人士也纷纷批评李登辉"戒急用忍"的政策，要求两岸实现直接"三通"。台湾当局应该顺应民意，实现海峡两岸的直接"三通"，扩大交流与合作。祖国大陆的现代化建设需要台湾，台湾的经济发展更离不开祖国大陆。台湾的前途系于祖国统一，按照"和平统一、一国两制"的方针实现海峡两岸的和平统一，既保护了台湾的现实利益和长远利益，又维护了祖国的统一和尊严。"魔高一尺，道高一丈。"统一的力量总是大于分裂的力量，人民的力量总是大于极少数"台独"势力的力量，我们完全有决心、有能力排除干扰和最终解决台湾问题。海峡两岸，统则两利，分则两伤。搞分裂，搞"台独"，是绝对没有出路的。

（本文原是 1998 年 1 月在广州举行的"'一国两制'与粤港澳经济发展研讨会"的论文稿。香港《经济导报》做删节后发表在该刊 1998 年第 6 期，后来全文发表在《经济与发展》1998 年第 1 期）

警惕日本军国主义卷土重来

——纪念中国人民抗日战争

暨世界反法西斯战争胜利 60 周年

2005 年是中国人民抗日战争暨世界反法西斯战争胜利 60 周年。胡锦涛主席在 2005 年 5 月 9 日出席俄罗斯纪念卫国战争胜利 60 周年庆典时表示，60年前，法西斯侵略者发动的侵略战争是人类历史上一场前所未有的浩劫。包括苏联和中国在内的 60 多个国家、近 20 亿人被卷入那场战争，在那场正义与邪恶殊死搏斗的战争中，全世界爱好和平的国家和人民团结一致、英勇奋战，用鲜血和生命捍卫了人类的尊严，赢得了世界和平。在那场战争中，苏联军民以钢铁般的意志和无所畏惧的气概，浴血奋战，做出了巨大的民族牺牲，为世界反法西斯战争的胜利建立了不可磨灭的历史功勋。在那场战争中，中国人民进行了长期艰苦卓绝的斗争，以顽强不屈的精神和众志成城的力量战胜了凶残的日本军国主义侵略者，为世界反法西斯战争的胜利做出了重大贡献。

然而"二战"后，在美国占领下的日本军国主义势力并没有得到彻底的清算，留下了祸根。直到今日，日本的右翼政客们仍在歪曲历史，美化侵略，为发动军国主义侵略战争的甲级战犯开脱罪责，并把矛头直指中国和亚洲各国人民，妄图让日本军国主义死灰复燃。值此中国人民抗日战争暨世界反法西斯战争胜利 60 周年到来之际，我们不能不再次敲响警钟：高度警惕日本军国主义卷土重来！

一、日本军国主义首先发动的那场侵略战争的性质及其带来的伤害

日本军国主义者发动的那场侵略战争是一场非正义的、反和平的、反人类的邪恶战争。从 1931 年"九一八"起，由日本帝国主义首先发动起来的侵

略中国的战争是法西斯战争的开始，后来进一步发展成为第二次世界大战，这是全世界所公认的历史事实。日本法西斯军国主义在那场战争中制造了大量骇人听闻的暴行，杀害了大量中国人民和亚洲人民。据统计，在那场战争中，中国军民死亡人数达 2 100 万人（包括受伤人数达到 3 500 万人），亚洲其他国家以及澳大利亚、新西兰等国死亡人数为 906.8 万人。同时，日本自身也有 310 万人充当炮灰和无辜死亡。那场侵略战争还造成中国在经济上直接损失 1 000 亿美元，间接损失高达 5 000 亿美元。

中国人民和亚洲各国人民，面对野兽般的日本法西斯军国主义的侵略，只有奋起抵抗，与敌人作殊死搏斗。中国人民在中国共产党的领导下，在抗日民族统一战线的旗帜下，实现了第二次国共合作，团结全国各阶层人民一致抗日，救亡图存，冒着敌人的炮火前进，经过艰苦卓绝的斗争，消灭了大量日本侵略军的有生力量，终于打败了疯狂一时的日本军国主义侵略者。据统计，从 1931 年至 1945 年，中国战场包括正面战场和敌后战场，与日军进行大小战斗 16.5 万余次，歼灭日军 150 万人，占日军在第二次世界大战中死亡人数的 70%。从 1937 年至 1945 年的 8 年抗战中，由中国共产党领导的八路军、新四军和其他武装力量，共作战 12.5 万多次，毙、伤、俘日军 52.7 万人，伪军 118.7 万人，成为抗日民族解放战争中的中流砥柱。由于中国人民的抗日战争把日本的主要兵力牢牢地锁在中国战场，并被大量歼灭，这就使得日本法西斯侵略者无法抽出兵力去支援西方的德意法西斯侵略者，从而保证了西线反法西斯战争的最后胜利。正如当时的英国首相丘吉尔所说的："如果日本进军西印度洋，必然会导致我方在中东的全部阵地崩溃。而能防止上述局势出现的只有中国。"[1] 这充分证明，中国人民的抗日战争是世界反法西斯战争不可分割的重要组成部分，中国战场是东方反法西斯战争的主战场，中国人民为世界反法西斯战争的胜利做出了重大而又不可磨灭的贡献。与此同时，亚洲各国人民坚持抗日战争，在广阔的亚洲战场上拖住了日本侵略军，也消灭了不少日本的有生力量，为那场反法西斯战争的胜利做出了应有的贡献。

二、日本右翼政客仍在继续兴风作浪

"二战"后，日本在美军的占领下，法西斯军国主义势力没有得到彻底的

---

① 《人民日报》，2005 年 5 月 9 日。

清算，相反，在美国的扶植下保存和壮大了右翼势力，复活了军国主义，以对付当时的苏联，后来又进一步演变为对付今日的中国。现在日本已发展成为世界第二经济大国，并正在图谋成为"政治大国""军事大国"。日本由于经济、政治、科技、军事实力日渐增强，其"羽毛"丰满了。所以日本的右翼政客们从 20 世纪 70 年代以来，就开始否认南京大屠杀、将甲级战犯灵牌移入靖国神社、修改历史教科书和否定东京审判等。最近一个时期以来，他们更加嚣张起来了，从歪曲历史、美化侵略、否认战争罪责到不断参拜供有甲级战犯的靖国神社，从修改教科书、修改宪法、重整武装力量、派兵出国到妄图混进联合国安理会常任理事国行列，再进而向中国挑起事端，制造摩擦，从钓鱼岛问题、近海经济区划线问题、东海能源问题等多方面挑起事端到插手台湾问题，把矛头直接指向中国。在日本政坛，从首相小泉纯一郎到一批内阁重要官员，坚持顽固立场，继续不断参拜靖国神社，严重伤害受害国家人民和亚洲各国人民的感情。日本《东京新闻》2005 年 6 月 19 日的社论指出："小泉纯一郎作为一国之首相，不应煽动起有关靖国神社的纷争、国民反华的情绪、排外主义，甚至让国粹主义有所抬头。"不久前，日本厚生劳动省政务官森冈正宏公开发表否定远东国际军事法庭审判日本甲级战犯的结果，说什么"甲级战犯所谓的反和平、反人类罪是占领军随心所欲制造出来的"，东条英机等人在日本国内"已经不是罪人"等，妄图为这些发动法西斯侵略战争的战犯开脱罪责和翻案。日本文部科学大臣中山成彬先是否认"慰安妇"的存在，后又宣称：亚洲受害妇女"应为充当慰安妇感到自豪"。这些无耻言论，引起中国和亚洲各国人民的强烈谴责。在"二战"中，日本法西斯军国主义者在中国和亚洲犯下了南京大屠杀、强掳劳工、强迫妇女充当"慰安妇"、细菌战、人体实验等战争罪行，实行"三光"政策，涂炭了中国、朝鲜半岛和东南亚国家三千万生灵。所有这些暴行算不算"反和平、反人类"的滔天罪行？难道这些血淋淋的事实都是某些人"随心所欲制造出来的"？历史是不容否定的，在国际法上，远东国际军事法庭已经为日本的侵略罪行及战争罪犯的责任盖棺定论。正如在"二战"中曾经当过日本战俘的澳大利亚人巴登·琼斯所指出的："如果他们不能承认当年的罪行，那么日本将永远是一个劣等民族。"① 我们倒要问问日本的右翼政客们，你们继续兴风作浪到底想干什么？重温"大东亚共荣圈"的旧梦、妄图有朝一日让日本军国主义卷土

---

① 英国《泰晤士报》，2005 年 8 月 15 日。

重来？谁顽固坚持这个立场，必将再一次自食恶果，受到更加严厉的惩罚。

三、预防日本军国主义卷土重来

如何预防日本军国主义卷土重来呢？这是一个复杂而又严肃的问题。我们必须认真分析和掌控当前国内形势和国际形势发展的新情况、新特点、新动向，从建设中国特色社会主义的大局和战略高度出发，提出相应的思路和对策，特别要重视增强自身的软实力，做好国内和国际两方面的工作，才能有效地预防日本军国主义势力卷土重来。

1. 要把社会主义现代化建设搞上去，大力提升我国的综合国力

首先"应把我们自己的事情办好"。在当前要继续处理好改革、发展与稳定的关系，改革是动力，发展是目的，稳定是前提，应该将这三者有机地结合起来，才能化解人民内部矛盾，推动社会主义现代化建设更好更快地发展。我们必须在党中央提出的科学发展观的统领下，始终坚持发展是我们党执政兴国第一要务的观点，坚持以经济建设为中心，"聚精会神搞建设，一心一意谋发展"。按照"五个统筹"的要求，把社会主义现代化建设搞上去，把构建社会主义和谐社会的工作做好，才有可能大力提高我国的社会生产力，提高综合国力，以提高人民生活水平、增强国防力量、防御外敌入侵、保卫国家和人民的安全。在反法西斯战争中，当国家民族处于生死存亡的紧急关头，中国人民面对凶恶残暴的日本军国主义侵略者的奸淫烧杀，以"黄河不屈，五岳不塌，华夏不灭"的坚强信念，以"全民奋起抗战，誓与敌寇血战到底"的非凡决心，经过艰苦卓绝的浴血奋战，终于打败了日本侵略者。中国人民抗日战争的胜利，成为中华民族走向复兴的重大历史转折点。今天，我们仍要继续发扬这种团结奋斗、不怕牺牲、自强不息的伟大抗战精神和伟大民族精神，以推进祖国完全统一、社会主义现代化建设和中华民族的伟大复兴。

2. 坚持我国独立自主的和平外交政策，坚定不移地走和平发展道路

在国际上，我国将始终坚持独立自主的和平外交政策，在和平共处五项原则的基础上与世界各国建立和发展友好合作关系。同时，我们必须坚定不移地走和平发展道路，努力营造一个和平的国际环境。中国的和平崛起、和平发展，主要依靠中国自己的力量，主要依靠自己的资源和广阔的市场，当然也离不开国际合作与交流。"海纳百川，有容乃大。"我们要以更宽广的胸怀去对待其他民族和国家，宽以待人，严于律己。中华民族有五千年和平发展的优秀历史文化传统，中国正在起步发展，就是在发展起来之后，也绝不

会去威胁和仗势欺压别的民族和国家，只会成为维护世界和平、促进共同发展的坚定力量。我们将与广大发展中国家和一切爱好和平的国家一起，积极推动建立和平稳定、平等协商、互利合作、共同发展的国际政治经济新秩序与"互信、互利、平等、协作"的新的国际安全观，构建和谐、发展、共赢的世界。联合全世界一切爱好和平的国家和人民，反对侵略，反对战争，维护世界和平。

3. 睦邻友好推进亚洲区域一体化，共建和谐发展繁荣安全的亚洲

我们要继续坚持"与邻为善、以邻为伴"的外交方针和"睦邻、安邻、富邻"的政策，营造一个平等互信、互惠互利、友好合作、共同发展的周边环境。在这个基础上，积极推进亚洲区域一体化，将中国—东盟与上海合作组织结合起来，进一步将中国、东北亚、东南亚、南亚、西亚地区的所有国家吸引进来，形成经济、政治、社会、文化、安全一体化的"亚洲共同体"，实现和平、发展、合作、安全的共赢新格局，共建和谐发展繁荣安全的亚洲。这是预防日本军国主义卷土重来的最直接的有效途径。

4. 在中日关系上我们要坚持原则，敢于斗争和善于斗争

在中日关系上，一方面我们要继续坚持《中日联合声明》等三个基本文件的精神，坚持"以史为鉴，面向未来"的精神，积极主动地处理好中日之间的关系，中日两国人民都是日本军国主义的受害者，中日两国人民应该世世代代友好下去；另一方面在面对日本右翼势力的无理挑衅时，我们应该针锋相对，理直气壮地进行有理、有利、有节的斗争，在历史问题、领土问题、台湾问题等重大原则问题上，我们绝不能手软，要坚决揭露他们的丑恶嘴脸和诡计，要真正做到"硬的更硬、软的更软"，才能孤立少数顽固分子，争取有更多的人能参与到反对战争、保卫和平、拥护中日两国人民友好方面来，进一步化解矛盾，共同反对和防止日本军国主义势力卷土重来。

5. 中美关系是一种错综复杂的关系，我们更要慎重和妥善地加以处理

在中美关系上，在"二战"中有联合抗击日本军国主义侵略者和共同参与反法西斯战争的历史；从1949年前后到现在，中美之间曾有过几次较量，也有过良好的合作关系。现在美国是世界上最强最大的发达国家，中国是世界上最大的发展中国家。中美两个大国之间"和则两利，斗则两伤"，中美之间应该友好合作，也只能友好合作。中美之间只有互信和友好合作，才能防止日本军国主义卷土重来，亚洲才有和平与稳定。我国在中美关系上，从来就主张两大国友好合作、共同发展，这是关系世界的大局问题。而在美国国

会和政府中则仍然存在严重的冷战思维，仍在处处设防"围堵中国"，甚至把日本的军国主义势力作为围堵中国的得力打手，这是很不明智的。正如美国前国务卿亨利·基辛格博士 2005 年 6 月 9 日在美国《国际先驱论坛报》发表的《冲突不是办法》一文中指出的："美国与中国合作有利于世界的和平。……随着新世界的到来，中美关系的好坏，很可能决定我们的子孙是生活在比 20 世纪更糟的动荡局势中，还是将目睹一个与全球对和平与进步渴望一致的世界新秩序。"

【注】本文中所引的统计数字，见陈钦凤：《坚决反对日本右翼政客妄图篡改侵略战争历史——纪念中国人民抗日战争暨世界反法西斯战争胜利 50 周年》一文，《经济与发展》杂志 1995 年第 3 期。

（成文于 2005 年 8 月，发表在《综观经济》杂志 2005 年第 3—4 期）

毛泽东主席永远活在我们的心里

——为庆祝中华人民共和国成立 65 周年而作

笔者出生在土地革命战争初期，从抗日战争开始到解放战争的后期是在学校念书，1949 年 9 月参加工作，与中华人民共和国一起走过了整整 65 年。

我们这一辈人是中国新民主主义革命、社会主义革命、社会主义建设和以改革开放为标志的社会主义现代化建设的参与者和见证人，是在高举毛泽东思想伟大旗帜、高呼"共产党万岁、毛主席万岁"中成长和成熟起来的。笔者有幸两次见到了毛主席，一次是 1958 年 9 月 12 日毛主席到武汉大学时接见全校师生员工，一次是 1966 年 11 月 20 日毛主席在天安门广场第八次接见红卫兵和干部群众，笔者对毛主席有特殊深厚的感情。我们在热烈庆祝中华人民共和国成立 65 周年的时候，切勿忘记毛主席的丰功伟绩。

毛主席作为中国共产党和中国人民的伟大领袖与中华人民共和国的缔造者的地位是在中国革命长期斗争中所形成的，是历史的选择，是没有第二个人可以取代的。他在土地革命战争时期，作为党的主要领导人之一，一方面要与党内的"左"、右倾机会主义做斗争，另一方面又要与国民党反动政府的围剿做斗争；到了抗日战争时期，他提出了抗日民族统一战线的方针，主张国共合作，共同抗日，领导全国人民救亡图存，与极其凶恶的日本侵略者作殊死搏斗，取得了最后的胜利；到了解放战争时期，由于国民党反动政府撕毁"双十协定"，重新发动内战，他又领导全党、全军和全国各族人民历经三年多的时间，彻底打垮了用美式武器装备起来的国民党 800 万军队，解放了除台湾以外的全部领土。毛主席领导我们推翻了帝国主义、封建主义和官僚资本主义三座"大山"，解放了全中国，建立了中华人民共和国，这一丰功伟绩是中国人民永远不会忘记的。

1949 年之后，毛主席继续领导全党、全军、全国各族人民恢复国民经济，进行社会主义革命和开展社会主义建设。面对遭战争破坏、百废待兴的局面，一方面要在国际上战胜帝国主义的封锁和破坏，在国内则要迅速消灭残匪，稳定市场，稳定物价，恢复生产，发展经济，改善民生；另一方面又要设计国家进一步发展构想，在当时的条件下，提出了"一体两翼"的构想，即以社会主义工业化为主体，以农业社会主义改造和私营资本主义工商业、个体手工业社会主义改造为"两翼"的发展方针，在农村进行土地改革和农业合作化运动，在城市进行大规模的社会主义改造和社会主义建设，逐步建立起以社会主义公有制为主体的经济、政治、文化制度，把社会主义建设推向高潮，取得了辉煌胜利。这个时期，毛主席在理论上也进行了有益的探索，在怎样建设社会主义问题上花了不少心血，进行深入思考，他在《论十大关系》《关于正确处理人民内部矛盾的问题》等著作中，提出并系统论证了这方面的问题，对社会主义建设起到了极大的推动作用。总之，毛主席在社会主义革命和社会主义建设方面的建树和功绩，也是永远不可磨灭的。

毛主席还一贯关心全世界被压迫民族和被压迫人民的疾苦，支持他们的斗争，把自己的全部智慧和情感都献给了他们，成为他们的好朋友，从而受到他们的崇敬和热爱。

当然，毛主席也是人，不是神。既然是人，就不可能没有缺点，也不可能不犯错误。他到了晚年，特别是在苏联出现赫鲁晓夫这样的人物之后，在发扬党内民主问题上、在选择接班人问题上、在发动"文化大革命"问题上，都违背了他自己曾经建立起来的一系列规章制度和一贯思想，被林彪和江青"四人帮"反革命集团所利用，伤害了众多老同志、老干部，把国家推向崩溃边缘。但是人无完人，综观毛主席的一生，功绩是长期的、主要的，过错是短期的、次要的。功绩大大超过过错，他不愧为伟大的马克思主义者和无产阶级革命家，不愧为全党、全军、全国各族人民的伟大领袖，不愧为共和国的缔造者和社会主义新中国的设计者。不管是毛主席的功绩还是过错，都是党的宝贵财富，可以从中汲取有益的经验和教训。

2014年是中日甲午战争120周年和"七七事变"日本发动全面侵华战争77周年。这两次日本军国主义入侵中国的侵略战争，虽然日本最终被我们打败了，但对中国和中国人民造成的破坏和苦难是史无前例的，对日本人民也带来了极大伤害。可是直到现在日本右翼政客和政府仍然企图否认侵略和战争罪行，还在美化侵略战争，妄图卷土重来，这是中国人民和世界各国人民绝对不会答应的。狼烟犹在，较量不断，勿忘国耻，警示未来。强国强军，捍卫国家安全和保卫世界和平，乃当然之责任也。

在庆祝中华人民共和国成立 65 周年的时候，我们深深怀念毛泽东主席，缅怀他革命的传奇一生，缅怀他的丰功伟绩，学习他留给我们的巨著，不断提高我们的理论思想水平，就是要在以习近平同志为核心的党中央领导下，继续高举马克思列宁主义、毛泽东思想和中国特色社会主义理论体系的伟大旗帜，全面贯彻党的十八大精神，继续解放思想，坚持改革开放，稳中求进，开拓创新，扩大内需，改善民生。坚持独立自主的和平外交路线，始终不渝走和平发展道路，奉行互利共赢的开放战略，构建和发展新型大国关系，致力同世界各国发展友好合作，履行应尽的国际责任和义务。从而更好地为全面建成小康社会而奋斗，为建设富强、民主、文明、和谐、美丽的社会主义现代化国家而奋斗，为早日完成祖国统一大业和中华民族伟大复兴的"中国梦"而奋斗。

毛泽东主席永远活在我们的心里！

（此文修改于 2014 年 10 月，该文发表后，被多处转载过，如《光辉的旗帜、军民共铸中华魂》《中华崛起——走进百名优秀共产党员》《人民孺子牛》《中流砥柱》《中国大百科全书·国学卷Ⅱ》《中国新时代优秀学术成果选集》等）

团结全体中华儿女为实现伟大的 "中国梦" 而奋斗

——为庆祝中国共产党成立 93 周年而作

2014 年是中国共产党成立 93 周年，也恰好是中日甲午战争爆发 120 周年。岁逢甲午，狼烟犹在。我们不仅要殇思甲午战争失败的屈辱和教训，更要集中一切力量实现强国强军梦，加快复兴中华民族和中国重新崛起的步伐，办好民族振兴、国家崛起的大事。在当前的国际及国内形势下，隆重庆祝中国共产党成立 93 周年具有特别重要的现实意义。

2012 年 11 月召开 "十八大" 以来，在以习近平同志为核心的党中央坚强领导下，中国开启了从站起来、富起来到强起来的新时代。回顾中国共产党走过的 90 多年，中国发生了翻天覆地的变化。在中国共产党的领导下，一个正在崛起的社会主义中国，让全世界都感到震撼。那么在过去的一百多年里中国是怎样走过来的？

在中国的近现代史期间，从 1840 年鸦片战争失败始，中国逐步沦为半殖民地半封建社会，走到了国弱民穷，受帝国主义列强侵略、压迫、剥削甚至被瓜分、被宰割的地步。一百多年来，中国人民一直在追求强国富民、振兴中华的梦想。无数有识之士为之苦苦思索和寻求救亡图存的真理，无数革命先烈为之抛头颅洒热血。他们先是向西方学习，曾经先后选择过多种 "主义"，以作为振兴国家的武器，但均告失败。"十月革命一声炮响，给我们送来了马克思列宁主义。" 只是到了 "五四" 时期，以李大钊等为代表的中国先进知识分子选择了马克思列宁主义，并在其指导下建立了中国共产党，自觉运用马克思列宁主义来重新观察中国的命运，中国革命的面貌才焕然一新。在长期的革命实践中，以毛泽东同志为代表的中国共产党人把马克思列宁主义的基本理论与中国实际相结合，形成了中国化的马克思列宁主义——毛泽东思想。在以毛泽东同志为核心的第一代中央领导集体的坚强领导下，走出了一条具有鲜明中国特色的革命道路——以农村包围城市、最后夺取城市来建立新的人民政权，领导中国人民取得了新民主主义革命的胜利，建立了中华人民共和国，使中国在世界上重新站立起来。中华人民共和国成立后，又在它的领导下，走出了一条具有鲜明中国特色的从新民主主义和平过渡到社会主义的道路，逐步建立和完善了我国社会主义的经济、政治和文化制度，取得了社会主义革命和社会主义建设的辉煌胜利，为探索中国特色社会主义道路奠定了坚实的基础。到了党的十一届三中全会，在邓小平理论的指导下，中国进入了改革开放和社会主义现代化建设的新的历史时期。在以邓小平同志为核心的第二代中央领导集体、以江泽民同志为总书记的党中央、以胡锦涛同志为总书记的党中央和以习近平为核心的党中央领导下，经过艰辛努力地探索，已经走出了一条崭新的中国特色社会主义发展道路，从而使中国的社会生产力、综合国力和人民的生活水平以及中国的国际地位都有了极大提高，从总体上达到了小康水平，使中国逐步富起来。一百多年来我们的先辈们一直在追求的强国富民、振兴中华的梦想正在展现出越来越近的光明的前景。

在当前新的国际国内形势下，中国的发展道路又应该怎样走呢？

在当前新的国际国内形势下，我们必须在总结历史经验教训的基础上不断加以丰富和发展，继续探索一条更加科学、更加波澜壮阔的强国富民、振兴中华的发展道路，继续探索一条更加符合中国国情、世情和时代特点的中国特色社会主义发展道路。中国共产党十八大的胜利召开，产生了以习近平同志为核心的新的党中央，提出了新的纲领性的发展蓝图和新的要求，为今后我国经济社会发展指明了新的方向。党的十八大总结建党 90 多年来、执政 60 多年来的历史经验教训，特别是改革开放和社会主义现代化建设 30 多年来的历史经验教训，强调要居安思危，强化危机意识、风险意识、道路意识、强国意识，坚定不移地走中国特色社会主义道路，努力把自己的事情办好，才能把握新的机遇和应对新的挑战。因此，必须坚持以马克思列宁主义、毛泽东思想、邓小平理论、"三个代表"重要思想、科学发展观和习近平新时代中国特色社会主义思想为指导，在以习近平同志为核心的党中央领导下，紧紧围绕主题主线，以提高经济增长质量和效益为中心，稳中求进，开拓创新，进一步强化改革开放，进一步强化创新驱动，加强和改善宏观调控，积极扩大国内需求，加大经济结构战略性调整力度，着力保障和改善民生，继续实行勤俭节约和艰苦奋斗，反对贪污腐化和铺张浪费，增强经济发展的内生活力和动力，保持物价总水平基本稳定，实现经济持续健康发展和社会和谐稳定。必须坚持维护港澳地区"和平统一、一国两制"，高度自治，繁荣稳定。

必须坚持海峡两岸和平发展，最后实现和平统一。必须坚持独立自主的和平外交路线，始终不渝走和平发展道路，始终不渝奉行互利共赢的开放战略，构建和发展新型大国关系，致力于同世界各国发展友好合作，履行应尽的国际责任和义务，继续同各国人民一道推进人类和平与发展的崇高事业，为实现和平、发展、合作、共赢的和谐世界而努力。

习近平同志在 2012 年 11 月 29 日参观《复兴之路》展览时，第一次阐述了伟大的"中国梦"，此后他又在多个场合继续阐述伟大的"中国梦"。习近平同志指出："每个人都有理想和追求，都有自己的梦想。现在，大家都在讨论中国梦，我认为，实现中华民族伟大复兴，就是中华民族近代以来最伟大的梦想。这个梦想，凝聚了几代中国人的夙愿，体现了中华民族和中国人民的整体利益，是每一个中华儿女的共同期盼。历史告诉我们，每个人的前途命运都与国家和民族的前途命运紧密相连。国家好，民族好，大家才会好。实现中华民族伟大复兴是一项光荣而艰巨的事业，需要一代又一代中国人共同为之努力。空谈误国，实干兴邦。我们这一代共产党人一定要承前启后、继往开来，把我们的党建设好，团结全体中华儿女把我们的国家建设好，把我们的民族发展好，继续朝着中华民族伟大复兴的目标奋勇前进。"[1] 什么是伟大的"中国梦"？笔者个人认为伟大的"中国梦"，就是要实现包括以社会主义新型现代化在内的以及国家富强、民族振兴、人民幸福为目的的中华民族伟大复兴的梦想。这是国家的梦，民族的梦，人民的梦，每一个中华儿女的梦。有梦想，有机会，有奋斗，就有希望，就会有光明的前途，就会有美好的明天。

道路决定命运，我们必须坚定不移地走中国自己的路，这就是"强国富民、振兴中华"的中国特色社会主义道路。这是一条国家富强、民族振兴、人民幸福的道路，是一条中华儿女实现伟大"中国梦"的道路。我们中国共产党人从来不隐瞒自己的观点，从实际出发，理论联系实际，该说的就说，该做的就做，对自己的道路、理论、制度、信念抱有坚定的必胜的信心。有这种信心和正气，才会有所作为。实现伟大的"中国梦"，是每一个中华儿女的期盼，也是每一个中华儿女应尽的责任和义务。我们中国共产党人应当自觉地全力做好各项工作，团结全体中华儿女为实现伟大的"中国梦"而奋斗！

（成文于 2014 年 7 月）

---

[1] 《人民日报》，2012 年 11 月 30 日。

思想感言

1. "青少年是祖国的未来"

一个人在青少年时期，就应逐步确立自己的理想和信念，把个人的前途与国家、民族的命运联系起来，才能在人生的道路上逢山开路，遇水搭桥，始终不迷失前进的方向。人生的道路是坎坷的，要经得住磨炼，要相信自己，尊重他人，虚心学习，努力工作，报效社会，奉献祖国。.

2. "少壮不努力，老大徒伤悲"

时不再来，机不可失。机遇对每一个人都是平等的，但稍纵即逝。有的人凡事有预谋，有坚强的毅力，在困难面前不退缩，机遇一来就能抓住，梦想和事业就会成功；有的人在困难面前畏缩不前，事先毫无准备，机遇来了虽想去抓，却总是抓不住，结果就会落得"白了少年头，空悲切"的结果。

3. "以诚实守信为荣"

诚信是人们在社会活动中形成的一种文化积淀和思想境界，也是人们在建功立业中的一种精神支柱。人无信不立，党无信则败，国无信则乱。诚信是中华民族的传统美德，一言九鼎，绝不食言。要讲诚信，取信于民，取信于天下。

4. "学习是知识之母"

不学习就不能增长知识，就不能成为国家和人民的有用人才。希望我们的青少年，要努力学习和善于学习，树立伟大的共产主义理想和信念，不断提高道德修养素质，大量吸收科学知识，积极锻炼身体，跟上新时代，做知识经济时代的探索者和建设者。

5. "富贵不能淫，贫贱不能移，威武不能屈"

这是中华民族处事的基本原则。我们要坚持真理，保卫和平，维护正义，倡导和谐。但是，在强敌面前我们要敢于斗争、善于斗争，在涉及党和国家核心利益的问题上，绝不能妥协让步。不管外人说什么，该做的我们照样做，归根到底要靠自己的硬实力和软实力。

6. "历览前贤国与家，成由勤俭败由奢"

这是从我国过去历朝历代中总结出来的历史经验教训。一个国家、一个民族、一个企业、一个家庭，如果不勤俭节约，奢侈浪费，挥霍无度，生之者寡，吃之者众，最后必然走向腐败没落的下场。因此，从个人成长来说，更应淡泊明志，宁静致远，不以物喜，不以己悲，只有勤俭节约，不为私利，志存高远，关心社会，才能真正成才成器。从建设节约环保型社会来说，则要节约资源，减少排放，治理污染，大力改善生态环境，努力做到人与自然界和谐相处，相得益彰，实现可持续发展。

7. "得民心者得天下"

包括国民党政府在内的历代政府统治下的旧中国，最后都走向腐败没落、祸国殃民的道路，民心丧尽，自取灭亡。中国共产党领导的新中国，高举"强国富民，振兴中华"和"中国特色社会主义"的伟大旗帜，中华人民共和国成立以来从弱到强，逐步崛起，深得全国各族人民的爱戴和拥护。但是，在新的历史条件下，国际国内的形势更加复杂多变了，作为执政党的中国共产党，要万分重视反腐防变的问题，要建立严格的反腐倡廉制度和机制，坚决整治贪腐分子，克服铺张浪费现象，维护广大人民的根本利益，维护国家的长治久安，继续取得广大人民的拥护，避免重犯历史轮回的错误。

8. "位卑未敢忘忧国"

虽然笔者只是革命队伍中的普通一兵，但是"天下兴亡，匹夫有责"，特别是人到了老年的时候，就很自然地思考国家未来的前途命运问题。作为马克思主义的信徒，希望年轻一代要学习马克思列宁主义，坚定共产主义伟大理想，以实现最广大人民的根本利益作为出发点和归宿。21世纪是中国重新崛起的世纪，愿海内外中华儿女紧密团结起来，为建设富强民主文明和谐美丽的社会主义现代化强国而共同奋斗，为完全统一祖国和实现中华民族伟大复兴的"中国梦"而共同奋斗！